AF558816

Frauen der Bach-Familie

Maria Hübner

Frauen der Bach-Familie

Kamprad

Frauen der Bach-Familie

Inhalt

Vorwort

Der Name Bach ist in aller Welt mit dem berühmtesten Vertreter der Familie verbunden, dem Komponisten, Organisten, Hofmusiker und Thomaskantor Johann Sebastian Bach (1685–1750). Generationen von Bach-Forschern widmeten sich seinem kompositorischen Werk und seiner Biographie. Der erweiterte Blick auf die Familiengeschichte, den Schülerkreis und auch auf das musikalische Schaffen der Bach-Söhne entwickelte sich erst später. Mitteilungen über die weiblichen Familienangehörigen sind jedoch, wenn sie überhaupt Beachtung fanden, oft auf ihre Funktionen als Ehefrauen oder Mütter berühmter Söhne reduziert worden. Als Carl Philipp Emanuel Bach einen Nekrolog auf seinen verstorbenen Vater verfasste, erwähnte er dessen zweite Ehefrau Anna Magdalena als die Tochter eines *Weissenfelsischen Hoftrompeters* – jedoch nicht ihre eigene, hochangesehene Funktion der Hofsängerin in Köthen. Immerhin werden neben einigen Kurzinformationen zu Bachs erster Ehefrau, Maria Barbara, auch die Namen der um 1750 noch lebenden Bach-Töchter genannt.[1]

Die erste, 1802 veröffentlichte Bach-Biographie von Johann Nikolaus Forkel „Ueber Johann Sebastian Bachs Leben, Kunst und Kunstwerke" enthält zu den Frauen am Ende des biographischen Teils nur folgenden Satz: *Ich füge bloß noch hinzu, daß er* [Bach] *zweymahl verheyrathet gewesen ist, und daß ihm in der ersten Ehe 7 und in der zweyten 13 Kinder geboren worden sind, nehmlich 11 Söhne und 9 Töchter.*[2]

Klar unterschieden wurde zwischen der Begabung der Bach-Kinder in einem Musiklexikon aus dem Jahr 1835, in dem es zu einem der Bach-Söhne heißt, er habe *musikalisches Talent wie alle Söhne Sebastians* [...] *dagegen hatten die Töchter gar keine Anlage zur Musik*[3] – ein klassisches Beispiel für die damalige gesellschaftliche Sicht und für die Verwechslung von Ursache und Wirkung.

Aus den etwa Mitte des 19. Jahrhunderts herausgekommenen Bach-Biographien ist einiges mehr als bisher über die Frauen, speziell über Anna Magdalena und

1 Bach-Dokumente, Bd. III, Nr. 666 (S. 86f.).

2 Forkel, S. 11.

3 Gathy, S. 26.

ihre Töchter zu erfahren.[4] In der zweibändigen Bach-Biographie von Philipp Spitta (1873/1880) lässt sich der bis dahin umfangreichste Zuwachs an Dokumenten, auch die Frauen betreffend, verzeichnen. Allerdings kommt Spitta nicht ohne zeittypische Vermutungen über das Familienleben aus. Beispielsweise bemerkte er zur zweiten Eheschließung Bachs, dass Anna Magdalena *ihm die so jäh zerstörte Häuslichkeit von neuem gründen sollte* [...] *Die junge Frau wurde dem Meister eine Quelle andauernden, innigen Eheglückes. Sie war sehr musikalisch, und nahm an der Künstlerthätigkeit des Gatten weit mehr als nur genießenden Antheil. Mit einer vortrefflichen Sopranstimme begabt wirkte sie bei der Ausführung von Sebastians Compositionen freilich nicht öffentlich mit, desto eifriger aber im Familienkreise.* Erst in den Ergänzungen des zweiten Bandes ist zu erfahren, dass Anna Magdalena *schon vor ihrer Verheirathung als Fürstliche Hof-Sängerin in Cöthen angestellt* war.[5]

Ein weiteres aufschlussreiches Beispiel für den Blickwinkel auf die Frauen ist die Auffindung der mutmaßlichen Gräber Johann Sebastian und Anna Magdalena Bachs im Jahr 1894 auf dem alten Leipziger Johannisfriedhof. Die Gebeine des Thomaskantors fanden bald darauf in der Gruft der Johanniskirche eine würdige Ruhestätte (seit 1949 im Chorraum der Thomaskirche), die seiner Ehefrau wurden dagegen nicht aufbewahrt.[6]

Auch nach der Wende zum 20. Jahrhundert spielten weibliche Mitglieder der Bach-Familie in der Fachliteratur nur selten und dann eher als Randbemerkungen eine Rolle.[7] Bekannter allerdings wurde das 1903 erstmals erschienene „Zweite Notenbüchlein der Anna Magdalena Bach" von 1725,[8] denn die sogenannte Jugendbewegung hatte das Interesse auch an einfachen Stücken und insgesamt an der Alten Musik befördert.
Doch in den 1920/30er Jahren kam Anna Magdalena Bach ins Bewusstsein zahlreicher Musikliebhaber, besonders der Liebhaberinnen. Ursache hierfür war der Bestseller „Die kleine Chronik der Anna Magdalena Bach". Was das Buch so populär machte – angeblich Anna Magdalenas persönliche Gedanken und Erlebnisse, besonders in Bezug auf ihren Ehemann – entsprang allerdings der Fantasie der englischen Schriftstellerin Esther Meynell. Die erste Ausgabe – „The little

4 Hilgenfeldt, S. 29; Bitter I, beispielsweise S. 366ff.
5 Spitta, Bd. 1, S. 754, Bd. 2, S. 985.
6 Hübner/Krabath, S. 200ff.
7 Beispielsweise bei Wäschke, S. 37f. oder Werner I, S. 178f. und II, S. 87f.
8 Hrsg. von Richard Batka, München.

chronicle of Magdalena Bach" – erschien 1925 in England, einige Jahre später in den Niederlanden und Deutschland, hier nun ohne Nennung der Autorin,[9] 1944 bereits in der 26. Auflage. Dennoch – dieses rührende, beschauliche und von Vorstellungen der 1920er Jahre beeinflusste Buch machte Anna Magdalena zu einer bekannten Größe in der Musikwelt: Das Interesse an ihr war geweckt!

Zuverlässige, auf Quellen basierende Informationen über Anna Magdalena und andere Frauen der Bach-Familie sind dagegen weit spärlicher überliefert. Diese Situation resultiert nicht zuletzt aus der Tatsache, dass Frauen gemeinhin weder im Berufsleben standen noch als Rechtspersonen galten. Behördliche Vorgänge wurden normalerweise von Männern geregelt. Hatten Frauen dennoch amtliche Sachen zu klären, beispielsweise als Witwen, galt ihre Unterschrift nur zusammen mit der ihres männlichen Rechtsvertreters, genannt Kurator.
Ungeachtet der dürftigen Ausgangslage bezieht sich das vorliegende Buch auf Quellen – darunter neu erschlossene – und auf Veröffentlichungen, die seit dem letzten Jahrhundert zwar zunehmend auf Dokumenten basieren, jedoch nur verstreut zu finden sind. Erstmals stehen nun mehrere Frauen aus dem direkten Lebensumfeld Johann Sebastian Bachs, zudem seine Schwägerinnen, Schwiegertöchter und weiblichen Nachkommen, teilweise bis hin zu seinen Urenkelinnen, im Mittelpunkt. Der behandelte Zeitraum erstreckt sich etwa von der Mitte des 17. bis in die zweite Hälfte des 19. Jahrhunderts. Von allen genannten Frauen nimmt Anna Magdalena den größten Teil ein, da von ihr bereits mehr Dokumente bekannt sind.[10] Obwohl das Wissen über die Frauen allgemein große Lücken aufweist, lassen sich bei der Auswertung des vorhandenen Quellenmaterials Erkenntnisse über ihre Lebenssituationen gewinnen, teilweise sogar Umrisse ihrer Persönlichkeiten. Von bildlichen Darstellungen sind nur einige Schattenrisse aus der zweiten Hälfte des 18. Jahrhunderts bekannt. Das einstige Ölgemälde mit dem Porträt von Anna Magdalena Bach ist jedoch seit 1790 verschollen – vielleicht liegt es noch unbemerkt im Depot einer Galerie oder im Privatbesitz als unbekanntes Frauenbildnis?

Zu den herausragenden musikalischen Begabungen der Bach-Familie bemerkte schon Johann Nikolaus Forkel: *Durch sechs Generationen hindurch haben sich kaum zwey oder drey Glieder derselben gefunden, die nicht die Gabe eines vorzüglichen*

9 Verlag Koehler & Amelang, Leipzig 1930.
10 Siehe beispielsweise Hübner III.

Talents zur Musik von der Natur erhalten hatten, und die Ausübung dieser Kunst zu der Hauptbeschäftigung ihres Lebens machten.[11] So fragen wir heute, wie viel mehr musikalische Kunstwerke hätten entstehen können, wenn die Anlagen der Töchter ebenso gefördert worden wären wie die der Söhne? Die Zeit war jedoch eine andere. Abgesehen von Ausnahmen, zu denen auch mehrere Sängerinnen der Bach-Familie gehörten, hatten Frauen wenig Gelegenheit, am öffentlichen Musikleben aktiv teilzunehmen. Erst Ende des 18. Jahrhunderts begann sich die Situation langsam zu verändern. Dennoch blieb beispielsweise das Wirken von Fanny Hensel (1805–1847) – der Schwester Felix Mendelssohn Bartholdys – als Musikerin, Dirigentin und Komponistin nur einem kleinen Liebhaberkreis zugänglich. Die Kompositionen von Clara Schumann (1819–1896) – der Ehefrau Robert Schumanns – fanden immerhin schon etwas mehr Verbreitung, zudem gelang ihr eine glänzende Konzertkarriere. Zu Johann Sebastian Bachs Zeit wäre eine solche Biographie kaum denkbar gewesen.

Die Skizzen der hier behandelten Frauen zeichnen ganz unterschiedliche Lebensbilder zwischen gesellschaftlichem Umfeld, familiärer Situation und individuellem Spielraum. Nicht zuletzt ist es einigen dieser Frauen zu verdanken, dass zahlreiche musikalische Schätze bis in die heutige Zeit erhalten geblieben sind.

Markkleeberg, Januar 2021 — Maria Hübner

11 Forkel, S. 1.

Frauen der Bach-Familie

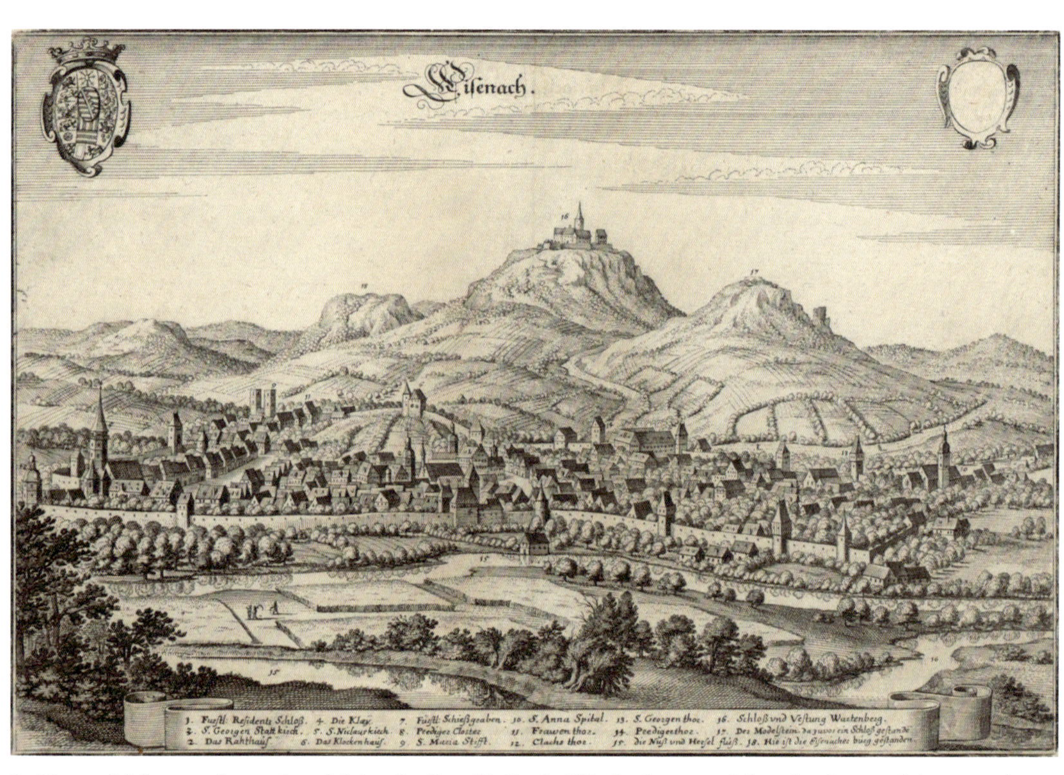

In Eisenach lebten mehrere Angehörige der Familie Bach. Elisabeth war 27 Jahre alt, als sie sich hier mit ihrem Ehemann Johann Ambrosius niederließ. Kupferstich von Caspar Merian, um 1650.

1. Elisabeth Bach
geb. Lämmerhirt

*1644 Erfurt, †1694 Eisenach Johann Sebastian Bachs Mutter

Thüringen war über viele Generationen hin das Zentrum der weitverzweigten Bach-Familie, die eine neue Qualität der Musikkultur in der Region und in ganz Mitteldeutschland begründete. Eine herausragende Rolle spielten dabei die Städte Erfurt, Arnstadt und Eisenach. Elisabeth Lämmerhirt stammte aus Erfurt, der pulsierenden Metropole mit prächtigen Bürgerhäusern und zahlreichen Kirchen. Die städtische Musik und die Kirchenmusik lagen im 17. Jahrhundert fest in den Händen der Bachs, die in dieser Zeit ausnahmslos der evangelisch-lutherischen Konfession angehörten. Als Stadtmusiker oder Organisten wirkten in Erfurt beispielsweise Johann Bach (1604–1673), seine Söhne Johann Christian (1640–1682), Johann Aegidius (1645–1716), Johann Nicolaus (1653–1682) sowie deren Cousin Johann Ambrosius (1645–1695).

Für die Erfurter Bach-Familie hatte die Kaufmannskirche eine besondere Bedeutung, war sie doch über einen Zeitraum von fast zwei Jahrhunderten deren Hauskirche, zahlreiche Kinder wurden hier getauft und Ehen geschlossen. Auch Elisabeth Lämmerhirt empfing hier die Taufe, am 26. Februar 1644 wurde in das Taufregister eingetragen: *Ein Kind Valentin Lemmerhirten Die mutter Barbara gevatter* [Taufpatin] *fraue Elisabeth Heroldin, Das Kind ist Elisabeth genennet worden.*[12] Wie so oft fehlt die Angabe des Geburtstages, der zumeist ein oder zwei Tage vor der Taufe lag. Elisabeths Mutter Eva Barbara und Vater Valentin Lämmerhirt – Kürschnermeister und Vertreter seiner Innung im Erfurter Stadtrat – besaßen das Haus „Zu den drei Rosen" am Junkersand (Vorgängerbau der heutigen Nr. 3). Ein zweites, kleineres Haus hatten sie 1640 verkauft,[13] vielleicht aufgrund der Not im Dreißigjährigen Krieg. Bei Kriegsende war Elisabeth vier Jahre alt. Sie wuchs mit den älteren Brüdern Tobias (1639–1707) und

12 Evang. Augustinerkloster Erfurt, Bibliothek, Taufbuch der Kaufmannsgemeinde 1638–1700, Bl. 33.

13 Wiegand, S. 11. Dieses Haus hatte den Namen „Zur bunten Rose".

Caspar (1641 – 1695) sowie dem jüngeren Andreas (1647 – 1675) auf. Außerdem hatte Elisabeth mehrere Halbgeschwister aus der ersten Ehe ihres Vaters mit Hedwig († 1637), die aber nicht mehr alle zu Hause wohnten.[14]

Als Elisabeth etwa 13 Jahre alt war, kam die Familie in eine schwierige Lage. Gesundheitliche Probleme des schon über 70-jährigen Vaters, Verlust von Außenständen und ein schlecht laufender Kürschnerbetrieb beeinträchtigten die Situation, die sich auch in den folgenden Jahren nicht entspannte.[15] Aufgrund seines Alters und einer andauernden Krankheit wurden Valentin ab 1662 die bereits zuvor geminderten Steuern nun vollständig erlassen. Das Entgegenkommen der Stadt war für die Lämmerhirts gewiss hilfreich, doch zeigt es auch deren wirtschaftliche Not.
Eine andere beunruhigende Situation erlebte die ganze Stadt im Jahr 1664: Erfurt kam aufgrund der Belagerung von kurmainzischen Truppen wieder einmal unter die Herrschaft eines Mainzer Fürstbischofs. Waren diese Vorgänge für Elisabeth vermutlich weniger bedeutend, so traf sie doch im nächsten Jahr der Tod ihres hochbetagten Vaters. Valentin Lämmerhirt starb am 19. November 1665. Das Familienvermögen war inzwischen vollkommen aufgebraucht, allein das Haus blieb ihnen noch erhalten.[16]

Am 8. April 1668 heirateten *Jungfraun Elisabeth Lemmerhirten* und der Erfurter Ratsmusiker Johann Ambrosius Bach in der Kaufmannskirche.[17] Der dortige Pfarrer Nicolaus Stenger war zuvor Organist und Kantor in Erfurt, nun gehörte er als Theologe und Wissenschaftler zu den bedeutendsten Persönlichkeiten der Stadt. Vermutlich verband das junge Paar mit ihrem Pfarrer nicht nur das geistliche Leben, sondern auch das musikalische Interesse.

Verwandtschaftliche Beziehungen zwischen den Familien Lämmerhirt und Bach bestanden bereits seit drei Jahrzehnten, denn Elisabeths ältere Halbschwester Hedwig war die Ehefrau von Johann Ambrosius' Onkel Johann Bach. Deren Sohn, der Direktor der Erfurter Ratsmusik Johann Christian, bewohnte das

14 Wiegand, S. 14.

15 Möglicherweise musste die Familie ihr Haus zwischen 1657 und 1660 sogar verlassen. Es wurde entweder vermietet, oder es gab andere Gründe; siehe Wiegand, S. 11.

16 Wiegand, S. 12f.

17 Brück II, S. 49.

Haus „Zur Silbernen Tasche" am Junkersand (heute Nr. 1), nur wenige Meter von Elisabeths Elternhaus entfernt.
Auch Johann Ambrosius und Elisabeth lebten in ihren ersten drei Ehejahren am Junkersand, anfangs vermutlich im Haus der Lämmerhirts „Zu den drei Rosen", später im Bachschen Haus „Zur Silbernen Tasche", wo wohl auch ihre ersten beiden Kinder geboren wurden.[18] Vielleicht trug die beengte Wohnsituation dazu bei, dass Johann Ambrosius nach einer neuen, verantwortungsvolleren Anstellung Ausschau hielt. Diese erhielt er im Herbst 1671 in Eisenach als Direktor der städtischen Ratsmusik.

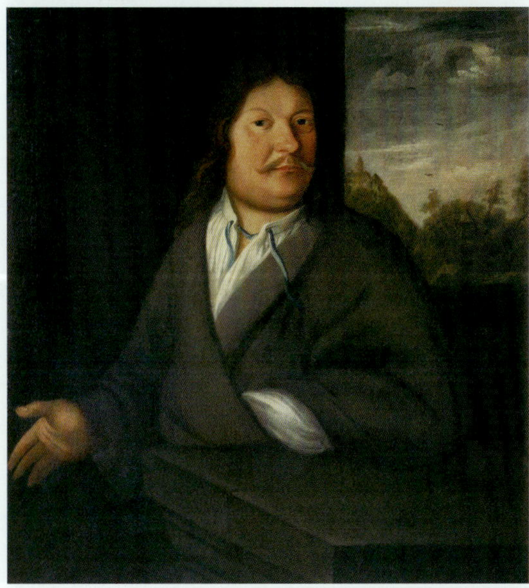

Johann Ambrosius Bach (1645 – 1695). Das Gemälde – vermutlich von Johann David Herlicius – zeigt Elisabeths Ehemann um 1685, im Hintergrund die Wartburg. Von Elisabeth ist kein Bild bekannt.

In Eisenach lebten bereits mehrere Angehörige, darunter Johann Ambrosius' Cousin Johann Christoph Bach (1642 – 1703), Komponist sowie Organist an der Georgenkirche, und dessen Ehefrau Maria Elisabeth, geb. Wedemann, eine Tante von Maria Barbara Bach (siehe Kap. 5).
Die – gemessen an Erfurt – kleinere Stadt am Fuße der Wartburg mit etwa 6.000 Einwohnern wurde bald Residenzstadt Herzogs Johann Georg I. von Sachsen-Eisenach, dessen Hofkapelle auch Johann Ambrosius angehörte. Seine Aufführungen zu städtischen, kirchlichen und höfischen Anlässen begeisterten die

18 Brück I, S. 111; Schulze II, S. 60f. („Zur Silbernen Tasche"); Brück II, S. 50 („Zu den drei Rosen").

Eisenacher derart, *daß wir unß desgleichen soweit wir gedencken, hiesigen Orths nicht erinnern*. So stand die Familie Bach im Mittelpunkt des musikalischen Geschehens, was wohl zur Folge hatte, dass Elisabeths Alltag verstärkt vom Beruf ihres Ehemanns beeinflusst wurde: Im Hause fanden Proben und Unterricht statt, Musiker und Stadtpfeifergesellen gingen ein und aus, hinzu kamen mehrere Lehrjungen, die teilweise mit im Bachschen Hause lebten und hier auch verköstigt wurden.[19]

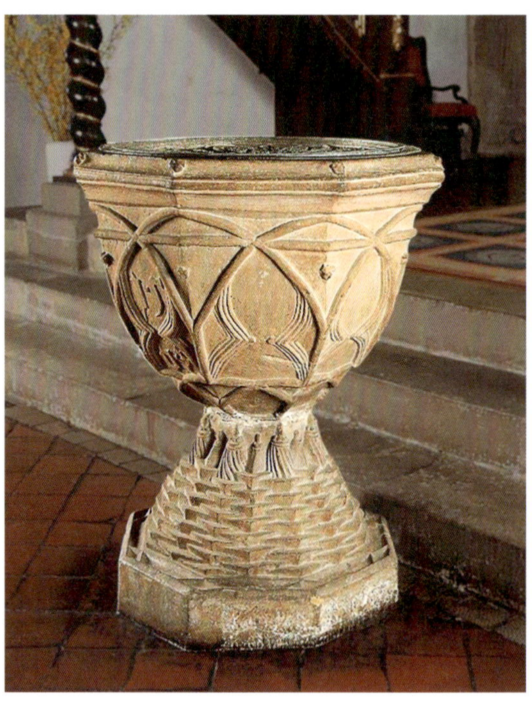

Johann Sebastian Bach und seine in Eisenach geborenen Geschwister empfingen über diesem Taufstein in der Georgenkirche die Taufe.

Elisabeth Bach brachte acht Kinder zur Welt. Nur in den Erfurter Taufeinträgen der beiden Ältesten, Johann Rudolph (* und † 1670) und Johann Christoph (1671–1721), wurde *die mutter Elisabeth* vermerkt, während in den Eisenacher Taufangaben der Kinder Johann Balthasar (1673–1691), Johann Jonas (1675–1685), Maria Salome (1677–1728, siehe Kap. 3), Johanna Juditha (1680–1686), Johann Jacob (1682–1722) und Johann Sebastian (1685–1750) die Mutter ungenannt blieb.[20]
Die Taufpaten kamen aus der Verwandtschaft sowie aus Musikerkreisen – so der Komponist und Erfurter Organist Johann Pachelbel (bei Johanna Juditha) und der

19 Rollberg, S. 141 (Zitat), S. 148f.
20 Freyse II, S. 103ff.

Gothaer Stadtmusiker Sebastian Nagel (bei Johann Sebastian). Doch auch andere Berufsgruppen waren vertreten, beispielsweise ein Förster, ein Steinmetz oder ein Nagelschmied. Die Hälfte der Kinder starb früh, so der älteste Sohn bald nach der Geburt, und zwischen 1685 und 1691 folgten drei weitere Geschwister. Die Familie war nun kleiner geworden, doch lebten im Haushalt zumeist noch Verwandte.

Die verwitwete Mutter Elisabeths, Eva Barbara Lämmerhirt, hatte 1671/72 ihr Erfurter Haus „Zu den drei Rosen" verkauft[21] und wohnte bis zu ihrem Tod 1673 bei der Familie ihrer Tochter in Eisenach. Übrigens kannte Johann Sebastian weder seine Großmutter Eva Barbara noch die Arnstädter Großmutter väterlicherseits, Maria Magdalena Bach, geb. Grabler. Beide waren bereits vor seiner Geburt gestorben.

Eine besondere Herausforderung für Elisabeth war die Pflege von Johann Ambrosius' geistig und körperlich schwerbehinderter Schwester Dorothea Maria Bach (1652–1679). Bereits Jahre zuvor hatten deren ältere Brüder in einem Schreiben bemerkt: *Absonderlich aber vnsre Schwester blöden Sinnes [...] vn förmlichen gestalt und thuns ist, dannenhero Sie viel wartens vnd Große vffsicht bedarff.*[22] Mit welchen organisatorischen und pflegerischen Aufgaben Elisabeth konfrontiert war, lässt sich nur erahnen, denn gewiss lag die Hauptlast der familiären Versorgung auf ihren Schultern. Nach dem Tod der behinderten Schwägerin trat für Elisabeth wohl eine kleine Entlastung ein, denn nun lebten im Haushalt neben der eigenen Familie nur noch einige Lehrjungen oder Gesellen.

Doch nach etwa drei Jahren veränderte sich die Situation wieder – Eisenach war ein Zufluchtsort geworden. In Erfurt wütete 1682/83 die Pest und dezimierte die Bevölkerung von über 16.000 auf rund 7.000 Einwohner. Der Seuche fielen auch zwölf Familienangehörige zum Opfer,[23] darunter Johann Christian Bach und drei seiner Kinder. Doch seinem 14-jährigen Sohn Johann Jacob gelang die Flucht. Die Eisenacher Angehörigen nahmen ihn als Lehrjungen auf, später wurde er Geselle. Nach zehnjähriger Familienzugehörigkeit verstarb er im Alter von 24 Jahren.[24] Johann Sebastian war zu dieser Zeit sieben Jahre alt.

21 Die neue Besitzerin war Eva Barbaras Stieftochter Hedwig Bach, geb. Lämmerhirt (aus rster Ehe Valentin Lämmerhirts), siehe Wiegand, S. 16.

22 Schulze II, S. 61f. Mitteilung der Zwillingsbrüder Johann Ambrosius und Johann Christoph Bach 1661 an Graf Christian Günther II. von Schwarzburg-Sondershausen in Arnstadt.

23 Brück II, S. 52.

24 Rollberg, S. 149.

Mit einem anderen Verwandten hingegen, dem drei Jahre älteren Johann Nicolaus Bach, verbrachte Johann Sebastian nahezu seine gesamte Kindheit. Johann Nicolaus' gleichnamiger Vater war in Erfurt 1682, kurz vor der Geburt seines Sohnes, ebenfalls an der Pest gestorben, die Mutter Sabina Katharina, geb. Burgold, im darauf folgenden Jahr. So hatte das Kleinkind schließlich auch Aufnahme in Eisenach gefunden, wo Johann Nicolaus rund elf Jahre lang blieb. Zurück nach Erfurt ging er wohl erst nach Elisabeths Tod.[25]

Die Bachs wohnten in Eisenach von 1671 bis 1673 in der Rittergasse 11 (im Grundbestand erhalten). Danach konnten sie – vielleicht mit Unterstützung aus dem Erbe der verstorbenen Mutter Eva Barbara – ein eigenes Haus in der Fleischgasse erwerben. Dieses wurde schließlich das Geburtshaus Johann Sebastian Bachs, das die Zeit jedoch nicht überdauerte. Wahrscheinlich befand es sich etwa an der Stelle des heutigen Hauses Lutherstraße 35, unweit des als Bachhaus bekannten Museums am Frauenplan.
Obwohl Johann Ambrosius erfolgreich in Eisenach wirkte, wäre er gern wieder nach Erfurt zurückgekehrt. Dort wurde ihm nach den überstandenen Pestjahren die lukrative Leitung der Ratsmusik angeboten, die zuvor sein Cousin Johann Christian innehatte. Doch die Eisenacher Dienstherren stimmten dem Entlassungsgesuch nicht zu, sie wollten Johann Ambrosius behalten. So wurde Johann Sebastian in Eisenach und nicht in Erfurt geboren. Als er neun Jahre alt war, starb seine Mutter. Elisabeth war 50 Jahre alt geworden. In ihrem Begräbniseintrag vom 3. Mai 1694 ist noch nicht einmal ihr Name genannt worden, sondern *Johann Ambrosii Baachen Haußfraw.*[26] Elisabeths Grabstätte sowie die ihres im Jahr darauf verstorbenen Ehemannes sind nicht erhalten geblieben.

Johann Sebastian Bach unterhielt später noch enge Kontakte mit einem Mitglied des Lämmerhirtschen Verwandtenkreises. Er war befreundet mit dem Weimarer Organisten Johann Gottfried Walther, dem Herausgeber des berühmten Musicalischen Lexicons von 1732. Walthers Großvater Valentin Lämmerhirt der Jüngere (1608/09 – 1665) und Elisabeth waren Halbgeschwister.[27]

25 Zeitweise galt Johann Nicolaus Bach irrtümlich als neuntes Kind von Johann Ambrosius und Elisabeth Bach, siehe Freyse II, S. 106f.

26 Landeskirchliches Archiv Eisenach, Kirchenbuch Eisenach 1684 – 1695, Bl. 527v.

27 Bach-Dokumente, Bd. II, Nr. 263 (Kommentar); Wiegand, S. 14.

2. Barbara Margaretha Bach

verw. Bartholomaei, verw. Bach, geb. Keul

*1658 Arnstadt, † ? Johann Sebastian Bachs Stiefmutter

Die Lebenswege Barbara Margarethas und des Knaben Johann Sebastian trafen sich 1694/95 in Eisenach nur für kurze Zeit, doch bestanden zwischen seiner Stiefmutter und der Familie Bach mehrfache Verbindungen.
Im Arnstädter Taufeintrag vom 29. Dezember 1658 ist Barbara Margarethas Vater, der spätere Bürgermeister *Caspar Keil* (Keul), als *Rathsschenck* bezeichnet. Genannt wird auch die Mutter *Martha* – übrigens war es deren jüngerer Bruder Martin Feldhaus, der fast ein halbes Jahrhundert später die verwaiste Maria Barbara Bach (siehe Kap. 5) und ihre Schwestern in sein Arnstädter Haus aufnahm. Als Taufpaten sind ein *Schößer* (Steuereinnehmer), die Ehefrau eines *Secretary* und eine weitere Arnstädterin vermerkt.[28] Wo die Taufe stattfand, ist nicht mitgeteilt, wahrscheinlich jedoch in der Oberkirche.
Barbara Margaretha hatte mehrere Schwestern.[29] Ungewiss ist, wo die Keuls in Arnstadt wohnten. Als der Vater Caspar starb, war Barbara Margaretha knapp 15 Jahre alt. Zur Trauerfeier für den 56-jährigen Bürgermeister am 1. Dezember 1673 wurde die *Leichenpredigt vom Superintend.*[enten] *in der BarfüßerKirche* (Oberkirche) gehalten. Sicher fand der Trauergottesdienst unter großer Beteiligung der Arnstädter Bürgerschaft statt.[30]

Ein erster nachweisbarer Kontakt Barbara Margarethas mit der Bach-Familie war ihre Patenschaft bei Barbara Catharina – einer Tochter von Martha Elisabeth (siehe Kap. 4) und Johann Christoph Bach. Zur Taufe am 14. Mai 1680 stand

28 Stadtkirchenamt Arnstadt, Taufregister 1612–1660 (ohne Seitenangabe); Kirchschlager, S. 268, 320 (Geschwister Feldhaus).

29 Kirchschlager, S. 333, 401. Die ältere Schwester Regina Brigitta heiratete 1673 Johann Martin Heindorf(f), vermutlich ein Verwandter des Arnstädter Kantors Ernst Dietrich Heindorff. Letzterer war Kantor an der Oberkirche und mit der Bach-Familie eng befreundet.

30 Stadtkirchenamt Arnstadt, Sterberegister 1613–1703, S. 717.

die 21-Jährige zusammen mit einem Studenten aus Erfurt und der Ehefrau eines Arnstädter Hoftischlers am Taufstein, wohl wiederum in der Oberkirche.[31]

Am 28. November 1682 heirateten Barbara Margaretha und Johann Günther Bach, ein Cousin von Johann Sebastians Vater. Nur vier Monate später, am 10. April 1683, starb Johann Günther mit 29 Jahren – seine Witwe war etwa im dritten Monat schwanger. Eine zweite Ehe schloss sie am 1. April 1684 mit dem fast vierzig Jahre älteren Diakon der Arnstädter Neuen Kirche (heute Bach-Kirche), dem Witwer Jacobus Bartholomaei. Mit ihm hatte sie drei Kinder, von denen zwei Söhne vermutlich früh starben.[32] Nach vierjähriger Ehe wurde Barbara Margaretha zum zweiten Mal Witwe.
Sechs Jahre später ging sie noch einmal eine Ehe ein, nun jedoch in Eisenach. Im dortigen Trauregister ist zum 27. November 1694 vermerkt: *im Hauß* [...] *H. Johann Ambrosius Baach Stadt Musicus alhier und Fraw Barbara Margaretha, H. Jacob Bartholomei Diaconi in Arnstadt sel. Witbe.*[33]

Doch die Ehe mit dem Witwer Johann Ambrosius Bach dauerte gar nur knapp drei Monate. Während dieser kurzen Zeit konnte sich Barbara Margaretha vermutlich kaum in die neue Situation einleben. Zu ihren eigenen beiden Töchtern Catharina Margaretha Bach (11 Jahre) aus erster Ehe und Christiana Maria Bartholomaei (9 Jahre) aus zweiter Ehe kamen nun die ebenfalls noch minderjährigen Kinder ihres Ehemanns hinzu: Maria Salome (17 Jahre, siehe Kap. 3), Johann Jacob (12 Jahre) und Johann Sebastian (9 Jahre). Bald nach der Heirat muss Johann Ambrosius schwer erkrankt sein, denn es fielen hohe *Artzney und Apotheker Kosten* an.[34] Sein Tod am 20. Februar 1695 brachte für die zurückgebliebene Familie erneut eine dramatische Wendung, und Barbara Margaretha war nun mit 36 Jahren zum dritten Mal Witwe geworden. In dieser schwierigen Situation hatte sie sich bis zum Amtsantritt von Johann Ambrosius' Nachfolger offiziell um die Weiterführung der städtischen Ratsmusik zu kümmern, wobei allerdings die ehemaligen Kollegen ihres verstorbenen Mannes und die Gesellen

31 Müller/Wiegand, S. 146. Die Bachs wohnten in der Kohlgasse unweit der Oberkirche. Der Wiederaufbau der Neuen Kirche im Stadtzentrum war zu dieser Zeit noch nicht beendet.

32 Möller, S. 81.

33 Landeskirchliches Archiv Eisenach, Kirchenbuch Eisenach 1684 – 1695, Bl. 559.

34 Bach-Dokumente, Bd. II, Nr. 3.

wichtige Aufgaben übernahmen. Barbara Margaretha erhielt noch für das Quartal Trinitatis (bis Juni) das bisherige Gehalt, doch die Zukunft war vollkommen ungewiss.

Wie die meisten Witwen städtischer Angestellter, so stellte auch Barbara Margaretha ein Gesuch um das sogenannte Gnadenhalbjahr – eine freiwillige, um einige Monate verlängerte Zahlung der Stadt, deren Zusage jedoch keineswegs selbstverständlich war. Dieses wichtige Schreiben, in dem auch über die Bedeutung der Familie Bach reflektiert wird, verfasste der Kantor der Georgenschule Andreas Christian Dedekind am 4. März 1695 im Namen der Witwe. Es enthält das berühmte, aus dem Jahr 1693 überlieferte Zitat des Grafen Anton Günther II. von Schwarzburg-Arnstadt, der nach dem Tod seines Arnstädter Hofmusikers Johann Christoph Bach (Zwillingsbruder von Johann Ambrosius) auf der Suche nach einer Neubesetzung äußerte: *ob denn kein Bach mehr vorhanden, der sich ümb solch Dienst anmelden wolte, Er solte und müste wieder einen Bachen haben.* Doch dann folgt in dem Bittschreiben aufgrund der so zahlreich aufgetretenen Todesfälle die resignierte Bemerkung, dass *der liebe Gott das Bachische Musicalische Geschlecht binnen wenig Jahren vertrocknet* habe – Johann Sebastian Bach war knapp zehn Jahre alt. Die Unterstützung für Barbara Margaretha fiel wohl aufgrund ihrer kurzen Anwesenheit in Eisenach viel geringer aus als erhofft, sie erhielt nur *½ Gnadenhalbjahr.*[35] Ab Herbst gab es offenbar keine Möglichkeit mehr, die Familie zusammenzuhalten. So verkaufte Barbara Margaretha das Haus in Eisenach, die Haupterben waren Johann Ambrosius' Kinder. Die Spuren der Witwe verwischen sich nun – vielleicht zog sie mit ihren beiden Mädchen zurück nach Arnstadt? Auch für die Bach-Kinder folgten gravierende Veränderungen: Maria Salome wurde von Verwandten in Erfurt aufgenommen und Johann Jacob sowie Johann Sebastian bei ihrem älteren Bruder Johann Christoph, der kurz zuvor in Ohrdruf geheiratet hatte (siehe S. 112f.).

Vorausgesetzt, dass Barbara Margaretha 1695 nach Arnstadt zurückgekehrt war, konnte sie dort ab 1703 ihren Stiefsohn Johann Sebastian Bach wiedertreffen und ihn als Organisten – wie die Stadt bis dahin noch keinen gehört hatte – erleben. Mit großer Wahrscheinlichkeit trafen die beiden auch am 2. Juli 1705 zusammen, denn an diesem Tag wurde Barbara Margarethas betagte Mutter in Arnstadt

35 Ebenda.

beerdigt: *Eine Wittwe, Fr. Martha Keulin, weyl.* [and = früheren] *Hn Caspar Keuls, Bürgermeisters allhier, seel. nachgelaßene Wittwe, wurde mit der Leichenpredigt von H. M. Caroli* [...] *gehalten, begraben* [...] *starb d. 30 Juny* [...] *75 Jahr, 4 Monat, 10 tage.*[36] Denkbar wäre, dass Johann Sebastian zu diesem Anlass eine besondere Musik für seine Stief-Großmutter aufgeführt haben könnte.[37]

Wie lange Barbara Margaretha noch lebte, ist unbekannt. Vorstellbar wäre, dass sie bis zum Tod ihrer Mutter 1705 oder noch weitere Jahre in Arnstadt gewohnt hat und später womöglich bei einer ihrer Töchter. Über den Lebensweg der älteren Catharina Margaretha Bach schweigen die Quellen, doch die jüngere Tochter Christiana Maria Bartholomaei hinterlässt eine Spur. Sie heiratete am 30. Juni 1721 in schon fortgeschrittenem Alter den einige Jahre jüngeren Witwer Johann Heinrich Witzmann, Bürger und Meister des Posamentierer-Handwerks, in der Gothaer Augustinerkirche.[38] Witzmann kam wohl aus der gleichnamigen Arnstädter Posamentierer-Familie, die ihre Wurzeln in Gehren hatte.[39] Die Verbindungen zwischen Gehren (siehe beispielsweise S. 33) und Arnstadt waren offenbar vielfältig.

36 Stadtkirchenamt Arnstadt, Sterberegister 1704 – 1748, S. 34.

37 Ob dabei möglicherweise eine eigene Komposition in Betracht kommt, ist fraglich.

38 Gotha, Augustinerkirche, Trauungen 1711 – 1734, S. 215; siehe auch Möller, S. 81. Die Lebensdaten der Witzmanns (siehe Namenregister) sind im Trauregister mit späterer Hand hinzugefügt worden.

39 Am 4. November 1712 wurde der Posamentierer Johann Michael Witzmann in Arnstadt beerdigt, der aus Gehren stammte, siehe Stadtkirchenamt Arnstadt, Sterberegister 1704 – 1748, S. 170.

3. Maria Salome Wiegand
geb. Bach

*1677 Eisenach, † 1727 Erfurt — Johann Sebastian Bachs Schwester

Von Maria Salome sind nur wenige Informationen überliefert. Wahrscheinlich war sie wie ihre Brüder musikalisch hochbegabt, doch ob sie ein Instrument oder das Singen erlernte, ist fraglich. Zu ihrer Taufe am 29. Mai 1677, die wohl wie die ihres Bruders Johann Sebastian in der Eisenacher Georgenkirche stattfand, ist im Kirchenbuch vermerkt: *H. Johann Ambrosio Baachen, Haußman, ein Tochter, G.*[evatter] *Caspar Lemmerhirds Weib Maria Salome.*[40] Die namengebende Patin und Tante Maria Salome Lämmerhirt wohnte ebenfalls in Eisenach, während ihr Mann Caspar nach etlichen Ehejahren die Stadt verließ und zurück nach Erfurt ging, um Soldat zu werden.[41] Die Mutter des Kindes, Elisabeth, geborene Lämmerhirt (siehe Kap. 1), fand im Taufeintrag keine Beachtung. Mit der Bezeichnung des Vaters als *Haußman* ist dessen Leitungsfunktion der städtischen Musik gemeint. Maria Salome wohnte mit ihren Eltern, Geschwistern und zeitweise einigen Verwandten in einem Haus in der Fleischgasse. Im Alter von knapp 17 Jahren verlor sie ihre Mutter, ihren Vater nur neun Monate später. Die zuvor gerade erst zusammengefundene Familie mit der Stiefmutter Barbara Margaretha (siehe Kap. 2) musste sich nun schon wieder zerstreuen. Ungewiss ist, ob die 18-jährige Maria Salome vorerst in Eisenach bei ihrer Patin blieb. Wahrscheinlich wechselte sie schon bald nach Erfurt zu ihren entfernten Verwandten Johann Aegidius und Juditha Catharina Bach.[42]

Maria Salome war 22 Jahre alt, als sie mit dem Kürschner Johann Andreas Wiegand († 1737) die Ehe schloss. Die Trauung fand am 24. Januar 1700 in der Erfurter Kaufmannskirche statt. Das Paar wohnte wie die Eltern Wiegand in

40 Landeskirchliches Archiv Eisenach, Kirchenbuch Eisenach 1671 – 1683, Bl. 254v; siehe auch Freyse II, S. 104. Das Eisenacher Taufregister ist nicht nach Kirchen geordnet.

41 Wiegand, S. 17. Caspar war ein Bruder von Elisabeth Lämmerhirt. Seine 15 Jahre ältere Ehefrau Maria Salome, geb. Martini, verw. Petri starb 1704 als angesehene Bürgerin in Eisenach.

42 Brück II, S. 103.

der Johannisgasse. Dort hatte einst auch der Ehemann von Maria Salomes Taufpatin, Caspar Lämmerhirt, während seiner Soldatenzeit bis zu seinem Tod 1695 gewohnt.[43] Sollten hier schon erste Verbindungen geknüpft worden sein?

Das Ehepaar Wiegand hatte sieben Kinder:
Martha Catharina (1700 – nach 1730)
Eva Dorothea (1703 – 1705)
Anna Magdalena (1704 – 1708)
Maria Magdalena (1706 – ?)
Magdalena Sibylla (1711 – nach 1730)
Johann Georg (1712 – ?)
Anna Dorothea (1715 – nach 1730)

Zwei der Taufpaten kamen aus dem Verwandtenkreis der Lämmerhirts, weitere waren die Ehefrau eines Zinngießers, die Tochter eines Goldschmieds, ein Schneider und eine *Mägdleinschulmeisterin zu St. Michael.*[44]

Für Kontakte Maria Salomes zu ihrem acht Jahre jüngeren Bruder Johann Sebastian gab es wahrscheinlich nur wenige Gelegenheiten, eine davon wird ein Treffen im Familienkreis bei einer Hochzeit um 1707/08 gewesen sein. Um wen es sich bei dem Brautpaar handelte, ist zwar unbekannt, aber gewiss waren die beiden Geschwister und ihre Familien anwesend. So beteiligte sich Johann Sebastian an der Aufführung eines Gesangsstücks, in dem ursprünglich nicht zusammengehörige Melodien kombiniert und mit einem satirischen Text unterlegt sind, dem Hochzeitsquodlibet BWV 524.[45] Er fertigte von dem geselligen Stück eine schön geschriebene Notenhandschrift, vielleicht als Erinnerung für das Brautpaar, die als Fragment erhalten ist. Der Text enthält persönliche, heute oftmals nicht mehr verständliche Anspielungen auf die Familiensituation und anwesende Gäste, erwähnt wird auch der Name Salome:
Ei, wie sieht die Salome so sauer um den Schnabel,
Darum, weil der Pferdeknecht sie kitzelt mit der Gabel.

43 Wiegand, S. 17; Brück I, S. 127.
44 Brück I, S. 126f.
45 NBA I/41, S. 50.

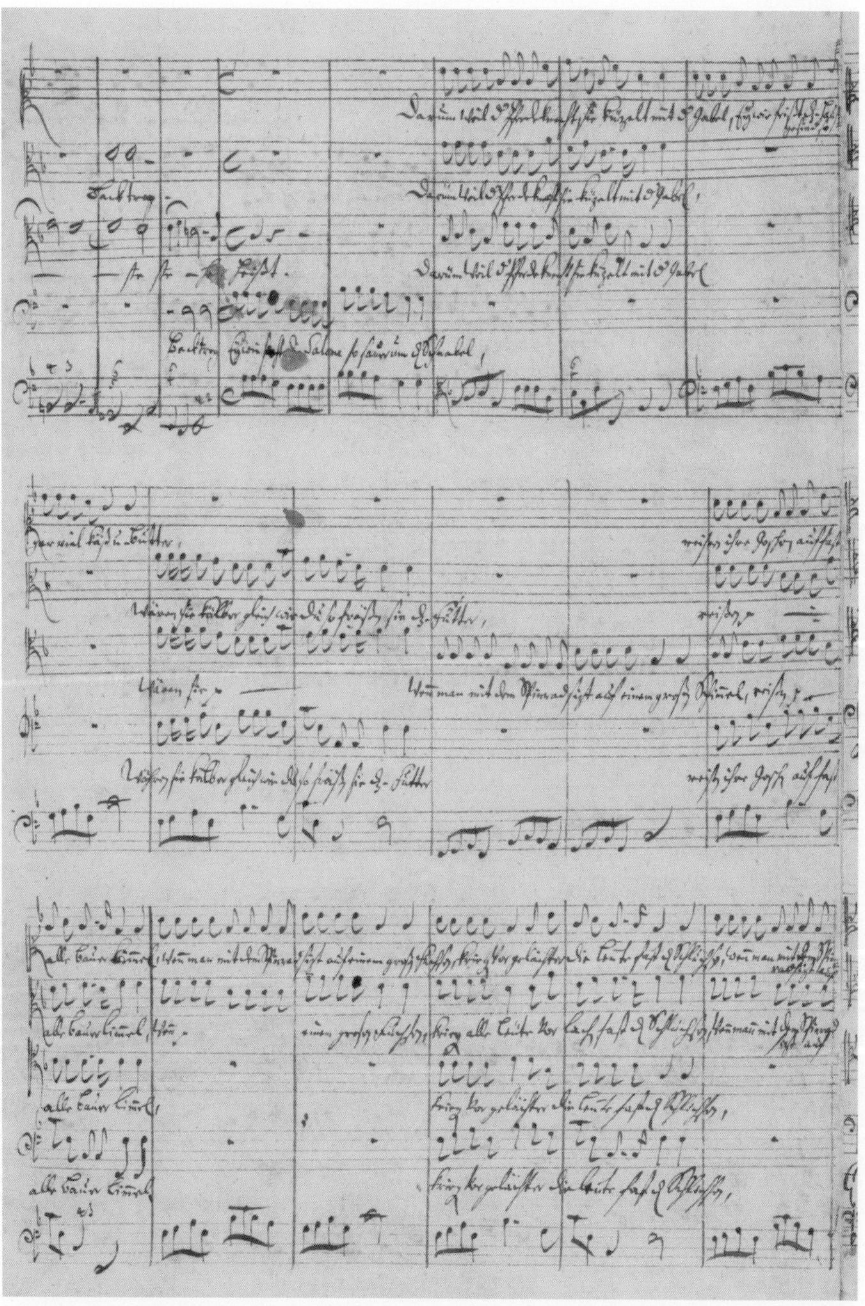

Hochzeitsquodlibet BWV 524 in der Handschrift Johann Sebastian Bachs. Das gesellige Gesangsstück wurde 1707/08 bei einer Hochzeit im Familienkreis aufgeführt. Auf Maria Salome beziehen sich wohl die oberen Textzeilen.

Ihrem Ehemann Johann Andreas galten vermutlich folgende Zeilen:
Bona dies, Meister Kürschner, habt ihr keine Füchse mehr!
Ich verkauf sie alle nach Hofe, mein hochgeehrter Herr.

Weitere Begegnungen der Geschwister kamen möglicherweise bei Bachs Reisen, die über oder nach Erfurt führten, zustande. So liegt ein Besuch im Sommer 1716 nahe, als Johann Sebastian die Orgel in der Augustinerkirche prüfte.[46] Sechs Jahre später ist noch einmal ein Kontakt aufgrund einer Erbangelegenheit nachweisbar, allerdings nur über die Stadt Erfurt und nicht gerade einvernehmlich: Maria Salome hatte im Januar 1722 zusammen mit der verwandten Anna Christina Zimmermann, geb. Lämmerhirt, das Testament ihres Onkels Tobias Lämmerhirt und seiner Witwe Martha Catharina angefochten. Dieses Schreiben war so formuliert, dass der Eindruck entstand, auch Maria Salomes Brüder unterstützten die Testamentsanfechtung, offensichtlich jedoch ohne deren Wissen – zumal der älteste Bruder Johann Christoph zu dieser Zeit in Ohrdruf bereits verstorben war. Als Johann Sebastian der Stadt Erfurt die Klage bestätigen sollte, schrieb er an diese am 15. März 1722 aus Köthen, dass [ich] *nicht gesinnet bin das Lemmerhirtische Testament rechtlich anzufechten, sondern mit deme zufrieden bin, was mir und meinem Bruder* [Johann Jacob] *darinne gegönnet und verordnet worden.*[47]
Maria Salome starb in den Weihnachtstagen 1727 und wurde am 27. Dezember auf dem Predigerfriedhof beerdigt. Ihr verwitweter Ehemann ging drei Jahre später noch einmal eine Ehe ein.[48]

46 Bach-Dokumente, Bd. I, Nr. 86.
47 Bach-Dokumente, Bd. I, Nr. 8 (Schreiben J. S. Bachs); Bd. II, Nr. 112 (Eingabe M. S. Bachs).
48 Mit Johanna Rosina Höfer, siehe Brück I, S. 126f.

4. Martha Elisabeth Bach
geb. Eisentraut

*1654 Ohrdruf, † 1719 Arnstadt — Johann Sebastian Bachs Tante

Seit der Heirat Martha Elisabeths mit Johann Christoph Bach (1645–1693) am 29. April 1679 ist das thüringische Städtchen Ohrdruf eng mit dem Namen Bach verbunden.

Geboren wurde *Martha Elisabeth, […] Frantzen Eysentraut Tochter* am 9. Juni 1654 und am folgenden Tag in der Ohrdufer Michaeliskirche getauft. Unter den Taufpaten sind *Martha, Caspar Vonhofens Weib* und *Elisabeth, Christian Vonhofens Weib*, genannt – die Familien Eisentraut und Vonhof waren demnach befreundet oder verwandt.[49] Übrigens heiratete vier Jahrzehnte später ein Familienmitglied der Vonhofs – Johanna Dorothea (siehe Kap. 8) – in Ohrdruf einen Bruder Johann Sebastian Bachs.

Martha Elisabeths Vater Franz war Lehrer und Kirchner (Küster) an der Michaeliskirche, zur Mutter sind keine Informationen überliefert.

Bis zum Alter von 24 Jahren lebte Martha Elisabeth in Ohrdruf, unweit der Kirche – von der heute nur noch der untere Teil des Turmes erhalten ist – und des Schlosses Ehrenstein. Ihr zukünftiger Ehemann Johann Christoph, Zwillingsbruder von Johann Sebastian Bachs Vater Johann Ambrosius, war Stadt- und Hofmusiker in dem rund zwanzig Kilometer entfernten Arnstadt. In Beziehungsangelegenheiten hatte er bereits aufregende Zeiten erlebt, denn sechs Jahre vor seiner Eheschließung bestanden bei dem damals 28-Jährigen schon einmal Heiratsabsichten. Nachdem er einem Arnstädter Mädchen einen Ring geschenkt hatte, die Beziehung aber zu Bruch ging, forderte er den Ring zurück. Aufgrund dieser Situation führte das kirchliche Konsistorium einen fast zweijährigen Prozess mit mehreren Verhören. Eine Unrechtmäßigkeit konnte zwar nicht nachgewiesen werden, dennoch wurde beiden die Eheschließung nahegelegt. Johann Christoph widersetzte sich jedoch hartnäckig und ging in dieser

49 Landeskirchenarchiv Eisenach, Taufregister Ohrdruf 1618–1722, S. 212.

Angelegenheit sogar bis an das Obergericht in Weimar, das ihn schließlich von der Verantwortung für das Mädchen freisprach.[50] Welche Belastungen mit dieser langwierigen Angelegenheit verbunden waren, ist gut vorstellbar.

Mit der Trauung von *Johann Christoph Bach, HofMusicant zu Arnstadt, und J.*[ungfer] *Martha Elisabeth Eisentrautis* in der Ohrdrufer Michaeliskirche waren diese Schwierigkeiten wohl vergessen.[51] Als Hochzeitsmusik wurde wahrscheinlich eine Komposition des Eisenacher Organisten Johann Christoph Bach – ein Cousin des Bräutigams – mit dem Titel „Meine Freundin, du bist schön" aufgeführt. So erlebte Martha Elisabeth bei ihrer Hochzeit nicht nur die große Bach-Familie, sondern auch deren musikalisches Potential. Die Stimmen des Stückes schrieb der ebenfalls in Eisenach lebende Johann Ambrosius aus der Partitur in Schönschrift ab. Außerdem fügte er für die Hochzeit seines Bruders eine ausführliche *Beschreibung dieses Stückes* bei, das überwiegend Passagen aus dem biblischen Hohelied Salomons mit zahlreichen Anspielungen auf die Situation junger Verliebter enthält. Die ungewöhnliche Besetzung der kunstvollen Hochzeitskantate war vermutlich auf die anwesenden Musiker unter den Gästen abgestimmt: etwa acht Sänger (darunter vier Solisten), eine Violine, drei Bratschen, ein Violone und Basso continuo. Den virtuosen Violinpart übernahm sicher Johann Ambrosius, der seinem Zwillingsbruder Johann Christoph zum Verwechseln ähnlich gesehen haben soll. So entstand der Eindruck, als spiele der Bräutigam selbst die Violine. Der Beginn des Stückes mit einer aufsteigenden Tonleiter ist wie folgt erklärt: *Ein Verliebter schleichet, seines Weges, gantz vor sich allein; das funtament gehet anfänglich solo.* Schließlich werden die Gäste zu einer ausgelassenen Hochzeitsfeier aufgefordert, da es *fein sey, wenn mann ißet und trincket, und guths Muths ist, denn daß ist eine Gabe Gottes*, und die Beschreibung schließt: *Endlich, weilen iedermann gehabte Vergnügung von sich mercken liese, wurde vor diesesmahl beschlossen, und Feurabend gemacht; ergo hieß es allwege: Gute Nacht! Schlaft wohl! Großen Dank. Machts guth. Ihr auch.*[52]

50 Müller/Wiegand, S. 51.

51 Landeskirchenarchiv Eisenach, Trauregister Ohrdruf St. Michael 1679, S. 386. Siehe auch Müller/Wiegand, S. 151 (Traueintrag Arnstadt).

52 Wollny IV, S. 83ff., 96ff.

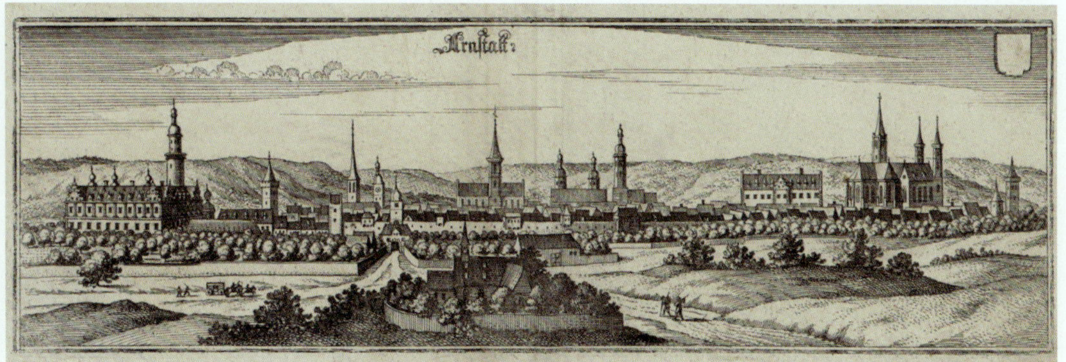

Arnstadt um 1650, Kupferstich von Caspar Merian. Die älteste Stadt Thüringens war über mehrere Generationen ein Zentrum der weitverzweigten Bach-Familie.

In Arnstadt schließlich wurde Martha Elisabeth Teil des familiären Netzwerkes, und sie erlebte die Anerkennung der Bachs als Garant für höchste musikalische Qualität: Hier war schon ihr Schwiegervater Christoph Bach (1613 – 1661) Stadt- und Hofmusiker gewesen, und dessen Bruder Heinrich (1615 – 1692) sowie drei seiner Söhne wirkten als Organisten an der Schlosskirche sowie der Ober- und Liebfrauenkirche.

Arnstadt – die älteste Stadt Thüringens mit damals etwa 3.800 Einwohnern – unterstand der Herrschaft des Hauses Schwarzburg-Sondershausen. Graf Ludwig Günther II. residierte auf Schloss Neideck (heute eine Ruine mit erhaltenem Turm). Im letzten Lebensjahr des Grafen (1681) spitzten sich bereits länger bestehende Rivalitäten und Streitigkeiten zwischen den Musikern seiner Hofkapelle zu, sodass er sie kurzerhand entließ. Durch diese rigorose Entscheidung kamen auch Johann Christoph und Martha Elisabeth in eine schwierige Lage. Doch der Nachfolger des Landesherrn, Graf Anton Günther II., stellte Bach 1682 wieder ein – nun sogar in besserer Position als zuvor.[53]

Allerdings hätte sich die Familie auch in dieser Situation kein eigenes Haus leisten können, wenn nicht 1687 ein überraschendes Ereignis eingetreten wäre: Die 79-jährige Bäckerswitwe Sophie Elisabeth Kannewurf schenkte Johann Christoph ihr Haus, verbunden mit der Verpflichtung, der Alteigentümerin bis zu deren Tod freie Wohnung zu gewähren und sie täglich mit warmer Kost

53 Müller/Wiegand, S. 51.

sowie zwei Maß Bier zu verpflegen. Nebenbei bemerkt: Arnstadt war ein Zentrum der Bierbrauerei. Um 1700 existierten hier rund 130 Brauhöfe. Die Qualität und Stärke des Getränks war jedoch nicht vergleichbar mit dem heutigen Bier. Mit der Schenkung des Hauses in der Kohlgasse (Gebäude erhalten, heute Nr. 7) gingen zudem ein Garten in der Borngasse (heute Schönbrunnstraße) und sechs Acker Land einher. Doch schon bald nach der Überschreibung ihres Besitzes verstarb Sophie Elisabeth Kannewurf, und die Bachs waren von den vertraglichen Verpflichtungen gegenüber ihrer Wohltäterin befreit.[54] Damit hat sich auch die Wohnsituation für die Familie samt den im Haushalt lebenden Lehrjungen verbessert.

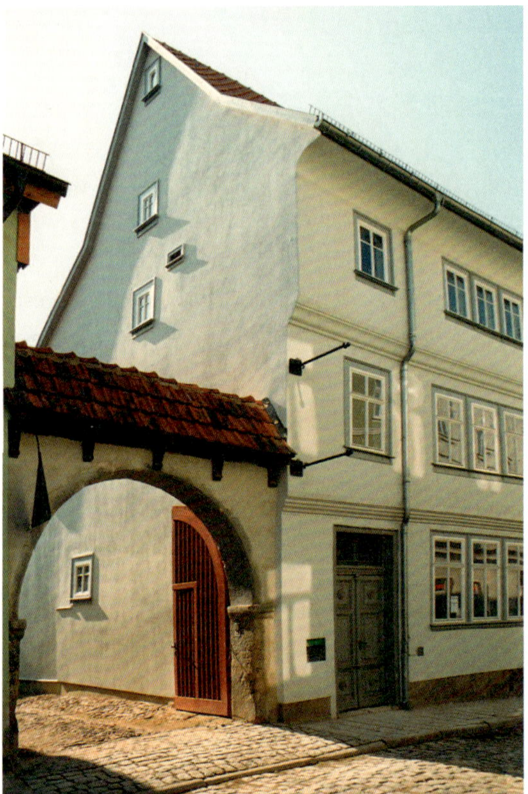

Arnstadt, Kohlgasse 7. Martha Elisabeth und ihr Ehemann Johann Christoph Bach wohnten hier ab 1687. Es war auch das Elternhaus von Johann Sebastians schwer erkrankter Cousine Barbara Catharina und seines Cousins Johann Ernst.

54 Müller/Wiegand, S. 53.

Martha Elisabeth und Johann Christoph Bach hatten sechs Kinder:
Barbara Catharina (1680 – 1709)
Anna Martha (* und † 1682)
Johann Ernst (1683 – 1739, Organist in Arnstadt)
Johann Heinrich (* und † 1686)
Johann Christoph (1689 – 1740, Handelsmann und Organist in Blankenhain)
Johann Andreas (1692 – 1694)

Zu den verwandten Paten der Kinder zählten Johann Michael Bach aus Gehren (bei Johann Heinrich), Johann Ambrosius Bach aus Eisenach (bei Johann Christoph) und zweimal Johann Philipp Eisentraut aus Ohrdruf (bei Anna Martha und Johann Ernst). Zudem waren als Paten vertreten: der Arnstädter Kantor Ernst Dietrich Heindorff (1683) und seine Ehefrau Anna Margaretha (1682) sowie der Handelsmann Johann Christoph Hoffmann (1689) aus Suhl (zu Patenämtern seiner Ehefrau siehe S. 42, 118). Aus dem Arnstädter Umfeld kam beispielsweise die noch unverheiratete Barbara Margaretha Keul (siehe Kap. 2), die eine Patenschaft bei Barbara Catharina übernahm.[55]

Drei der Kinder verstarben früh, zudem ereilte die älteste Tochter ein schweres Schicksal: Barbara Catharina starb mit 28 Jahren, nachdem sie vier Jahre lang ans Bett gefesselt war. Dieses Drama berührte offenbar über die Familie hinaus, denn in den sonst knapp gehaltenen Beerdigungseinträgen ist in ihrem Falle ausführlicher vermerkt:
Freitag, *den 25 Jan. 1709. Eine Jungfer Barbara Catharina Bachin, so über 4 Jahr bettlägerig gewesen, wurde mit dem großen geläute begraben, und wegen allzu strenger Kälte eine Sermon über die verba ex Sap: III. Die gerechten Seelen sind in Gottes: starb d. 22. ejusd: cc 7 abends. aetat: 29 Jahr weniger 3 Monate und 3 Tage.*[56]
Auch Johann Sebastian Bach, der von 1703 bis 1707 seine erste feste Anstellung als Organist an der Neuen Kirche in Arnstadt hatte, erlebte die traurige Situation seiner Cousine. Denn mit deren Bruder Johann Ernst unterhielt er enge Kontakte: Bereits in Ohrdruf hatten Johann Sebastian und Johann Ernst drei Jahre zusammen in einer Klasse gelernt, in Arnstadt vertrat Johann Ernst seinen Cousin

55 Müller/Wiegand, S. 52, 146ff.
56 Müller/Wiegand, S. 155. Im Januar 1709 herrschte extreme Kälte, es war ein sogenannter "Jahrtausendwinter".

während dessen legendärer Lübeck-Reise, und später wurde er sein Nachfolger. Mit Sicherheit hielt sich Johann Sebastian häufig im Hause Kohlgasse 7 auf.

Martha Elisabeth wurde mit 39 Jahren Witwe, ein knappes Jahr nach der Geburt ihres jüngsten Kindes. Nach dem Tod ihres Ehemanns Ende August 1693 führte sie dessen organisatorische Aufgaben zusammen mit den ehemaligen Gesellen weiter. Zunehmend traten dabei aber Schwierigkeiten auf, sodass die Witwe dieses Geschäft und die damit verbundenen Einnahmen 1696 aufgab.
Martha Elisabeth überlebte ihren Ehemann um 25 Jahre, ihr Begräbnisvermerk hat folgenden Wortlaut: *16. Jan: 1719. Eine Wittwe Martha Elis: H. Joh. Christoph Bachs Stadt Musici aetat: 64 Jahr. LeichPredigt that H. M. Olearius.*[57] Die Predigt zu ihrer Trauerfeier hielt demnach Magister Johann Christoph Olearius, der Verfasser der 1701 herausgekommenen Arnstädter Stadtchronik „Historia Arnstadtienis". Die Verstorbene wurde, wie weitere 24 Mitglieder der Familie Bach, auf dem Alten Friedhof in Arnstadt bestattet. Die Gräber sind nicht erhalten geblieben, doch erinnert an diese ein später errichteter Gedenkstein – auch Martha Elisabeth Bach ist hier genannt.

57 Müller/Wiegand, S. 156.

5. Maria Barbara Bach
geb. Bach

*1684 Gehren, † 1720 Köthen

Johann Sebastian Bachs erste Ehefrau
Cousine zweiten Grades

Maria Barbara wuchs in Gehren auf, einer kleinen thüringischen Stadt mit weniger als tausend Einwohnern. Das Stadtbild wurde von einem Renaissanceschloss bestimmt, das die Grafen von Schwarzburg-Sondershausen als Nebensitz nutzten, sowie der Kirche St. Michael am Markt. An das Schloss erinnert heute nur noch eine Ruine, und ein klassizistischer Neubau ersetzt die alte Kirche, an der Maria Barbaras Vater einst die Orgel gespielt hatte. Johann Michael Bach (1648 – 1694) – einer der bedeutendsten Komponisten der Bach-Familie – übte außerdem die geachtete Funktion des Gehrener Stadtschreibers aus. Die Mutter Catharina, geb. Wedemann (1650 – 1704) kam aus einer Stadtschreiber-Familie in Arnstadt, wo Johann Michael bis 1673 Organist gewesen war.[58]

Am 20. Oktober 1684 wurde Maria Barbara geboren, und am folgenden Tag empfing sie die Taufe. Der Eintrag im Kirchenbuch lautet:
d 20. 8bris [Oktober] *dem Organisten H Johann Michael Bachen Von seinem Weibe Fr. Catharinen ein Töchterlein gebohren, und die seq.* [am nächsten Tag] *Maria Barbara getauft. Pathen: Hn Johann Weidemanns* [Wedemann] *Stadtschreibers zu Arnstadt Eheliebste Fr. Maria, dann Hn Joh. Gottfried Bellstedts vice-Stadtschreibers daselbst liebste Frau Barbara, und endlich H Martinus Feldhauß Bürgermeister ibidem.*[59]
Bemerkenswert ist die Nennung der Mutter mit ihrem Namen, was in den Gehrener Taufeinträgen eher selten vorkommt. Vielleicht hing diese Besonderheit damit zusammen, dass beide Taufpatinnen und ein Pate aus dem Arnstädter Verwandtenkreis mütterlicherseits kamen: die Großmutter des Kindes, Maria Wedemann, die Tante Susanna Barbara Bellstedt, geb. Wedemann und der Ehemann

58 Bach-Dokumente, Bd. I, Nr. 184 (S. 258); Martini, S. 214ff.
59 Evang. Kirchengemeinde Gehren, Kirchenbuch 1675 – 1749, S. 458; siehe auch Martini, S. 215 (Text unvollständig).

von Tante Margaretha, geb. Wedemann, der Arnstädter Bürgermeister Martin Feldhaus. Dieser sollte in seiner Funktion als Pate später noch Bedeutung erlangen.

Maria Barbara hatte fünf Geschwister: Friedelena Margaretha (1675 – 1729, siehe Kap. 11), Anna Dorothea (1677 – nach 1701), Barbara Catharina (1679 – 1737, siehe Kap. 12), Maria Sophia (1682 – 1683) und Johann Gottfried (1690 – 1691).[60]

Als Maria Barbara neun Jahre alt war, starb ihr Vater *ufn Himmelfahrts Tag* [1694], *abends zwischen 5. und 6. Uhren, am Fleckfieber, nachdem er 9 tage gelegen, sanfft und selig verschieden seines alters 46. Jahr weniger 3. Wochen u. 1 Tag, den 19. May ist er begraben worden, ist 21 Jahr weniger 3 Monat alhier in Diensten gewesen.*[61] Fast zeitgleich hatte Johann Sebastian Bach seine Mutter Elisabeth (siehe Kap. 1) verloren, die nur zwei Wochen zuvor in Eisenach beerdigt worden war.

Nach dem Tod von Johann Michael Bach lebte die Witwe Catharina zusammen mit ihren Töchtern noch ein Jahrzehnt in Gehren. Ein wichtiges Familienereignis in dieser Zeit war die Hochzeit von Maria Barbaras Schwester Anna Dorothea. Sie heiratete im Oktober 1701 *Mstr. Hanß Gregori Schneider, Schreiner und lediger Gesell, des Schulmeisters Sohn in Ober Weißbach.*[62]
Drei Jahre später starb die Mutter *vidua* [Witwe] *Fr. Catharina Bachin, Organisti*, beerdigt wurde sie am 19. Oktober 1704 – es war ein Tag vor Maria Barbaras 20. Geburtstag. Für die Bestattung der Witwe wurden keine Gebühren erhoben, doch eine Spende war üblich: *12 gr* [Groschen] *Fr. Organistin Bachi Kinder wegen ihrer Mutter.* Lag die Höhe der sogenannten *Bona Opera* bei der Beerdigung des Vaters noch bei einem Taler, so konnten die Kinder nur noch die Hälfte geben.[63]
In Gehren lebte zwar seit einigen Jahren ein weitläufiger Verwandter, der Kantor Johann Christoph Bach (1673 – 1727) – ein Sohn des früheren Leiters der Erfurter Ratsmusik. Für eine Aufnahme der verwaisten Mädchen kam dessen Familie aber offenbar nicht in Frage.

60 Martini, S. 214ff. Zu Maria Sophias bisher unbekanntem Sterbejahr siehe Gehren, Kirchenbuch 1675 – 1749, S. 449.

61 Evang. Kirchengemeinde Gehren, Kirchenbuch 1675 – 1749, S. 1249; Martini, S. 216.

62 Evang. Kirchengemeinde Gehren, Kirchenbuch 1675 – 1749, S. 793. Die Hochzeit fand am 16. Oktober statt. Siehe auch Kock/Siegel, S. 74.

63 Evang. Kirchengemeinde Gehren, Kirchenbuch 1675 – 1749, S. 1259 (Begräbniseintrag Catharina Bach, siehe auch Martini, S. 216), S. 1319 (Spende betr. Johann Michael), S. 1320 (Spende betr. Catharina).

Die drei unverheirateten Schwestern verließen Gehren und fanden gegen Ende 1704 Unterkunft bei Maria Barbaras Paten Martin Feldhaus, der zudem die Vormundschaft für alle drei Waisen übernahm. Die Tante der Schwestern, Margaretha Feldhaus, war eine Zwillingsschwester der verstorbenen Mutter und nun wohl die wichtigste Bezugsperson. Wahrscheinlich wohnten die Mädchen in einem der beiden Häuser, die Feldhaus gehörten, „Zur Güldenen Krone" (heute

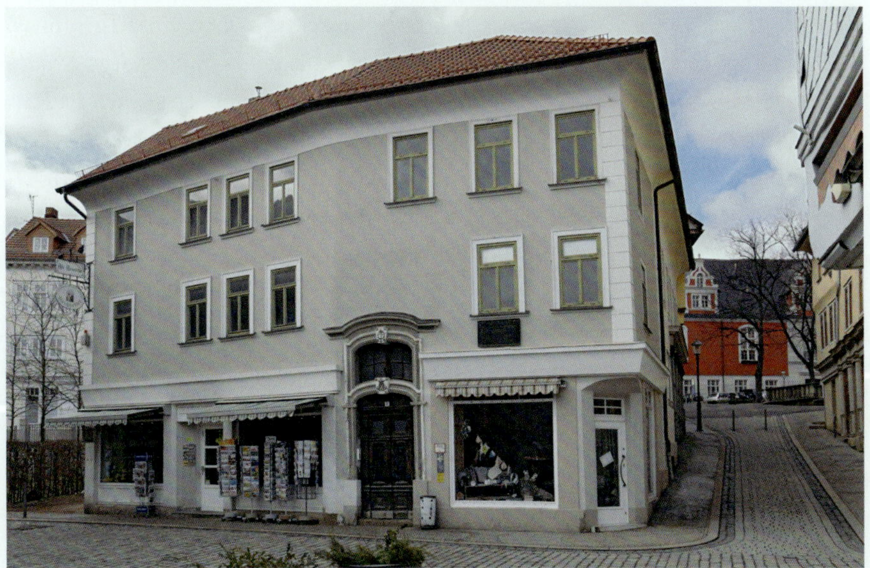

Das Haus des Arnstädter Bürgermeisters Martin Feldhaus „Zur Güldenen Krone", in dem vermutlich Maria Barbara und ihre Schwestern einige Jahre lebten.

Ledermarkt 7) oder dem anschließenden Nebengebäude „Steinhaus". Vielleicht fand hier zeitweise auch Johann Sebastian Unterkunft?[64]

Als Maria Barbara nach Arnstadt kam, hatte sich der junge Organist Bach bereits einen Namen gemacht. Seit über einem Jahr spielte der 19-Jährige die Orgel in der Neuen Kirche auf eine bis dahin so ungewohnte Weise, dass es in der Gemeinde Irritationen gab. Später wurde sogar protokolliert, er habe beim Choralspiel *viele wunderliche variationes gemachet, viele frembde Thone mit eingemischet, daß die Gemeinde drüber confundiret worden.* Zweifellos erlebte Maria Barbara Johann

64 Bach-Dokumente, Bd. II, Nr. 26. Beide Häuser sind heute zu einem Gebäude zusammengefasst; Müller/Wiegand, S. 40 (betr. Vormundschaft).

Sebastian als einen außerordentlich kreativen und wenig obrigkeitshörigen Künstler. Dazu gehörte auch seine Urlaubsüberschreitung von vier genehmigten Wochen auf etwa drei Monate, um im Herbst/Winter 1705 zu Dietrich Buxtehude nach Lübeck zu reisen und dort von dem berühmten Organisten lernen zu können. Dass ihm diese Eigenmächtigkeit gehörigen Ärger einbrachte, beeindruckte ihn offenbar wenig. Als er sich beim Superintendenten im Februar 1706 erklären sollte, antwortete Bach nicht gerade einsichtig: *Hoffe das orgelschlagen würde unterdeßen von deme, welchen er hiezu bestellet* [sein Cousin Johann Ernst Bach], *dergestalt seyn versehen worden, daß deßwegen keine Klage geführet werden können.*[65] Alle diese Vorgänge zogen in Arnstadt sicher weite Kreise, Maria Barbara wird sie mit besonderem Interesse verfolgt haben.
Die Vermutung liegt nahe, dass die Beiden zusammen musizierten, denn gewiss besaß Maria Barbara beste musikalische Anlagen. Ob der bekannte Aktenvermerk von 1706, Johann Sebastian habe *ohnlängsten die frembde Jungfer auf das Chor* [Chorempore] *biethen und musiciren laßen*[66], auf Maria Barbara bezogen werden kann, ist allerdings fraglich. Denn zu dieser Zeit lebte sie schon seit rund zwei Jahren in Arnstadt und war als Nichte des Bürgermeisters eher nicht unbekannt – es sei denn, sie wurde noch immer als *fremd* bezeichnet, weil sie keine geborene Arnstädterin war.
Maria Barbara und Johann Sebastian waren sich möglicherweise schon in ihrer Kindheit oder Jugend begegnet. Gelegenheiten wären beispielsweise die Hochzeiten von Johann Sebastians Bruder Johann Christoph 1694 in Ohrdruf (siehe S. 112) oder seiner Schwester Maria Salome (siehe S. 23) im Januar 1700 in Erfurt gewesen.
Eine letzte Arnstädter Dokumentenspur hinterließ Maria Barbara mit ihren beiden Schwestern im Abendmahlsregister von 1706/07.[67]

Im Juni 1707 beendete Johann Sebastian sein Arbeitsverhältnis in Arnstadt, um die neue Organistenstelle an der Divi-Blasii-Kirche in der Freien Reichsstadt Mühlhausen anzutreten. Nun konnte auch die Hochzeit vorbereitet werden, die Bach noch einmal zurück in die Nähe seines alten Wirkungsortes führte. Die Trauung fand am 17. Oktober 1707 in der kleinen, noch heute erhaltenen

65 Protokoll vom 21. Februar 1706, siehe Bach-Dokumente, Bd. II, Nr. 16.
66 Protokoll vom 11. November 1706, siehe Bach-Dokumente, Bd. II, Nr. 17.
67 Müller/Wiegand, S. 40.

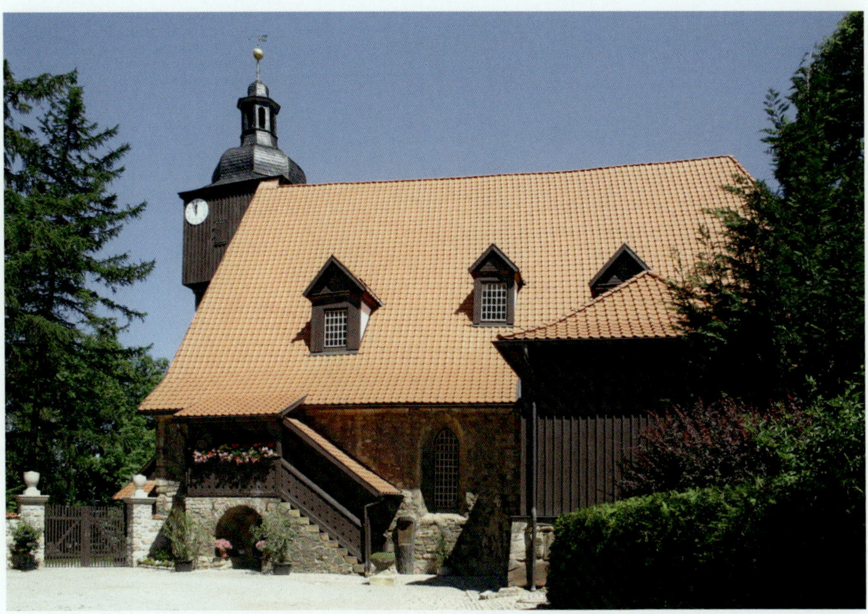

Die Traukirche Maria Barbaras und Johann Sebastian Bachs in Dornheim.

Dorfkirche von Dornheim nahe Arnstadt statt und wurde von dem dortigen Pfarrer Johann Lorenz Stauber übernommen.

Übrigens gehörte Stauber auch bald zum Verwandtenkreis, denn im folgenden Jahr schloss er die Ehe mit Regina Wedemann, einer weiteren Tante Maria Barbaras. Zur Trauung Johann Sebastians und Maria Barbaras ist im Dornheimer Kirchenbuch ausführlich vermerkt:

Den 17. 8br [Oktober] *1707. ist der Ehrenveste H*[err] *Johann Sebastian Bach, ein lediger gesell und Organist zu S. Blasii in Mühlhausen, des weyl.*[and] *wohl Ehren vesten Herrn Ambrosii Bachen berühmten Stad organisten* [Organist betr. irrt der Schreiber] *und Musici in Eisenach Seel.*[ig] *nachgelaßener Eheleibl.*[icher] *Sohn, mit der tugend samen Jgfr* [Jungfer] *Marien Barberen Bachin, des weyl.*[and] *Wohl Ehrenvesten und Kunst berühmten Herrn Johann Michael Bachens, Organisten in Amt Gehren Seel.*[ig] *nachgelaßenen Jgfr jüngsten Tochter, alhier in unserm Gottes Hause, auff Gnädiger Herschafft Vergünstigung, nachdem sie zu Arnstad auff gebothen worden, copuliret worden.*[68]

68 Bach-Dokumente, Bd. II, Nr. 29.

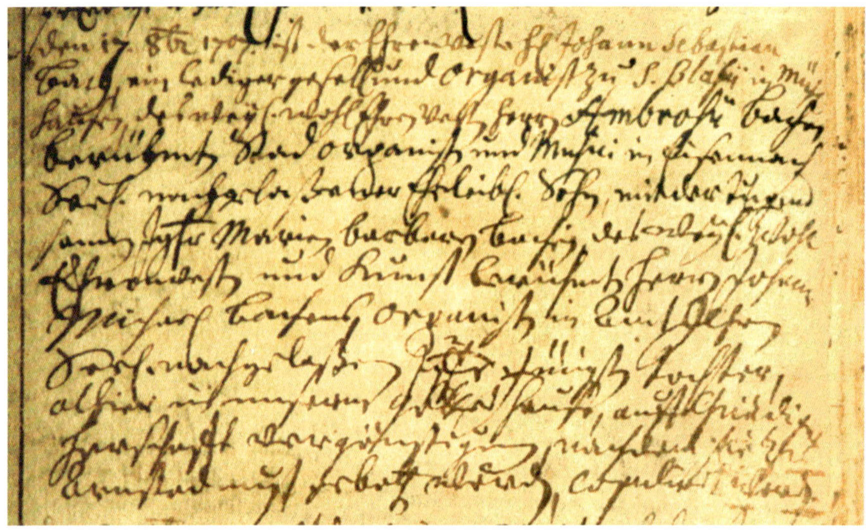

Der Traueintrag von Maria Barbara und Johann Sebastian Bach, Dornheim, 17. Oktober 1707.

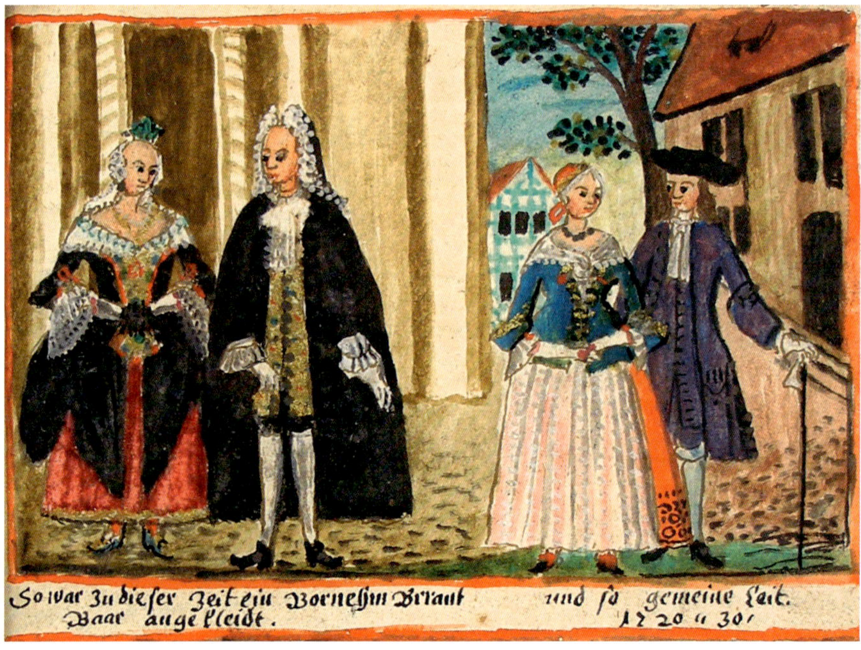

Brautpaare um 1720/30 in Thüringen. Zeichnung von Georg Andreas Sellmann, 1790. Die Bachs kleideten sich wohl eher wie das rechts dargestellte Paar.

Die Hochzeit war sicher wieder ein Anlass für ein großes Familienfest, doch Informationen dazu sind nicht überliefert. Auch zur Frage der aufgeführten Musik bestehen nur vage Vermutungen. Infrage kommen vielleicht Johann Sebastian Bachs Trauungskantate „Der Herr denket an uns“ BWV 196 (1707/08), deren kleine Besetzung für die Dorfkirche geeignet gewesen wäre[69] oder eine nochmalige Aufführung der Hochzeitskantate „Meine Freundin, du bist schön“, die rund drei Jahrzehnte zuvor Maria Barbaras Onkel, der Eisenacher Organist Johann Christoph, wohl für die Eheschließung von Martha Elisabeth Bach, geb. Eisentraut (siehe Kap. 4) komponiert hatte. Johann Sebastian schätzte diese Musik sehr. Später – in seiner Leipziger Zeit – gelangte er in den Besitz der Notenhandschrift, die ihn vielleicht an seine erste Trauung erinnerte. Fraglich ist außerdem die Aufführung des Hochzeitsquodlibets BWV 524, das wahrscheinlich erst nach Bachs eigener Hochzeit entstand.

Finanziell war der Start in die Ehe gut ausgestattet, hatte Johann Sebastian doch kurz zuvor eine beachtliche Erbschaft von seinem wohlhabenden Erfurter Onkel

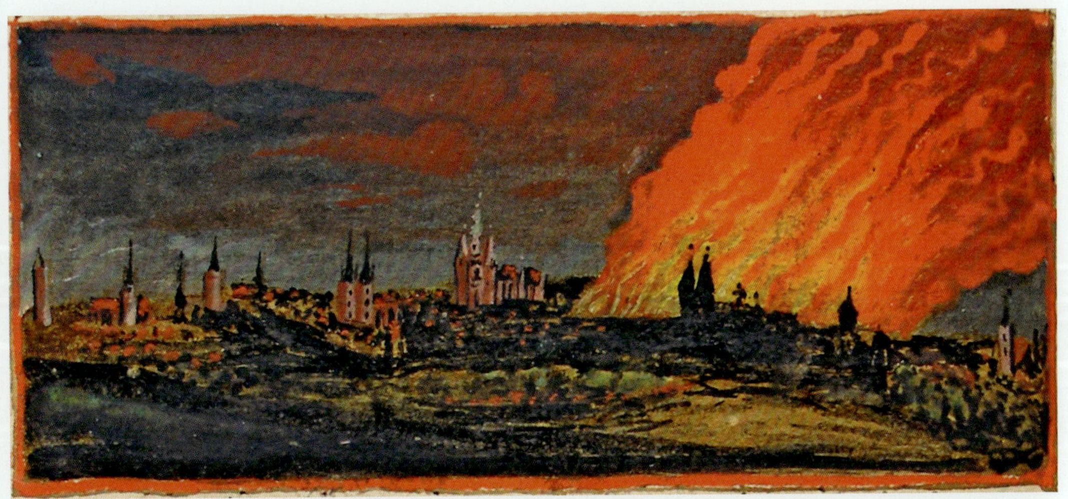

Der große Stadtbrand von Mühlhausen im Mai 1707 vernichtete zahlreiche Häuser. Er ereignete sich nur wenige Wochen vor Bachs Dienstantritt. Zeichnung von Georg Andreas Sellmann, 1790.

69 Möglicherweise wurde BWV 196 zur Hochzeit Wedemann-Stauber im folgenden Jahr aufgeführt, siehe Bach Compendium III, S. 866.

Tobias Lämmerhirt in Höhe von 50 Gulden erhalten – das waren nahezu zwei Drittel seines Mühlhäuser Jahresverdienstes.[70]
Das junge Ehepaar blieb gerade einmal ein Jahr in Mühlhausen, doch konnte Johann Sebastian hier einen großen Erfolg verbuchen: Erstmals erschien eines seiner Werke, die Ratswahlkantate „Gott ist mein König" BWV 71, die auf Kosten des Mühlhäuser Stadtrates gedruckt wurde.[71] Gewiss wird Maria Barbara die Aufführung am 4. Februar 1708 in der Mühlhäuser Marienkirche oder eine Woche später in der Blasiuskirche miterlebt haben – eine mitreißende und bis dahin so ungewöhnliche Musik, die es vermutlich zum Stadtgespräch brachte.
Näheres über Maria Barbara aus der Mühlhäuser Zeit ist nicht bekannt, außer dass sie im Frühjahr 1708 schwanger wurde. Zu ihrem Alltag gehörte es wohl von Anfang an, dass Privatschüler Johann Sebastians mit im Haushalt lebten. Ein vertrautes Mitglied der Wohngemeinschaft war beispielsweise Johann Martin Schubart, der sogar mit nach Weimar ging.[72]

Obwohl Bach in Mühlhausen großes Ansehen genoss, erschien ihm die freigewordene Stelle des Hoforganisten und Kammermusikers in Weimar attraktiver. Neun Jahre lang – von Juli 1708 bis Dezember 1717 – blieb die Familie nun in der thüringischen Residenzstadt. Ihre Wohnung befand sich zumindest bis 1713 im Hause des Sängers und Pagenhofmeisters Adam Immanuel Weldig am Markt (später Nr. 16), in der Nähe des Schlosses.[73] Sie muss großzügig gewesen sein, denn neben Schubart lebten hier 1712/13 der Schüler Philipp David Kräuter und später der Ohrdrufer Neffe Johann Bernhard Bach, der noch bis 1721 in Köthen als Notenkopist für seinen Onkel tätig war.[74]

Seit den Weimarer Jahren oder schon der Mühlhäuser Zeit gehörte auch Maria Barbaras ältere und unverheiratet gebliebene Schwester Friedelena Margaretha zum Bachschen Haushalt. Ob diese Konstellation von der Familie eher als Bereicherung oder als Einschränkung empfunden wurde, sei dahingestellt. Wahrscheinlich übernahm Friedelena Margaretha einen großen Teil der häuslichen Verpflichtungen, zumindest wird sie sich daran beteiligt haben. Die Hilfe war

70 Bach-Dokumente, Bd. II, Nr. 27.
71 Bach Compendium III, S. 832f.
72 Bach-Dokumente, Bd. II, Nr. 324. Schubart wurde in Weimar Bachs Nachfolger.
73 Bach-Dokumente, Bd. II, Nr. 45. Heute erinnert eine Gedenktafel an das nicht erhaltene Gebäude.
74 Bach-Dokumente, Bd. II, Nr. 58; Bd. V, S. 117ff. (P. D. Kräuter); Bd. II, Nr. 277 (J. B. Bach).

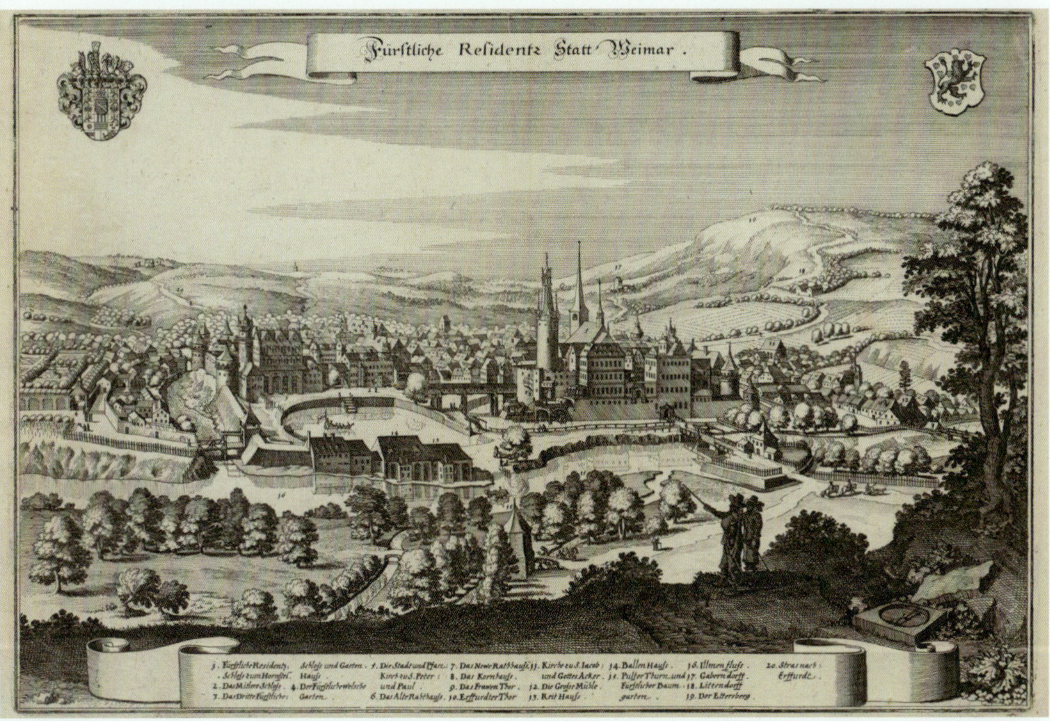

In Weimar lebten die Bachs von 1708 bis 1717. Kupferstich von Caspar Merian, um 1650.

gewiss willkommen, denn die Familie wurde nun immer größer. Maria Barbara brachte in Weimar sechs ihrer sieben Kinder zur Welt:[75]
Catharina Dorothea (1708 – 1774, siehe Kap. 16)
Wilhelm Friedemann (1710 – 1784)
Zwillinge Maria Sophia und Johann Christoph (* und † 1713)
Carl Philipp Emanuel (1714 – 1788)
Johann Gottfried Bernhard (1715 – 1739)

Die Zwillinge erhielten gleich nach der Geburt die Nottaufe – Johann Christoph starb am selben Tag, und das Mädchen lebte nur noch drei Wochen. Zwillingsgeburten kamen im Verwandtenkreis häufiger vor, so hatte Johann Sebastians Vater Johann Ambrosius einen Zwillingsbruder Johann Christoph und Maria

75 Wolff I, S. 432 (Überblick). In den Weimarer Taufeinträgen ist oft auch die Mutter der Täuflinge genannt.

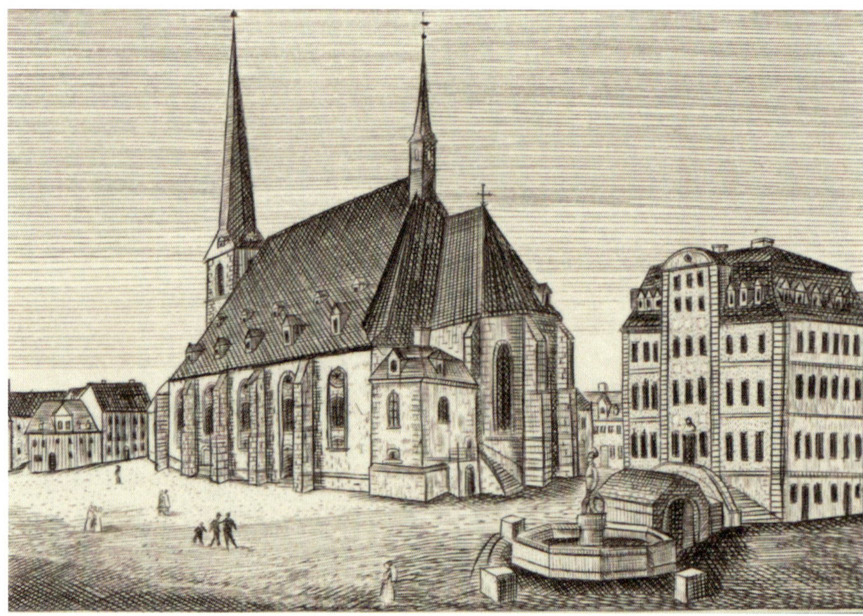

Die Stadtkirche St. Peter und Paul in Weimar, Stahlstich von Andreas Glaeser, 1830. In der Gemeindekirche der Bachs wurden vier ihrer Kinder getauft, darunter Wilhelm Friedemann und Carl Philipp Emanuel.

Barbaras Mutter Catharina eine Zwillingsschwester Margaretha. Wie die Gräber der Zwillinge sind auch andere Weimarer Bach-Erinnerungsstätten nicht erhalten geblieben – mit Ausnahme der Stadtkirche St. Peter und Paul, in der vier Bach-Kinder getauft wurden.

Patenschaften übernahmen teils Verwandte (bei Catharina Dorothea siehe S. 141; bei dem Zwilling Maria Sophia: Margaretha Hoffmann aus Suhl; bei Johann Gottfried Bernhard: Johann Bernhard Bach aus Eisenach) sowie Frauen und Männer aus dem Bekanntenkreis, zudem aus Bachs Berufsumfeld auch über Weimar hinaus. Zu den Paten gehörte beispielsweise der Kapellmeister in Frankfurt am Main, Georg Philipp Telemann (bei Carl Philipp Emanuel). Obgleich keine Patenvertretung im Taufregister vermerkt ist, bleibt seine Anwesenheit ungewiss. Das freundschaftliche Verhältnis von Bach und Telemann ist mehrfach überliefert.[76]

76 Bach-Dokumente, Bd. II, Taufeinträge Nr. 42 (Catharina Dorothea), Nr. 51 (Wilhelm Friedemann), Nr. 56 (Zwillinge), Nr. 67 (Carl Philipp Emanuel), Nr. 74 (Johann Gottfried Bernhard); Bd. III, Nr. 803 (S. 289, Kontakte Telemanns mit Bach). Nach Telemanns Tod übernahm Carl Philipp Emanuel dessen Anstellung in Hamburg.

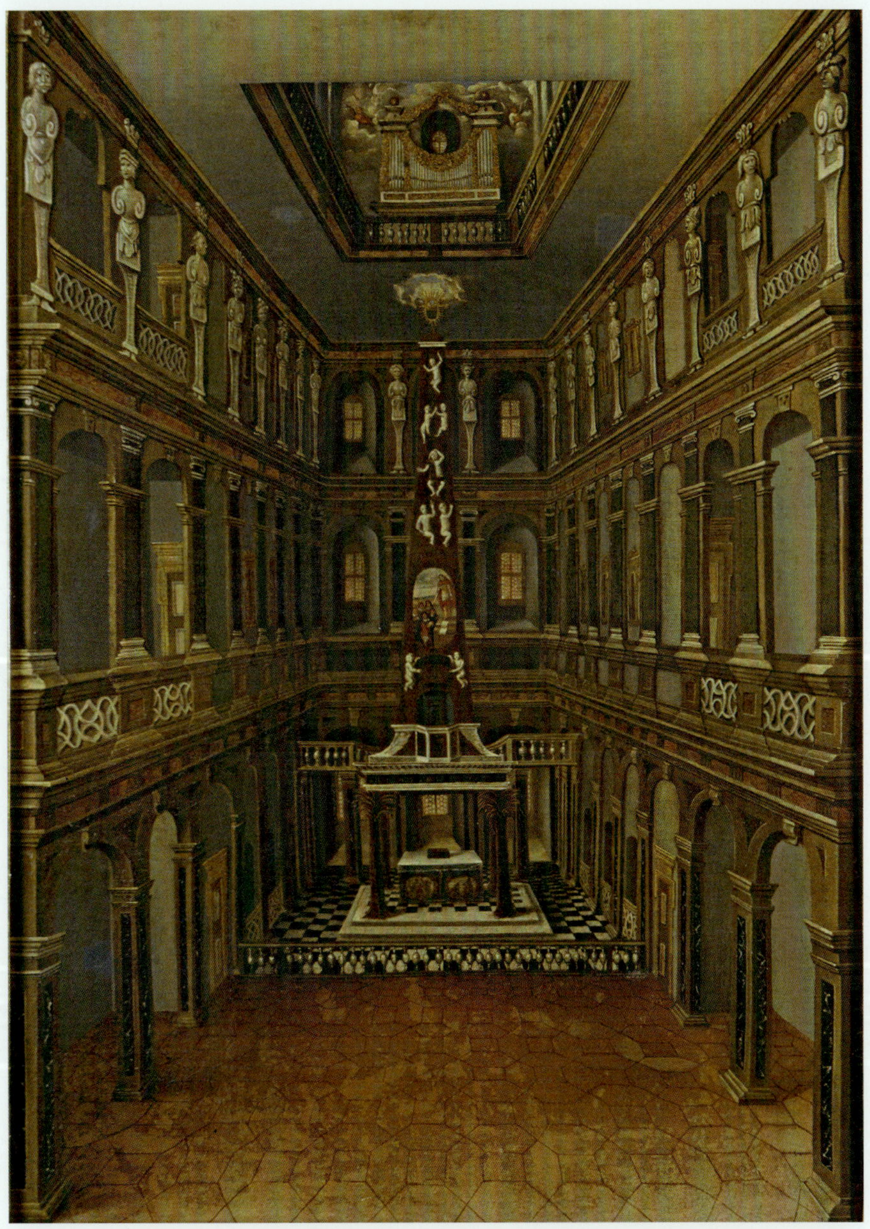

Die Weimarer Schlosskirche, Gemälde von Christian Richter, um 1660. In der sogenannten „Himmelsburg" war Bach Organist. Die Kirche wurde 1774 durch Feuer zerstört.

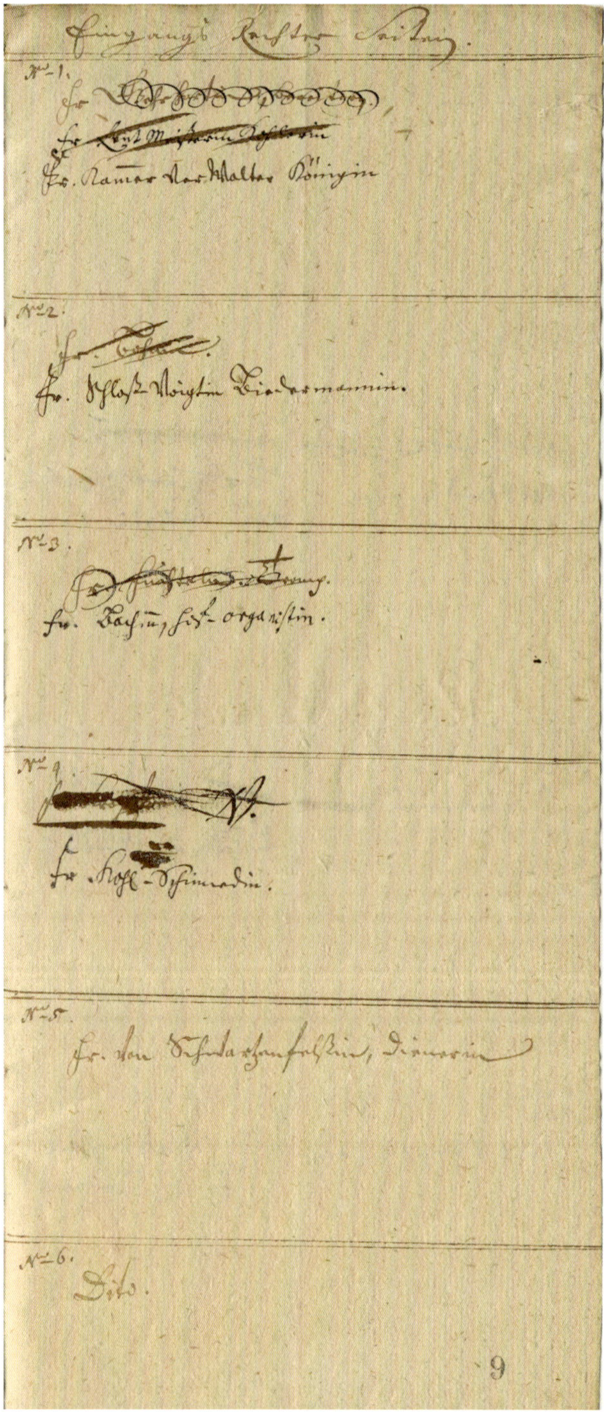

Eingang Rechter Seiten.

No. 1.
Fr. Cammer Secretar Böhmin

No. 2.
Fr. Schloß-Voigtin Biedermannin.

No. 3.
Fr. Bach, Hof-Organistin.

No. 4.
Fr. Hoff-Schneiderin.

No. 5.
Fr. von Schwachenfeldin, Dienerin

No. 6.
Dito.

9

Kirchenstuhleintrag für Maria Barbara Bach in der Weimarer Schlosskirche (Nr. 3).

In der Weimarer Stadtkirche stand Maria Barbara auch selbst einmal als Patin am Taufstein. Ihr Patenkind war die am 28. Oktober 1714 getaufte Juliana Maria Philippina Heininger, die Tochter eines Weimarer Hoftrompeters.[77]

Johann Sebastians Wirkungsbereich als Hoforganist war jedoch nicht die Stadtkirche, sondern die Schlosskirche (1774 abgebrannt). Als Ehefrau hatte Maria Barbara ebenfalls Zugang zu den höfischen Gottesdiensten, wie ein von ihr 1708 gemieteter Sitzplatz belegt. *Fr.*[au] *Bachinn, Hof-organistin* saß *Eingangs Rechter Seiten* in der achten Reihe auf Platz 3, schräg hinter der Frau des Kapellmeisters Johann Samuel Drese. Wie in den Kirchen üblich, wurden Frauen und Männer getrennt platziert, und nicht zuletzt spiegelte der Sitzplatz auch die soziale Stellung.[78]

Die Frage, ob Maria Barbara selbst musikalisch aktiv war, ist nicht mit Sicherheit zu beantworten – doch aller Wahrscheinlichkeit nach konnte sie zumindest Cembalo spielen. Denkbar wäre, dass Johann Sebastian für sie – ähnlich wie später für seine zweite Ehefrau Anna Magdalena – ein Notenbüchlein angelegt haben könnte, das inzwischen verlorengegangen ist. Eine solche Stückesammlung wäre vielleicht von einigen seiner Englischen Suiten eröffnet worden – vergleichbar mit den Französischen Suiten und den Partiten im ersten und zweiten Notenbüchlein von Anna Magdalena?[79]

Im Frühjahr 1716 konnte Maria Barbara eine gute Reisegelegenheit wahrnehmen: Johann Sebastian hatte eine Einladung nach Halle (Saale) zur Prüfung der von Christoph Cuncius neuerbauten Orgel in der Liebfrauenkirche (Marktkirche) erhalten. Dazu durften er und die anderen beiden Orgelprüfer – der Leipziger Thomaskantor Johann Kuhnau sowie der Quedlinburger Stadtkantor Christian Friedrich Rolle – die *Ihrigen*, also ihre Ehefrauen, mitbringen.[80] Für das jüngste, knapp einjährige Kind Johann Gottfried Bernhard besorgte Maria Barbara vermutlich eine Amme, die weitere Versorgung der Familie wird Friedelena Margaretha übernommen haben. So ging die Reise Ende April nach Halle, wo das Ehepaar Bach im vornehmsten Gasthaus der Stadt, dem „Goldenen Ring“

77 Bach-Dokumente, Bd. II, Nr. 72. Heininger war ehemals Hoftrompeter in Weißenfels.
78 Bach-Dokumente, Bd. V, S. 114.
79 Vorsichtige Überlegungen hierzu siehe NBA V/7, S. 86 (Alfred Dürr).
80 Wollny I, S. 37 (Fußnote 37).

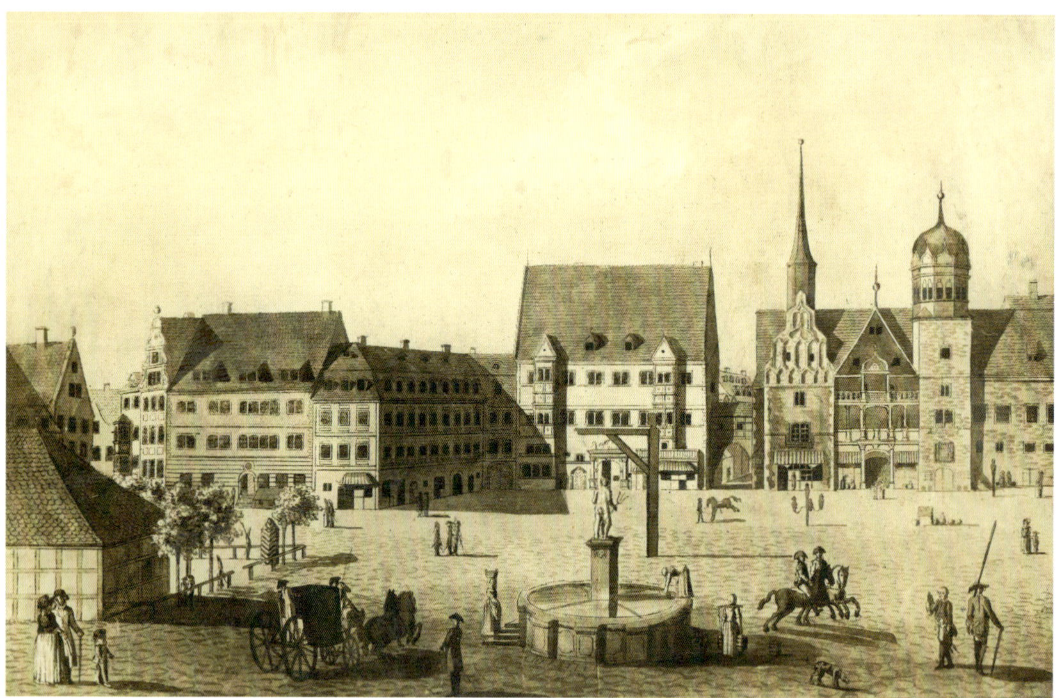

Der Marktplatz in Halle mit dem Gasthaus zum Goldenen Ring (hinten links), wo Johann Sebastian und Maria Barbara 1716 logierten. Im Jahr 1905 wurde das Gebäude durch einen Neubau ersetzt. Lithographie von F. C. Hendel, wohl nach Carl Benjamin Schwarz 1788.

am Marktplatz, logierte. Die Hallenser zeigten sich großzügig und bewirteten die Orgelprüfer-Gesellschaft aufs Beste. Von dem opulenten und ausgelassenen Orgelschmaus, der Anfang Mai nach erfolgreicher Prüfung in einer Runde von achtzehn Personen stattfand, zeugen Quittungen für Speisen, Wein, Bier, Tabak sowie für ausgeliehene und zu Bruch gegangene Gläser. Gespeist wurden beispielsweise Hechte, Schinken, Kälberbraten, Erbsen, Spargelsalat, Kopfsalat, Radieschen, eingemachte Zitronenschalen und Kirschen, Spritzkuchen und vieles mehr.[81] Maria Barbara erlebte in Halle die besondere Wertschätzung ihres Ehemanns, der erst zwei Jahre zuvor seine Wahl zum Organisten an der Marktkirche abgesagt, die Hallenser damit sehr enttäuscht hatte und dennoch zur Orgelprüfung eingeladen worden war.

81 Seiffert, S. 595f. (Speisefolge); Hübner IV, S. 11 (zerbrochene Gläser).

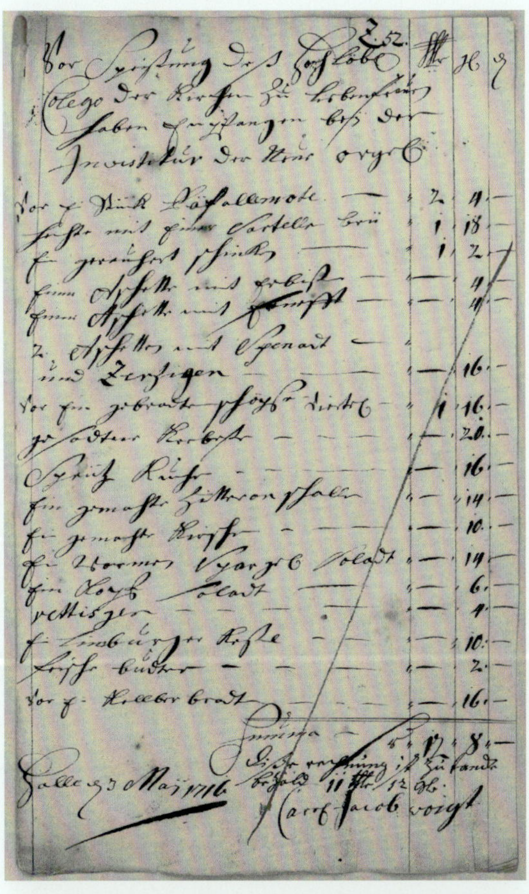

Die Speisefolge beim Orgelschmaus in Halle, 1716.

Quittung zu ausgeliehenen Gläsern für eine Runde von 18 Personen. Zwei Weingläser, vier Biergläser und zwei Weinkaraffen sind beim Orgelschmaus zu Bruch gegangen.

Die Absage des Halleschen Angebotes im Jahr 1714 hatte Bach zwar eine Verbesserung in Weimar gebracht – nun wurde er zum Konzertmeister der Hofkapelle berufen und konnte monatlich eine Kantate zum Gottesdienst aufführen –, längerfristig jedoch verschlechterte sich die Situation. Der Grund dafür waren Rivalitäten und zahlreiche Konflikte zwischen den beiden in Weimar regierenden Herzögen, Wilhelm Ernst und seinem Neffen Ernst August, unter denen auch die Hofmusiker zu leiden hatten. Außerdem wurde Bachs erhoffte Nachfolge des 1716 verstorbenen Hofkapellmeisters Johann Samuel Drese verwehrt. Als Johann Sebastian im Herbst 1717 seine Entlassung am Hofe einreichte, wollte sie Herzog Wilhelm Ernst nicht genehmigen. Bach jedoch blieb bei seiner Forderung, und es spiegelt die Umgangsformen am Weimarer Hof wider, dass er nun *wegen seiner Halßstarrigen Bezeugung u. zu erzwingenden dimission* für etwa vier Wochen in der *LandRichter-Stube arretiret* wurde. Diese Situation war nicht nur ein Tiefpunkt in Bachs Berufsleben, sondern auch für Maria Barbara eine aufregende und ungewisse Zeit. Immerhin gab es eine gute Perspektive: Johann Sebastian hatte schon im August 1717 einen Vertrag mit dem Köthener Fürsten

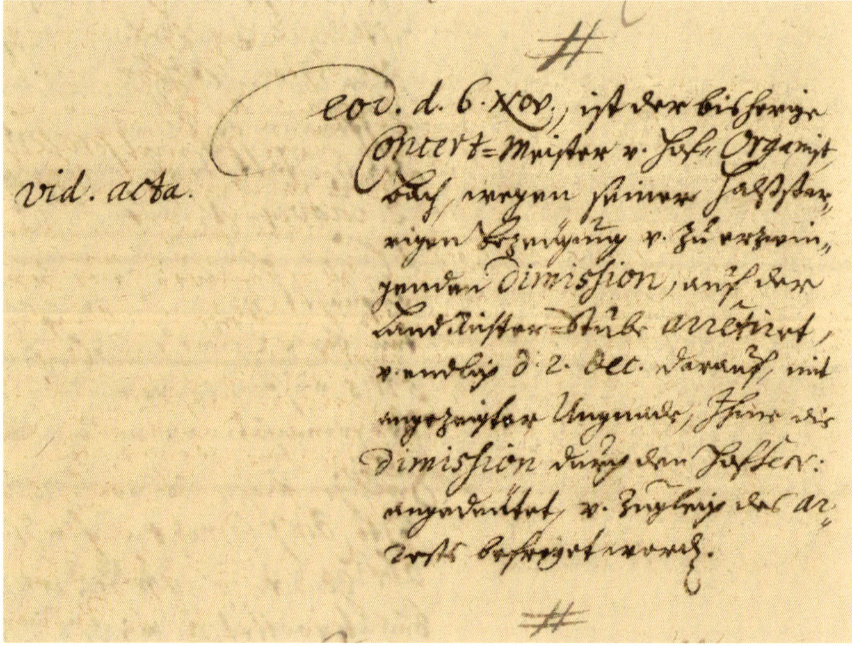
\#

vid. acta.

eod. d. 6. Nov. ist der bißherige
Concert-Meister u. Hof Organist
Bach, wegen seiner Halßstarrigen Bezeugung u. zu erzwingenden dimission, auf der
LandRichter-Stube arretiret,
u. endlich d. 2. Dec. darauf, mit
angezeigter Ungnade, Ihme die
dimission durch den Hofsecr:
angedeutet, u. zugleich des arrests befreyet worden.

\#

Aktenvermerk zu Bachs vierwöchigem Arrest in Weimar. Für fürstliche Angestellte gab es kein Kündigungsrecht. Am 2. Dezember 1717 wurde Bach in *Ungnade* entlassen.

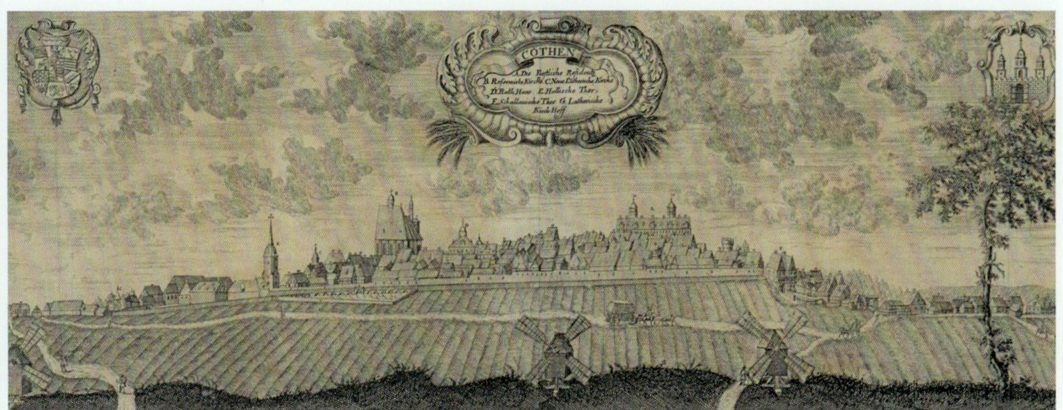

Nach Köthen kam Maria Barbara mit ihrer Familie Ende des Jahres 1717. Kupferstich, um 1720.

Leopold geschlossen, den er genau genommen erst nach seiner Entlassung in Weimar hätte unterzeichnen dürfen. Als Bach schließlich am 2. Dezember *mit angezeigter Ungnade, Ihme die dimission* [...] *angedeutet, u. zugleich des arrests befreyet worden,*[82] konnte die Familie aufatmen. Dem Umzug nach Köthen – zusammen mit Friedelena Margaretha sowie Bachs Neffen und Schüler Johann Bernhard – stand nun nichts mehr im Wege.

Der neue Lebensabschnitt begann unter weit besseren Bedingungen als ehedem in Weimar: Johann Sebastian hatte die attraktive Anstellung eines Hofkapellmeisters, und Maria Barbara konnte sich nun *Fr. Capellmeisterin* nennen.[83] Fürst Leopold von Anhalt-Köthen war zehn Jahre jünger als Bach, außerordentlich musikinteressiert, und er beteiligte sich sogar selbst als Instrumentalist oder Sänger an den Aufführungen im Schloss. Proben der Hofkapelle fanden mehrere Jahre lang auch beim Kapellmeister zu Hause statt,[84] sodass Maria Barbara die Mitwirkenden wohl gut kannte. Wo die Bachs wohnten, konnte bisher nicht mit Sicherheit ermittelt werden, wahrscheinlich direkt neben der evangelisch-lutherischen Agnuskirche im Bereich der heutigen Stiftstraße 11 (das Haus ist nicht erhalten).[85] Die Agnuskirche war die Gemeindekirche der Bachs, dort empfingen

82 Bach-Dokumente, Bd. II, Nr. 84.

83 Bach-Dokumente, Bd. II, Nr. 103, Verzeichnis der gemieteten Kirchenstühle der evang.-luth. Agnuskirche, 1719.

84 Bach-Dokumente, Bd. II, Nr. 91.

85 Schulze VII, S. 31.

Einträge in das Abendmahlsregister der Agnuskirche in Köthen. Maria Barbara und Johann Sebastian empfingen am 9. Oktober 1718 in ihrer Gemeindekirche gemeinsam das Abendmahl (Nr. 42./43.).

sie auch das Abendmahl. In den Abendmahlsregistern ist mehrmals *CapellMeister Bach* aufgeführt, doch nur einmal *seine Eheliebste.*[86]

Die konfessionelle Situation in Köthen war weniger einheitlich als andernorts, denn Bachs Arbeitgeber Fürst Leopold gehörte dem evangelisch-reformierten Glauben an. Zwischen lutherischen und reformierten Christen gab es zu dieser Zeit gemeinhin zahlreiche Konflikte, denn die lutherische Kirche erkannte die reformierte nicht an und verstand diese als Konkurrenz und Gefahr. Auch in Köthen blieben diese Spannungen nicht aus, zumal sie sich innerhalb der fürstlichen Familie mit Leopolds Mutter Gisela Agnes als überzeugter Lutheranerin

86 Bach-Dokumente, Bd. II, Nr. 92.

abspielten. Bach wurde damit zwar weniger konfrontiert, da er nicht für die Kirchenmusik, sondern für die Musik am Hofe zuständig war. Dennoch nahm die Situation Einfluss auf das Leben der Familie, so durfte die Taufe des jüngsten Sohnes Leopold Augustus am 17. November 1718 nicht in der Agnuskirche, sondern musste in der evangelisch-reformierten Schlosskirche stattfinden. Das freundschaftliche Verhältnis Bachs zu seinem Fürsten wurde dadurch aber nicht gestört, waren dieser sowie zwei weitere Mitglieder der fürstlichen Familie und zwei Angehörige des Hofstaates sogar Taufpaten. Maria Barbaras siebentes Kind wurde nur zehn Monate alt und am 28. September 1719 in Köthen beigesetzt.[87]

Zu den spärlichen Kenntnissen über Maria Barbara gehört ihre Patenschaft bei einer Tochter des Halleschen Organisten Johann Gotthilf Ziegler, der in Weimar Schüler von Johann Sebastian gewesen war. Zur Taufe von Christiana Renata Ziegler am 19. April 1718 in der Halleschen Ulrichskirche konnte Maria Barbara allerdings nicht selbst kommen. Vielleicht hatte sie dies ursprünglich vor, aber gesundheitliche Schwierigkeiten in den ersten Monaten ihrer letzten Schwangerschaft verhinderten die Reise? Ihre Vertretung übernahm Rosina Thiele, die Ehefrau eines Halleschen Gastwirtes.[88]

Maria Barbara starb mit 35 Jahren. Beerdigt wurde sie am 7. Juli 1720, möglicherweise nur Stunden vor der Rückkehr Bachs aus Karlsbad.[89] Johann Sebastian und einige weitere Musiker der Hofkapelle hatten Fürst Leopold auf einer Badereise begleitet. Völlig unvorbereitet traf Bach die Nachricht vom Tod seiner Frau. Die Dramatik der Situation wird noch in dem viele Jahre später von Carl Philipp Emanuel Bach verfassten Nekrolog auf seinen Vater spürbar. Darin erinnerte sich der Sohn, wie er als Sechsjähriger die Geschehnisse erlebte: *Nachdem er* [der Vater] *mit dieser seiner ersten Ehegattin 13. Jahre eine vergnügte Ehe geführet hatte, wiederfuhr ihm in Cöthen* [...] *der empfindliche Schmerz, dieselbe, bey seiner Rückkunft von einer Reise, mit seinem Fürsten nach dem Carlsbade, todt und begraben zu finden; ohngeachtet er sie bey der Abreise gesund und frisch verlassen hatte. Die erste Nachricht, daß sie krank gewesen und gestorben wäre, erhielt er beym Eintritte in sein Hauß.*[90]

87 Bach-Dokumente, Bd. II, Nr. 94 (Taufpaten), Nr. 96 (Begräbnis).
88 Bach-Dokumente, Bd. II, Nr. 90.
89 Bach-Dokumente, Bd. II, Nr. 100; Hübner V, S. 107.
90 Bach-Dokumente, Bd. III, Nr. 666 (S. 86f.).

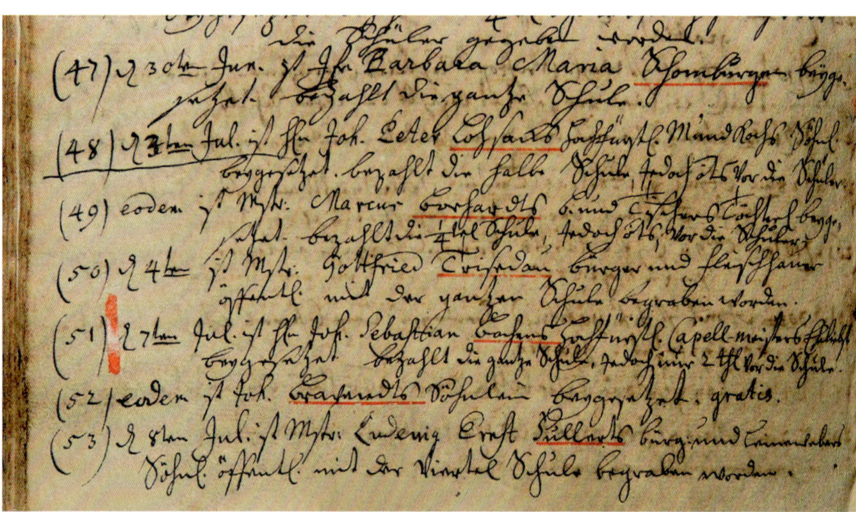

Der Begräbniseintrag von Johann Sebastians *Eheliebste* Maria Barbara Bach, Köthen, 7. Juli 1720 (Nr. 51).

Bestattet wurde Maria Barbara auf dem Lutherischen Friedhof (heute Teil des Friedensparks), ihr Grab ist nicht erhalten geblieben. Im Begräbnisbuch der Agnuskirche heißt es, den *7ten Jul. ist H*[errn] *Joh. Sebastian Bachens Hochfürstl. Capell-meisters Eheliebste beygesetzet bezahlt die gantze Schule, Jedoch nur 2 thl vor die Schule.*[91] Dass bei ihrer Beerdigung alle Köthener Chorknaben sangen – sonst beteiligte sich bei Bestattungen der Ehefrauen hochrangiger Einwohner nur der halbe Chor – und zudem die Schule die geforderte Gebühr reduzierte, lässt auf die Hochachtung für die Verstorbene und die Betroffenheit über deren plötzlichen Tod schließen. Ob eine der erhaltenen Kompositionen Johann Sebastians mit dem Tod Maria Barbaras direkt in Verbindung gebracht werden kann, beschäftigte die Bach-Forschung mehrfach,[92] doch ohne eindeutige Klärung. Seit 2004 erinnert im Köthener Friedenspark ein Gedenkstein an Maria Barbara Bach.

91 Bach-Dokumente, Bd. II, Nr. 100.

92 Thoene (Partita d-Moll BWV 1004, Ciaccona); Wolf, S. 97ff. (Chromatische Fantasie BWV 903/1).

6. Anna Magdalena Bach
geb. Wilcke

*1701 Zeitz, † 1760 Leipzig — Johann Sebastian Bachs zweite Ehefrau

Anna Magdalena lebte knapp 29 Jahre lang zusammen mit ihrem Ehemann Johann Sebastian Bach. Als ausgebildete Sängerin, Notenkopistin, Mutter zahlreicher Kinder und Organisatorin eines gastfreundlichen Hauses bewältigte sie eine Fülle von Herausforderungen – und es gelang ihr sogar, einige Liebhabereien nicht ganz aus dem Blick zu verlieren.

Die Musik umgab sie schon frühzeitig. Ihr Vater Johann Caspar Wilcke († 1731) hatte eine Anstellung als Hof- und Feldtrompeter am Hofe Herzog Moritz Wilhelms von Sachsen-Zeitz; ihre Mutter Margaretha Elisabeth, geb. Liebe (siehe Kap. 7), war die Tochter eines Organisten. Geboren wurde Anna Magdalena am 22. September 1701 in der Messerschmiedegasse (später -straße 22) in Zeitz, heute zu Sachsen-Anhalt gehörig. Einen Tag später empfing sie die Taufe in der Schlosskirche (jetzt Dom St. Peter und Paul). Das Taufregister enthält – ohne den Namen der Mutter zu nennen – folgenden Eintrag: *Herrn Johann Caspar Wilckens, Fürstl. S. Musicalischen Hof- und FeldTrompeters alhier Töchterlein am 22. Sept: Donnerstags früh halb weg 6. Uhr gebohren und den 23. ejusd: Freytags Nach-Mittags üm 4. Uhr in der Fürstl. S. Schloß Kirchen von dem Herrn Hof Diacono Mag: Gottfried Teübern getaufft und genennet worden / Anna Magdalena.*
Die Christl. Tauf Pathen sind gewesen.

1) *Frau Anna Magdalena Liebin, Herrn Johann Siegmund Liebens, Fürstl. S. Hof-Trompeters wie auch Organistens alhier Eheliebste.*
2) *Herr Gottfried Lobeck, Capittuls Baumeister wie auch vornehmer Gastwirth Zum schwarzen Rößgen alhier.*
3) *Frau Anna Margaretha Brühlin, Herrn Niclaus Brühls, Fürstl. S. MundKochs alhier EheFrau. / actum, Anno, Die, Hora et Loco ut supra.*
   [geschehen im Jahre, am Tage, zur Stunde und am Orte wie oben][93]

93 Werner II, S. 88; Jubelt, S. 17f.; Hübner III, S. 27f.

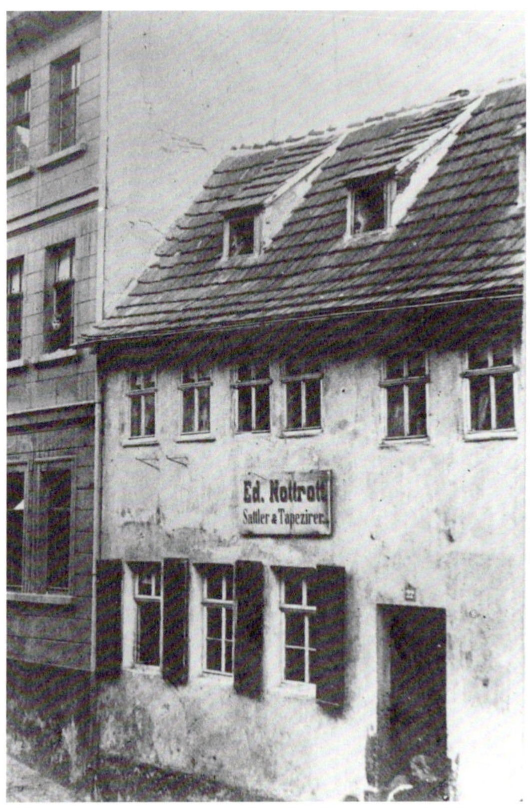

Das Geburtshaus von Anna Magdalena Bach in der Messerschmiedegasse (später -straße Nr. 22) in Zeitz. Die Fotografie entstand vor dem Abriss um 1890.

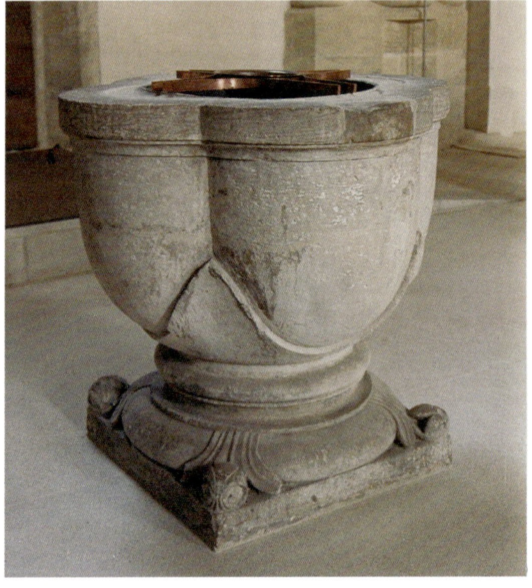

Der Taufstein aus dem 13. Jahrhundert wurde nach der Reformation von Kloster Posa in die Schlosskirche Zeitz umgesetzt, wo Anna Magdalena die Taufe empfing.

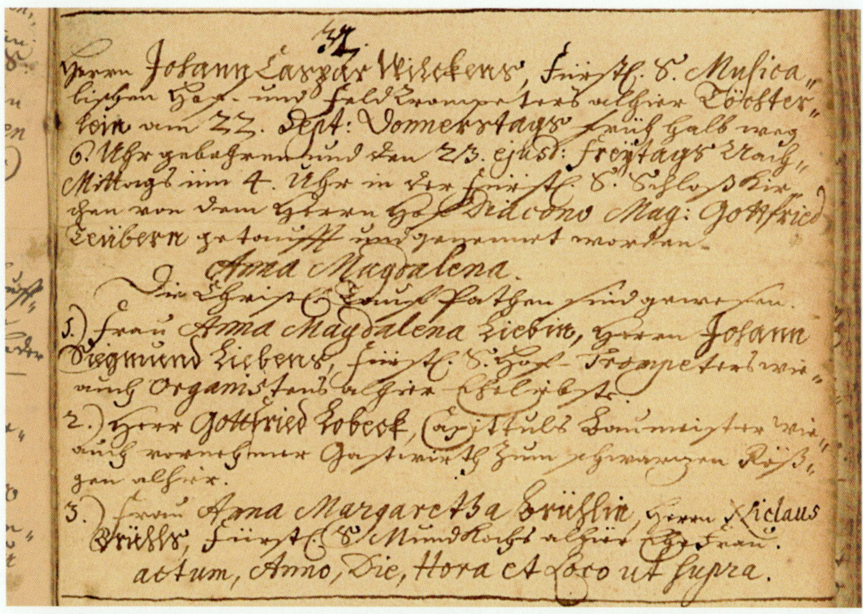

37.
Herrn Johann Caspar Wilckens, Fürstl. S. Musicalischen Hof- und Feldtrompeters alhier Töchterlein, vom 22. Sept: Donnerstags früh halb nach
6. Uhr gebohren, und den 23. ejusd: Freytags Nach-
mittags um 4. Uhr in der Fürstl. S. Schloßkirchen von dem Herrn Hof-Diacono Mag: Gottfried
Leübern getaufft und genennet worden
Anna Magdalena.
Die Christ. Tauff Pathen sind gewesen:
1.) Frau Anna Magdalena Liebin, Herrn Johann
Siegmund Liebens, Fürstl. S. Hof-Trompeters wie
auch Organistens alhier Eheliebste.
2.) Herr Gottfried Lobeck, Capitulsbaumeister wie
auch vornehmer Gastwirth zum schwarzen Rößgen alhier.
3.) Frau Anna Margaretha Brühlin, Herrn Niclaus
Brühls, Fürstl. S. Mundkochs alhier Ehefrau.
Actum, Anno, Die, Hora et Loco ut supra.

Eintrag zur Taufe von Anna Magdalena Wilcke am 23. September 1701 in der Schlosskirche Zeitz.

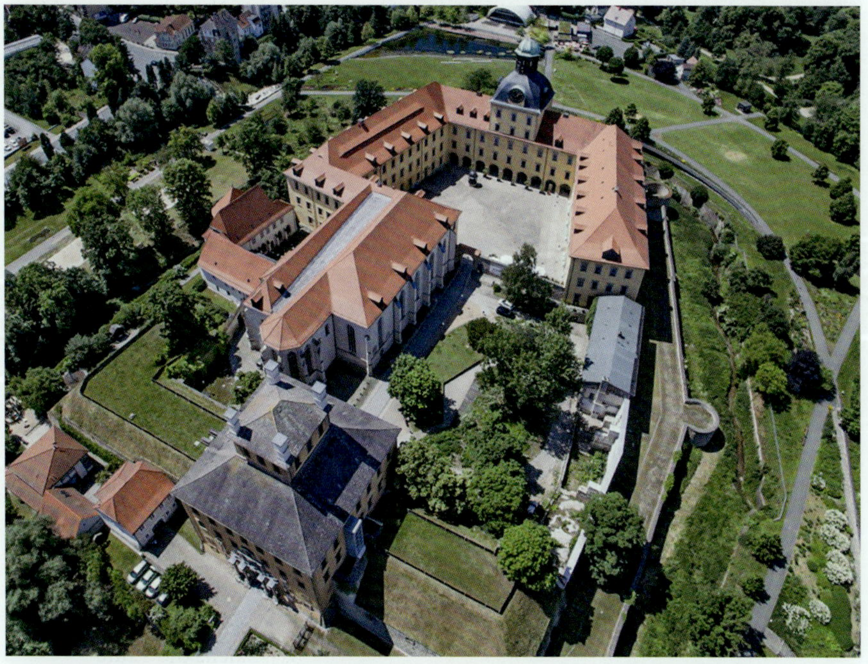

Zeitz, Schloss Moritzburg mit Schlosskirche (heute kath. Dom St. Peter und Paul).

Die Taufe vollzog der Hofdiakon und Magister Gottfried Teuber, ein Freund des Universalgelehrten Gottfried Wilhelm Leibniz. Übrigens verband beide das Interesse an neuen technischen Entwicklungen, so half der Pastor seinem Freund später bei der Entwicklung einer Rechenmaschine.[94] Von den Taufpaten kamen zwei aus dem Umfeld oder Freundeskreis der Familie Wilcke: ein Gastwirt, zugleich angesehener Baumeister, und die Ehefrau des fürstlichen Kochs. Die wichtigste Patin war jedoch Anna Magdalenas namengebende Tante, die Ehefrau von Johann Siegmund Liebe, der in Zeitz ebenfalls eine Anstellung als Hoftrompeter und außerdem als Stadtorganist hatte.

Anna Magdalena wuchs als Jüngste mit vier oder fünf Geschwistern auf: Anna Catharina (1688 – 1757, siehe Kap. 13), Johann Caspar d. J. (1691 – 1766, Hoftrompeter und Violinist in Zeitz und Zerbst), Johanna Christina (1695 – 1753, siehe Kap. 14), Erdmutha Dorothea (1697 – 1763, siehe Kap. 15) und vielleicht noch einer weiteren Schwester.[95]

Die jüngeren Wilcke-Töchter und ihre altersmäßig nahestehenden Cousinen Liebe (geb. 1696, 1701, 1703)[96] verbanden bei den engen Familienkontakten sicher zahlreiche gemeinsame Kindheitserlebnisse.
Als Anna Magdalena neun Jahre alt war, wurde in der Familie die erste Hochzeit gefeiert. Die älteste Schwester Anna Catharina und der Hoftrompeter Georg Christian Meißner heirateten in Zeitz, dann ging das Paar nach Weißenfels. Dort fand im Februar 1713 ein besonderes musikalisches Ereignis statt – der Weimarer Hofmusiker Bach führte zu Ehren Herzog Christians von Sachsen-Weißenfels die Kantate „Was mir behagt, ist nur die muntre Jagd“ BWV 208 auf[97]. Gewiss bot diese Aufführung unter Musikern reichlich Gesprächsstoff auch über Weißenfels hinaus – ob Anna Magdalena zu dieser Zeit schon einmal den Namen Johann Sebastian Bach hörte?
Im August desselben Jahres reiste sie möglicherweise zusammen mit ihren Eltern nach Weißenfels, wo die Zwillinge ihrer Schwester getauft wurden. Zu den Paten gehörten Anna Magdalenas Eltern, ihr Bruder und ein ehemaliger Weimarer, jetzt Weißenfelser Hofangestellter, der Pagenhofmeister Adam Immanuel Weldig. Gut

94 Schmiedecke III, S. 137ff.
95 Die fragliche Schwester Magdalena Wilhelmina Wilcke ist nur 1719 als Taufpatin nachweisbar, siehe Ranft, S. 171.
96 Schubart, Stammtafel Liebe.
97 Bach Compendium IV, S. 1455f.; Säckl/Rucker, S. 103ff.

denkbar, dass die Taufgesellschaft auch auf Bach zu sprechen kam, denn dieser wohnte in Weldigs Weimarer Haus – zumindest bis dessen erst kürzlich erfolgtem Weggang nach Weißenfels.[98]
Drei Jahre später heirateten Anna Magdalenas Schwester Johanna Christina und der Weißenfelser Hoftrompeter Andreas Krebs. Die Verbindungen nach Weißenfels wurden nun immer enger, und nachdem Herzog Moritz Wilhelm aufgrund seines Konfessionswechsels die Hofhaltung in Zeitz aufgeben musste, siedelten auch die Eltern Wilcke mit ihren verbliebenen Kindern nach Weißenfels über.

Spätestens 1718 trat Anna Magdalenas Vater seine neue Anstellung als Hoftrompeter unter Herzog Christian von Sachsen-Weißenfels an. Das Zeitzer Haus in der Messerschmiedegasse hatten die Wilckes im Februar dieses Jahres verkauft.[99] Wo sich ihre Wohnung in Weißenfels befand, ist dagegen unbekannt.
Noch vor oder bald nach dem Umzug trafen die Eltern Wilcke mit ihrer jüngsten Tochter eine folgenreiche Entscheidung: Anna Magdalena sollte professionellen Gesangsunterricht erhalten. Ihre Lehrerin war möglicherweise die an mehreren Fürstenhöfen tätig gewesene und Anfang 1717 nach Weißenfels zurückgekehrte Primadonna Christiane Pauline Kellner.[100] Obgleich die Wilckes zu dieser Zeit noch in Zeitz wohnten, wäre eine Ausbildung Anna Magdalenas in Weißenfels denkbar. Vielleicht lebte sie bis zur Ankunft ihrer Eltern im Haushalt der Schwester Anna Catharina Meißner oder wahrscheinlicher noch bei Johanna Christina Krebs, die allem Anschein nach selbst als Sängerin ausgebildet wurde.

Während Anna Magdalenas Weißenfelser Zeit fanden mehrere Familienereignisse statt:
Am 18. Juli 1718 heirateten ihr Bruder Johann Caspar d. J. und Dorothea Maria Longolius aus Zeitz, weshalb sich die Familie wieder einmal in der Zeitzer Schlosskirche versammelte. Johann Caspar d. J. hatte bereits seit 1717 eine Anstellung als Trompeter am Zerbster Hof, wo sich die Jungverheirateten dann auch niederließen.
In der Weißenfelser Schlosskirche wurde im Februar 1719 Anna Magdalenas Nichte Christiana Erdmutha Meißner getauft, Patenämter übernahmen Anna Magdalenas Mutter und das Ehepaar Krebs.

98 Bach-Dokumente, Bd. II, Nr. 45.
99 Schubart, S. 39.
100 Schulze V, S. 288ff.

Im folgenden Jahr (1720) schloss Anna Magdalenas Schwester Erdmutha Dorothea die Ehe mit dem Weißenfelser Hoftrompeter Christian August Nicolai, und am 20. April 1721 übernahm Anna Magdalena ein Patenamt bei der Taufe des ersten Kindes aus dieser Ehe, Christian August Nicolai d. J.[101] Die Weißenfelser Schlosskirche kann noch heute an diese Ereignisse erinnern, ist sie doch der einzig original erhalten gebliebene Raum des einst prächtigen Schlosses.

Anna Magdalena war inzwischen eine gut ausgebildete Sängerin mit Auftrittserfahrung. So gastierte sie Ende 1720 oder im ersten Halbjahr 1721 zusammen mit ihrem Vater in Zerbst. Vielleicht hatte sie eine Anstellung am Fürstenhof im Blick, schließlich war ihr Bruder dort Hoftrompeter. Doch auch wenn ein solcher Plan nicht aufging – Anna Magdalena wurde mit einem großzügigen Honorar bedacht. Während ihr Vater 6 Taler erhielt, bekam *deßen Tochter so in der Capelle einige mahl mit gesungen* sogar 12 Taler.[102] Ein Erfolg war dieser Auftritt für Anna Magdalena allemal.

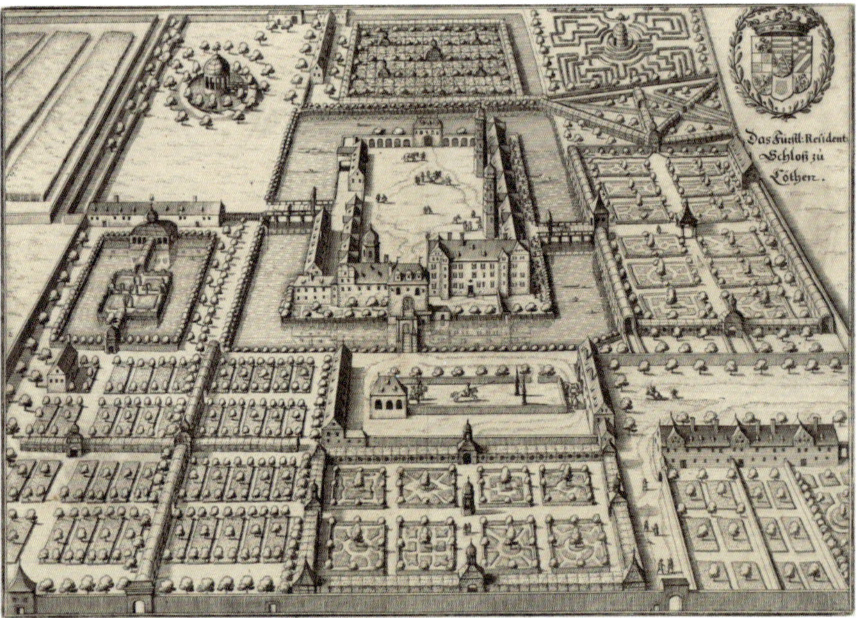

Das Schloss in Köthen war der Wirkungsort von Anna Magdalena und Johann Sebastian Bach. Kupferstich von Caspar Merian, um 1650.

101 Schmiedecke I, S. 200; Hübner III, S. 37.
102 Schubart, S. 48.

In Köthen ist Anna Magdalena erstmals im Sommer 1721 nachweisbar. Als sie am 15. Juni den Gottesdienst in der evangelisch-lutherischen Agnuskirche besuchte und das Abendmahl empfing, wurde dies wie üblich in einem Register vermerkt. Offenbar war sie in der Gemeinde noch neu, denn ihr Vorname ist falsch geschrieben: *Mar. Magd. Wilken.*[103] Bach nahm an diesem Gottesdienst auch teil. Ob Anna Magdalena zu dieser Zeit ihre Anstellung als Hofsängerin bereits angetreten hatte, ist ungewiss.

Ein Vierteljahr später waren die *fürstl. Sängerin* Anna Magdalena und Johann Sebastian offensichtlich ein Paar, denn sie übernahmen gemeinsam eine Patenschaft – ein gängiger Hinweis auf ihre Verbindung und die bevorstehende Heirat. Der Täufling Christian Hahn, Sohn des fürstlichen Kellerknechts, empfing die Taufe am 25. September 1721, kurz nach Anna Magdalenas 20. Geburtstag. Die neue Hofsängerin war offenbar eine gefragte Taufpatin: Nur vier Tage später übernahm sie dieses Amt – nun ohne Bach – bei der Tochter des fürstlichen Bediensteten Andreas Palmarius. In einem dieser Taufeinträge wurde Anna Magdalena auch als *Cammer-Musicantin* bezeichnet.[104]

Die Umstände ihrer Anstellung als Hofsängerin sind nicht näher bekannt. Vielleicht hatte sogar Bach seine Hand im Spiel – schließlich unterhielt er schon langjährige Kontakte nach Weißenfels. Fraglich ist zudem, ob Fürst Leopold von Anhalt-Köthen – wenn nicht auf Bachs Betreiben hin – eine weitere Sängerin angestellt hätte, denn am Köthener Hof gab es bereits zwei gute Sängerinnen, die Töchter des Pagenhofmeisters Jean François Monjou.[105]

Seinen zukünftigen Schwiegereltern stattete Johann Sebastian wahrscheinlich im August 1721 einen Besuch ab, seine Konzertreise nach Schleiz an den Hof des Grafen Heinrich XI. Reuß führte jedenfalls über Weißenfels.[106] Vielleicht war dies die Gelegenheit, um die Absicht seiner Heirat mitzuteilen? Auf konkrete Hochzeitsvorbereitungen lässt Bachs Kauf einer passablen Menge Rheinwein schließen: Mit *32 Maaß* und *1. Ey.* [Eimer], wofür er die stattliche Summe von 27 Talern bezahlte, war die Versorgung der Hochzeitsgesellschaft offensichtlich gut ausgestattet.[107]

103 Bach-Dokumente, Bd. II, Nr. 92 (Kommentar).

104 Bach-Dokumente, Bd. II, Nr. 108, betr. Taufen am 25. und 29. September 1721.

105 Schulze V, S. 293ff.; weitere Überlegungen siehe Talle, S. 309ff.

106 Bach-Dokumente, Bd. II, Nr. 107.

107 Bach-Dokumente, Bd. II, Nr. 111. Die Rechnung von 1721/22 ist zwar undatiert, doch liegt der Zusammenhang mit der Hochzeitsfeier nahe.

Am 3. Dezember 1721 heirateten Anna Magdalena und der 36-jährige Witwer Johann Sebastian. Die Eheschließung fand bei Bach zu Hause statt, wie es bei Wiederverheiratungen üblich war. Das Ereignis ist im Traubuch der evangelisch-reformierten Schlosskapelle wie folgt vermerkt:
Ist H. Johann Sebastian Bach, Hochfürstl. Capell Meister alhier Wittber, Und mit ihm Jungfer Anna Magdalena, Hn Johann Caspar Wülckelns, Hochfürstl. Sächß. Weißenfelßischen Musicalischen Hoff- und Feld Trompeters ehel. jüngste Tochter auf fürstl. Befehl in Hause copuliret worden.[108]

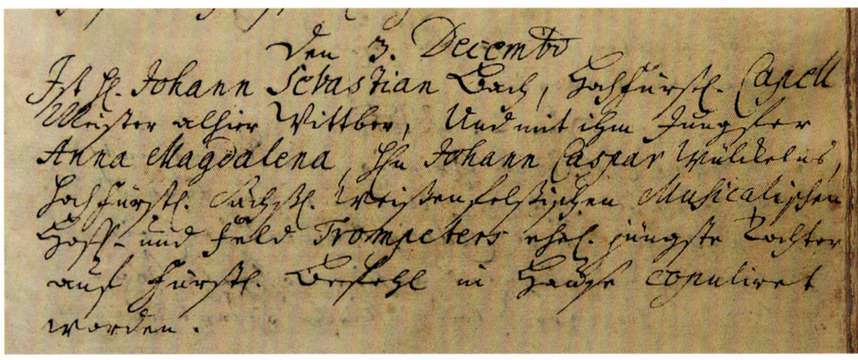
Den 3. Decembr
Ist H. Johann Sebastian Bach, Hochfürstl. Capell Meister alhier Wittber, Und mit ihm Jungfer Anna Magdalena, Hn Johann Caspar Wülckelns, Hochfürstl. Sächß. Weißenfelßischen Musicalischen Hoff- und Feld Trompeters ehel. jüngste Tochter auf fürstl. Befehl in Hause copuliret worden.

Traueintrag von Anna Magdalena und Johann Sebastian Bach, Köthen, 3. Dezember 1721.

Da die Trauung *auf fürstl. Befehl* stattfand, beschwerte sich später die evangelisch-lutherische Agnusgemeinde, denn dadurch waren ihr Einnahmen verloren gegangen.[109] Johann Sebastian und Anna Magdalena wird dieser Konflikt zwischen Kirchengemeinde und Fürstenhaus jedoch kaum berührt haben. Weitere Informationen zur Hochzeitsfeier sind nicht überliefert. Fraglich bleibt auch, welche Musik aufgeführt wurde und wer die Gäste waren. Anna Magdalenas Eltern und Verwandte aus Weißenfels hätten eine Entfernung von rund 80 km zurücklegen müssen, was im Winter ein beschwerliches Unternehmen gewesen wäre. Die Familie des in Zerbst lebenden Bruders hatte dagegen nur knapp 30 km zu bewältigen. Johann Sebastians Thüringer Verwandtschaft wohnte weit über 100 km von Köthen entfernt, und dass sein Bruder Johann Jacob aus Stockholm die Reise angetreten haben könnte, ist wenig wahrscheinlich. Dennoch wäre die Vorstellung eines Wiedersehens

108 Bach-Dokumente, Bd. II, Nr. 110.
109 Bach-Dokumente, Bd. II, Nr. 158.

der beiden Brüder anlässlich der Hochzeit reizvoll, hatte doch Johann Jacob zwei Monate vor Bachs Hochzeit selbst zum zweiten Mal geheiratet (siehe S. 117).

Die 20-jährige Anna Magdalena war nun Ersatzmutter für die vier Kinder aus Bachs erster Ehe: die nur sieben Jahre jüngere Catharina Dorothea (1708 – 1774, siehe Kap. 16), Wilhelm Friedemann (1710 – 1784), Carl Philipp Emanuel (1714 – 1788) und Johann Gottfried Bernhard (1715 – 1739). Die Familie wurde zwar von Bachs Schwägerin aus erster Ehe, Friedelena Margaretha Bach (siehe Kap. 11), unterstützt, zudem gab es eine Magd[110] – dennoch stand Anna Magdalena nun vor einer Fülle von Aufgaben und Verantwortung.
Schon vor Johann Sebastians Wiederverheiratung hatte die Familie die Wohnung gewechselt. Anfang 1721 war sie möglicherweise aus der Stiftstraße – einem Haus an der Agnuskirche – in den Bereich des heutigen Holzmarktes 12 gezogen, beide Gebäude sind jedoch nicht erhalten geblieben.[111]

Ihre Anstellung als Hofsängerin konnte Anna Magdalena auch nach ihrer Verheiratung weiterhin ausüben. Wie häufig und zu welchen Anlässen sie am Hofe auftrat, ist jedoch unklar. Zu den musikalischen Höhepunkten gehörten jedenfalls die Neujahrsfeiern und die Geburtstagsmusiken für die fürstliche Familie, die mit großer Pracht gefeiert wurden.[112] Das einzig vollständig erhaltene Werk aus der Köthener Zeit, an dessen Ausführung Anna Magdalena gewiss beteiligt war, ist die Glückwunschkantate „Durchlauchtster Leopold“ BWV 173a. Offenbar wurde sie im Dezember 1722 zu Fürst Leopolds 28. Geburtstag aufgeführt.[113] Auf Anna Magdalenas Ansehen am Köthener Hof lässt auch ihre Bezahlung schließen. Nach dem Kapellmeister Bach und dem Primgeiger Joseph Spieß erhielt sie das dritthöchste Musikergehalt an der Hofkapelle. Monatlich bekamen J. S. Bach rund 33 Taler, Spieß 18 Taler und Anna Magdalena knapp 17 Taler (200 Taler im Jahr). Allerdings sind diese Zahlungen für Anna Magdalena erst ab Mai 1722 nachweisbar. Vielleicht wurde sie zuvor aus einem anderen Etat finanziert? Fraglich ist auch, ob der im November 1722 erfolgte Weggang ihrer Konkurrentinnen, der Schwestern Monjou, in irgendeiner Weise mit Anna Magdalena zusammenhing.[114]

110 Bach-Dokumente, Bd. II, Nr. 106.
111 Schulze VII, S. 32f. Auf dem Areal Holzmarkt 12 befindet sich heute ein Geschäftshaus.
112 Wollny VIII, S. 86ff.
113 Bach Compendium IV, S. 1470. Später arbeitete Bach die Kantate um zu „Erhöhtes Fleisch und Blut“ BWV 173.
114 Bach-Dokumente, Bd. II, Nr. 86 (S. 68, Bezahlung); Schulze V, S. 293ff.

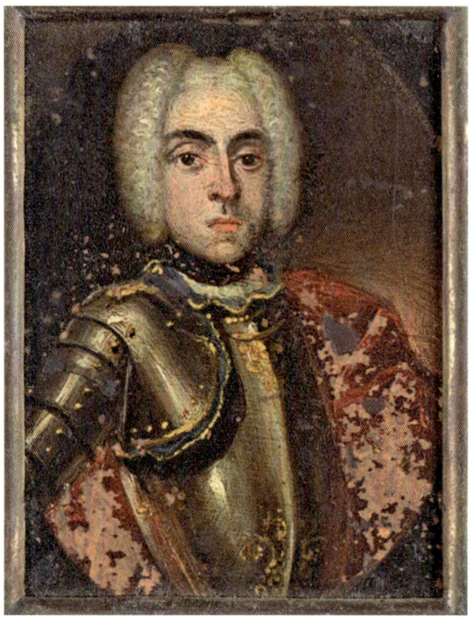

Der musikbegeisterte Fürst Leopold von Anhalt-Köthen (1694 – 1728) war der Dienstherr von Johann Sebastian und Anna Magdalena Bach. Öl auf Kupfer, um 1715.

Die *Bachin* stand mittendrin im höfischen Musikleben, ebenso spielte die Musik zu Hause eine wichtige Rolle, denn hier fanden auch Proben der Hofkapelle statt.[115] Zudem war die familiäre Hausmusik eine Selbstverständlichkeit. Davon zeugt das erste Notenbüchlein, das Johann Sebastian für seine Liebste mit den Französischen Suiten BWV 812 – 816 (Frühfassungen) eröffnete. Das Titelblatt *Clavier-Büchlein vor Anna Magdalena Bachin ANNO* 1722, das die Besitzerin selbst mit besonderer Sorgfalt und Verzierung der Buchstaben anfertigte, ist gewiss auch Ausdruck der Wertschätzung für ihre vielleicht erste eigene Notensammlung. Umso unpassender scheinen die vermutlich viel später zugefügten flüchtigen Notizen ihres Ehemanns, der auf dem Titelblatt drei Büchertitel aus seiner Bibliothek notierte. Das unvollständig überlieferte Klavierbüchlein enthält auch eine Fantasie für Orgel BWV 573, die jedoch nach wenigen Takten abbricht. Ob dieses Fragment als Hinweis für Anna Magdalenas Interesse am Orgelspiel taugt, ist allerdings fraglich.[116] Ihr Cembalospiel muss zu dieser Zeit jedenfalls versiert gewesen sein, sonst hätte Bach kaum so anspruchsvolle Werke wie die Französischen Suiten eingetragen.

115 Bach-Dokumente, Bd. II, Nr. 91.
116 NBA V/4, S. 8f.; Talle, S. 306.

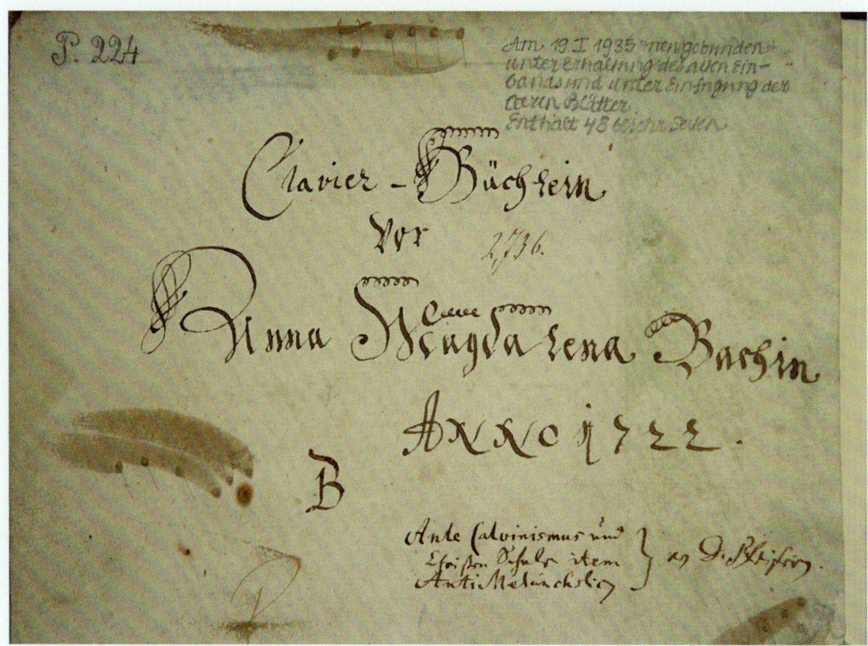

Das Titelblatt für ihr erstes *Clavier-Büchlein* schrieb Anna Magdalena mit besonderer Sorgfalt. Später notierte Johann Sebastian darauf die Titel dreier Bücher, die zu seiner Bibliothek gehörten.

Zu Anna Magdalenas Spuren aus der Köthener Zeit gehören drei Vermerke im Abendmahlsregister der Agnuskirche, in denen sie *Fr: Bachin* oder *Deßen Eheliebste* genannt wird.[117]

Ob sie an auswärtigen Gastspielen beteiligt war, lässt sich nicht nachweisen. Vielleicht wirkte sie bei der Aufführung einer Bach-Kantate aus Anlass des Fürstengeburtstags am 9. August 1722 in Zerbst mit?[118] Die Reise in das benachbarte Fürstentum Anhalt-Zerbst hätte Anna Magdalena gewiss auch für ein Wiedersehen mit ihrem Bruder, dem Zerbster Hoftrompeter Johann Caspar Wilcke d. J., nutzen können. Ihre Schwester Johanna Christina und deren Ehemann Andreas Krebs ließen sich um diese Zeit ebenfalls in Zerbst nieder.

117 Bach-Dokumente, Bd. II, Nr. 92, Vermerke vom 3. Mai, 6. September und 20. Dezember 1722.

118 Bach-Dokumente, Bd. II, Nr. 114; Schulze IV, S. 209ff. Von der Kantate ist nur der Textdruck erhalten geblieben.

Etwa Anfang des Jahres 1723 brachte Anna Magdalena ihr erstes Kind zur Welt. Die Geburt der Tochter Christiana Sophia Henrietta birgt jedoch einige Rätsel, denn ihr Taufeintrag konnte bisher nicht gefunden werden. Befand sich Anna Magdalena zur Zeit der Geburt vielleicht auf Reisen, oder gab es andere Gründe, weshalb der Eintrag ins Kirchenbuch nicht erfolgte?[119] Zudem wäre nicht ganz auszuschließen, dass das Kind bewusst außerhalb Köthens getauft wurde. Vielleicht hatten sich die Eltern – etwa auf besonderen Wunsch Anna Magdalenas hin – aus diplomatischen Gründen dazu entschieden? Da der evangelisch-reformierte Dienstherr Fürst Leopold wohl wiederum – wie bereits 1718 bei Leopold Augustus Bach (siehe S. 51) – eine evangelisch-reformierte Taufe erwartete, hätte diese Situation so möglicherweise umgangen werden können? Christiana Sophia Henrietta wurde nur drei Jahre alt. Der einzige Hinweis auf ihre Existenz ist der Leipziger Sterbevermerk.[120] Zum Zeitpunkt der Geburt ihrer ersten Tochter hatten Anna Magdalena und Johann Sebastian ihren Blick schon auf Leipzig gerichtet. Fürst Leopold war inzwischen zunehmend mit machtpolitischen und familiären Auseinandersetzungen beschäftigt, und seine Begeisterung für die Hofmusik hatte eher nachgelassen.[121]

In Leipzig traf die Familie Bach am 22. Mai 1723 ein. Die Ankunft des neuen Thomaskantors wurde eine Woche später sogar in einer Hamburger Zeitung angezeigt:
Am vergangenen Sonnabend zu Mittage kamen 4. Wagen mit Haus-Raht beladen von Cöthen allhier an, so dem gewesenen dasigen Fürstl. Capell-Meister, als nach Leipzig vocirten Cantori Figurali, zugehöreten; Um 2. Uhr kam er selbst nebst seiner Familie auf 2 Kutschen an, und bezog die in der Thomas-Schule neu renovirte Wohnung.[122] Für Johann Sebastian Bach begann ein ganz neues Kapitel seines kreativen Schaffens. Als Thomaskantor war er für die Kirchenmusik mehrerer Leipziger Kirchen zuständig, für die Leitung des Thomanerchors sowie teilweise für die Universitäts- und die städtische Musik – sein Aufgabengebiet hatte sich damit wesentlich erweitert.

119 Schulze VII, S. 21f. (Fußnote 29).
120 Bach-Dokumente, Bd. II, Nr. 207.
121 Schulze I, S. 4ff.
122 Staats- u. Gelehrte Zeitung Des Hollsteinischen unpartheyischen Correspondenten, 4. Juni 1723, siehe Bach-Dokumente, Bd. II, Nr. 138.

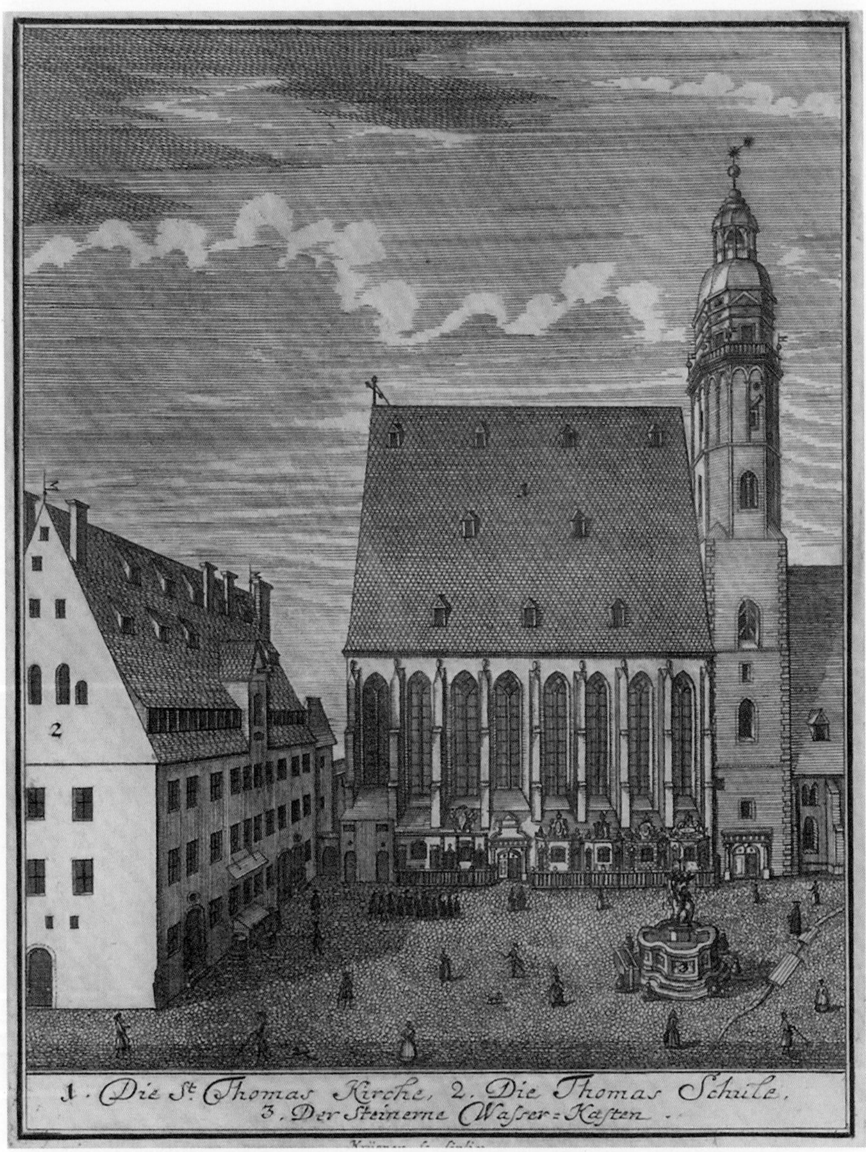

Ab Mai 1723 lebte die Familie Bach in Leipzig. Sie wohnte in der Thomasschule (links), der Thomaskirchhof war ihr unmittelbares Lebensumfeld. Kupferstich von Johann Gottfried Krügner d. Ä.

Anna Magdalenas Karriere war dagegen mit 21 Jahren schon wieder beendet, denn in Leipzig gab es keinen Fürstenhof, und der solistische Gesang von Frauen in der Kirche war nicht üblich. Diese Funktion – auch in der Sopran- und Altlage – übernahmen schließlich schon seit Jahrhunderten die Thomaner oder Studenten. Einige wenige Auftrittsgelegenheiten ergaben sich für Anna Magdalena dennoch, nachweislich dreimal in Köthen. So reiste das Ehepaar Bach im Juli 1724 zu seinem ehemaligen Dienstherrn. Unbekannt sind der Anlass und die aufgeführten Werke zu diesem Gastspiel, überliefert ist jedoch ein gutes gemeinsames Honorar von 60 Talern.[123] Auch im nächsten Jahr traten Anna Magdalena und Johann Sebastian hier gemeinsam auf, diesmal aus Anlass des Fürstengeburtstages im Dezember 1725. In den Köthener Kammerrechnungen ist für den *Leipziger Cantori Bachen und seiner Ehefrauen so sich alhier etzliche mahl höhren laßen* ein Honorar von 30 Talern vermerkt. Sie logierten im städtischen Ratsgasthof, dessen Pächter

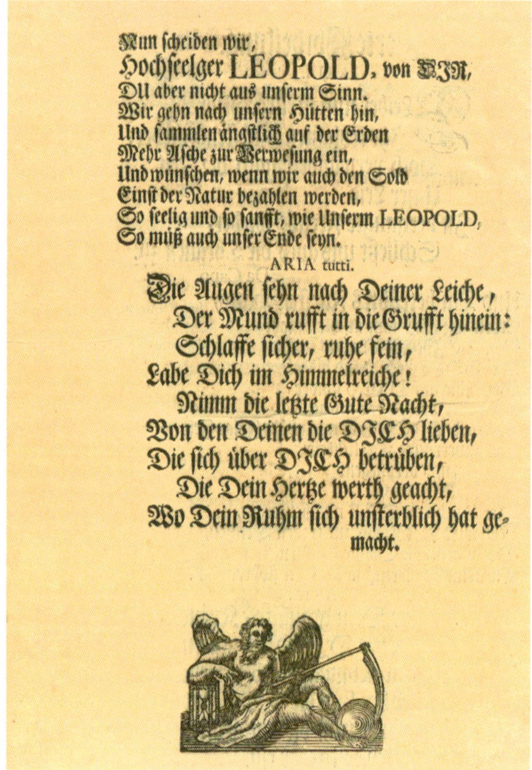

Nun scheiden wir,
Hochseelger LEOPOLD, von DIR,
Du aber nicht aus unserm Sinn.
Wir gehn nach unsern Hütten hin,
Und sammlen ängstlich auf der Erden
Mehr Asche zur Verwesung ein,
Und wünschen, wenn wir auch den Sold
Einst der Natur bezahlen werden,
So seelig und so sanfft, wie Unserm LEOPOLD,
So müß auch unser Ende seyn.

ARIA tutti.

Die Augen sehn nach Deiner Leiche,
Der Mund rufft in die Grufft hinein:
Schlaffe sicher, ruhe fein,
Labe Dich im Himmelreiche!
Nimm die letzte Gute Nacht,
Von den Deinen die DICH lieben,
Die sich über DICH betrüben,
Die Dein Hertze werth geacht,
Wo Dein Ruhm sich unsterblich hat gemacht.

Textdruck der 1729 in Köthen aufgeführten Trauermusik für Fürst Leopold von Anhalt-Köthen, „Klagt, Kinder, klagt es aller Welt" BWV 244a. Anna Magdalena übernahm die Sopranpartien.

123 Bach-Dokumente, Bd. II, Nr. 184.

wegen des Cantor Bachß und seiner Frauen auffenthalts 24 Taler vom Fürstenhof erstattet wurden.[124] Noch einmal, zu einer verspäteten Trauerfeier für Fürst Leopold, kamen Johann Sebastian, Anna Magdalena und wohl der 15-jährige Sohn Carl Philipp Emanuel nach Köthen. In der evangelisch-reformierten Stadtkirche St. Jakob führten sie am 24. März 1729 die Trauermusik „Klagt, Kinder, klagt es aller Welt" BWV 244a auf, die mehrere Arien aus der Matthäus-Passion mit verändertem Text enthält,[125] außerdem am Tag zuvor ein unbekanntes Werk.[126] Zu diesen musikalischen Ereignissen reisten auch Musiker aus anderen Städten an, so aus Zerbst. Vielleicht traf Anna Magdalena hier ihre Geschwister Johann Caspar und Johanna Christina mit ihrem Ehemann Andreas Krebs?
Ein anderes Gastspiel Anna Magdalenas kam möglicherweise im Juni 1725 auf Schloss Osterstein im Zusammenhang mit einer Orgelprüfung Bachs in einer Geraer Stadtkirche zustande. Vermutlich war es der erst 14-jährige Wilhelm Friedemann, der seinen Vater und seine Stiefmutter auf dieser Reise begleitete.[127]

Doch zurück zum Alltag am Thomaskirchhof in Leipzig. Die Familie bezog nach ihrer Ankunft den Südflügel der Thomasschule, ein bereits altes Gebäude aus dem 16. Jahrhundert. Dass die Stadt für die Renovierung der Kantorenwohnung die beachtliche Summe von über 100 Talern ausgegeben hatte, war sicher bitter nötig

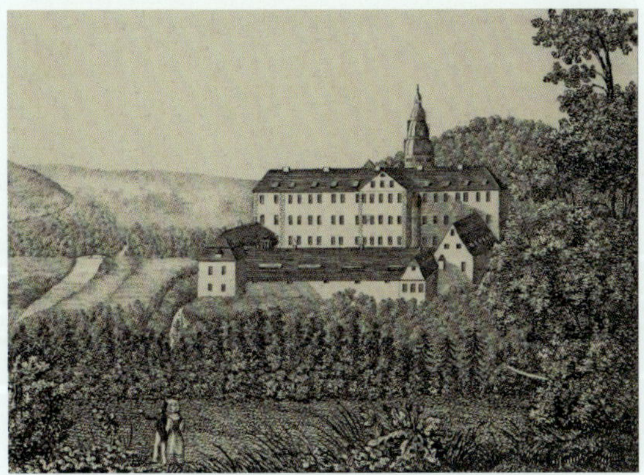

Schloss Osterstein bei Gera, ein möglicher Auftrittsort Anna Magdalenas. Stahlstich, um 1850.

124 Bach-Dokumente, Bd. II, Nr. 199.
125 So sang Anna Magdalena die Sopranarien „Blute nur", „Aus Liebe will mein Heiland sterben" und „Ich will dir mein Herze schenken" mit anderem Text. Siehe Bach Compendium III, S. 900.
126 Bach-Dokumente, Bd. II, Nr. 258 f. Zur möglichen Mitwirkung Carl Ph. Emanuels (entgegen der bisherigen Annahme, dass Wilhelm Friedemann mitgereist sei) siehe Wollny VIII, S. 91.
127 Maul I, S. 106f.

gewesen.[128] Das turbulente Leben an der Thomasschule verglich Carl Philipp Emanuel später mit einem *Taubenhause und deßen Lebhaftigkeit,*[129] denn es gab hier viele Nutzer. Insgesamt wurde für etwa 150 Schüler Unterricht erteilt. Dazu gehörten die Externen (keine Thomaner) und die etwa 55 Chorsänger, die in der Schule ihre Unterkunft hatten und durch die städtische „Schulspeiserin" versorgt wurden. Außerdem wohnte in der Thomasschule neben der Familie des Kantors auch die des Rektors. Im Bachschen Haushalt gingen Chorsänger, Schüler, Musikerkollegen und Gäste ein und aus, zeitweise wohnten hier auch Privatschüler oder Verwandte. Familienleben und Berufsangelegenheiten – die Übergänge waren fließend. Kaum auszudenken, wie Anna Magdalena ihren Tagesablauf bewältigte. Zwar half, wie bereits in Köthen, eine Magd bei den vielfältigen Arbeiten, dennoch muss die Beanspruchung Anna Magdalenas außerordentlich groß gewesen sein. Die schon langjährige Unterstützung durch die Schwägerin Friedelena Margaretha Bach wird im Laufe der Zeit wohl nachgelassen haben, vielleicht benötigte sie in ihren letzten Lebensjahren sogar selbst Pflege? Als sie im Juli 1729 starb, war Bachs älteste Tochter aus erster Ehe, Catharina Dorothea, 20 Jahre alt. Mit Sicherheit war sie es, die nun mehr noch als zuvor für Haushaltsarbeiten beansprucht wurde – denn die Familie hatte sich inzwischen weiter vergrößert.

Die Kinder von Anna Magdalena und Johann Sebastian Bach:[130]
Christiana Sophia Henrietta (1723 – 1726)
Gottfried Heinrich (1724 – 1763)
Christian Gottlieb (1725 – 1728)
Elisabeth Juliana Friederica (1726 – 1781, siehe Kap. 17), genannt *Ließgen*
Ernestus Andreas (* und † 1727)
Regina Johanna (1728 – 1733)
Christiana Benedicta (* und † 1730)
Christiana Dorothea (1731 – 1732)
Johann Christoph Friedrich (1732 – 1795)
Johann August Abraham (* und † 1733)
Johann Christian (1735 – 1782), genannt *Christel*
Johanna Carolina (1737 – 1781, siehe Kap. 18)
Regina Susanna (1742 – 1809, siehe Kap. 19)

128 Bach-Dokumente, Bd. II, Nr. 138 (Kommentar).
129 Bach-Dokumente, Bd. III, S. 290, Brief an Johann Nikolaus Forkel vom 13. Januar 1775.
130 Bach-Dokumente, Bd. V, S. 89ff.; Wolff I, S. 432ff. (Überblick). In den Leipziger Taufeinträgen ist stets auch die Mutter genannt.

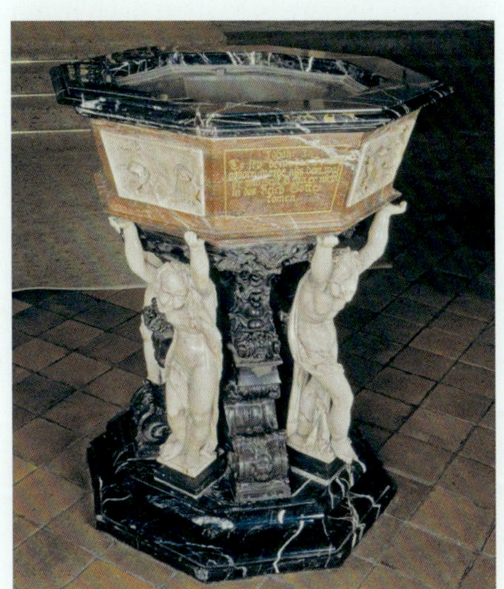

Der Taufstein in der Leipziger Thomaskirche (1614), über dem elf Bach-Kinder getauft wurden.

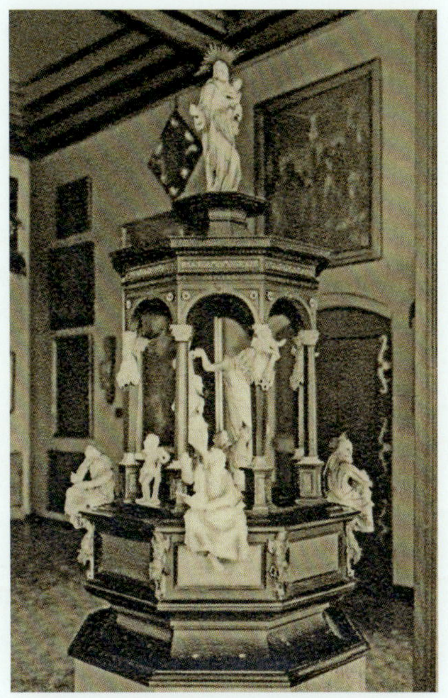

Zum Taufstein gehörte dieser Deckel, der heute nur in Bruchstücken erhalten ist. Foto um 1920.

Unter den zahlreichen Patinnen und Paten befanden sich beispielsweise der Leipziger Bürgermeister Gottfried Lange, mehrere Juristen wie der langjährige Freund der Bachs, Friedrich Heinrich Graff, sächsische Beamte, darunter Bachs Textdichter Christian Friedrich Henrici, genannt Picander, sowie Theologen und Kaufleute oder deren Familienangehörige wie die benachbarten Bose-Töchter. Nur bei der Nottaufe von Regina Johanna 1728 ist Verwandtschaft verzeichnet: Drei Geschwister Anna Magdalenas (Anna Catharina Meißner, Johanna Christina Krebs und Johann Caspar Wilcke d. J.), die jedoch alle nicht anwesend sein konnten, übernahmen die Patenschaften.

Von den 13 Kindern erreichten nur sechs das Erwachsenenalter – Geburt und Tod waren häufige Ereignisse im Leben der Familie Bach, besonders Ende der 1720er und Anfang der 1730er Jahre. Neben der allgemein hohen Kindersterblichkeit in dieser Zeit trugen vielleicht auch die vielen Bewohner der Thomasschule zur Ausbreitung von Krankheiten bei, für die Kleinkinder besonders anfällig waren?

Die bauliche Situation der alten, inzwischen völlig abgewohnten Thomasschule erforderte nach drei Jahren erneut Ausbesserungsarbeiten, die im November 1726 begannen. Zum vorläufigen Abschluss kamen sie erst am Gründonnerstag 1727. Ausgerechnet an diesem Tag – während sich Johann Sebastian Bach in der heißen Phase der Vorbereitungen für die Aufführung der Matthäus-Passion am nächsten Tag befand – wurde noch ein neuer Ofen gesetzt.[131] Doch all die Handwerksarbeiten brachten keine wesentliche Verbesserung der Wohnverhältnisse. Deshalb kam die Stadt zu dem Entschluss, die Thomasschule grundlegend umzubauen. Alle Bewohner mussten Ende Juni 1731 ausziehen und für fast ein Jahr in Interimsunterkünften leben. Die Familie Bach zog für die Übergangszeit in eine Wohnung im Hause des Juristen Christoph Donndorf in der Hainstraße (an der Stelle des heutigen Nachfolgebaus Nr. 17/19, bekannt als Jägerhof). Im April 1732 endlich konnten alle Thomasschul-Bewohner in das erneuerte und erweiterte Gebäude zurückkehren[132] – für Anna Magdalena wohl eine besondere Anstrengung, denn sie war im siebenten Monat schwanger (Johann Christoph Friedrich). Doch die Mühen lohnten sich, die Wohnverhältnisse in der Thomasschule hatten sich durch den Umbau wesentlich verbessert. Die Familie Bach wohnte wie zuvor über mehrere Etagen im Südflügel, aber die Räume waren nun heller, und die Wohnfläche hatte sich vergrößert. Dieses Gebäude wurde erst 1902 abgerissen, heute befindet sich an dessen Stelle ein Nachfolgebau – seit 2001 mit einer Gedenktafel für die *Bachin*.

Anna Magdalenas Tagesablauf war mit zahlreichen Verpflichtungen ausgefüllt, dennoch gehörte die Musik weiterhin zu ihrem Leben – wenn auch nicht mehr als Berufssängerin. Neben den bereits genannten auswärtigen Gastspielen trat sie in Leipzig vermutlich einige Male bei privaten Anlässen, beispielsweise Hochzeiten, auf. Zu denken wäre hier an mehrere Sopran-Solokantaten[133] und möglicherweise an die Hochzeitsmusik „Vergnügte Pleißen-Stadt“ BWV 216 für Sopran- und Altstimme, von der sogar nähere Informationen überliefert sind: Aufgeführt

131 Bach-Dokumente, Bd. II, Nr. 215.

132 Bach-Dokumente, Bd. II, Nr. 291 (Auswahl des Übergangsquartiers durch die Stadt, April 1731), Nr. 296 (Mietzahlungen der Stadt an Donndorf bis 21. April 1732), Nr. 308 (Rücktransport des Hausrates in die Thomasschule am 24. April 1732), Nr. 311 (Schuleinweihung mit Festkantate von Bach am 5. Juni 1732). Zur Wohnung siehe Fröde, S. 5ff.

133 Beispielsweise die Hochzeitskantate „Weichet nur, betrübte Schatten“ BWV 202 (siehe Bach Compendium IV, S. 1601) oder „O angenehme Melodei“ BWV 210a (S. 1538) wohl zu Ehren eines Adeligen. Bei letzterer Kantate beteiligte sich Anna Magdalena an den Kopierarbeiten.

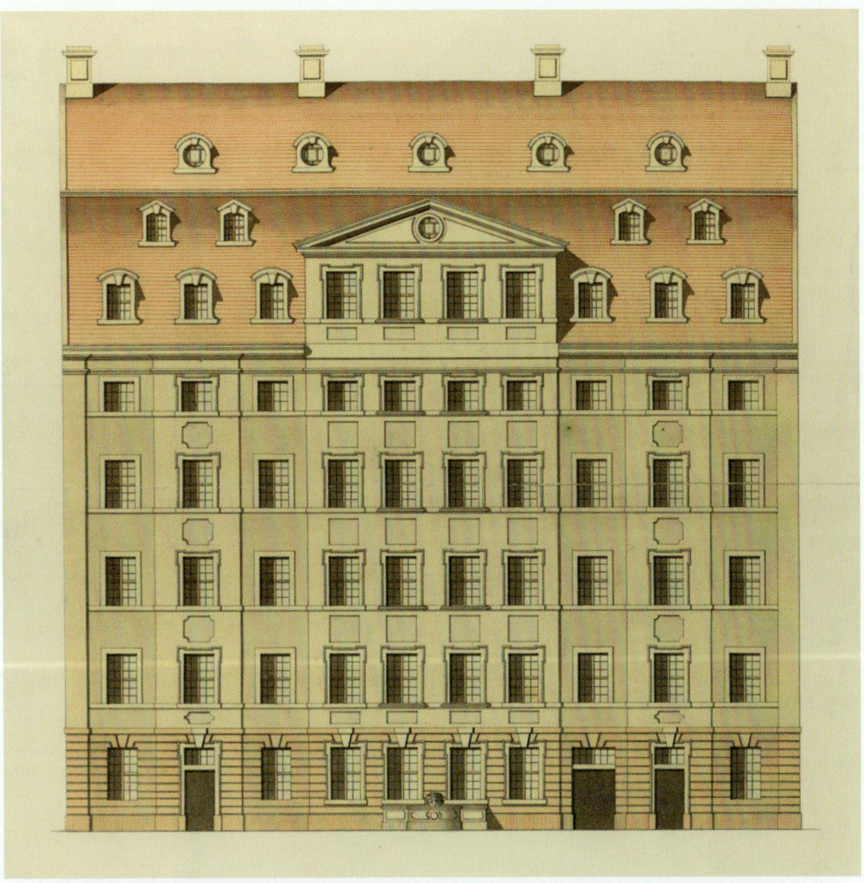

Die erneuerte und erweiterte Thomasschule konnte nach fast einjähriger Bauzeit im April 1732 bezogen werden. Die Familie Bach wohnte wieder im Südflügel (im Bild links) über mehrere Etagen. Zeichnung von George Werner, 1731/32.

wurde sie am 5. Februar 1728 zur Eheschließung des Leipziger Kaufmanns Johann Heinrich Wolff mit der aus Zittau stammenden Susanna Regina Hempel im Schellhaferschen Hause in der Klostergasse.[134] Der dort befindliche Konzertsaal gehörte zu den attraktivsten privaten Aufführungsorten in Leipzig. Er war

134 Bach Compendium IV, S. 1603. Ob der Bräutigam in verwandtschaftlicher Beziehung zu den Wolffs aus Weißenfels (siehe S. 139), aus Eisenberg (siehe S. 124) oder Naumburg (betr. D. W. Sonnenkalb, geb. Wolff, siehe S. 214, 221) stand, ist bislang unbekannt.

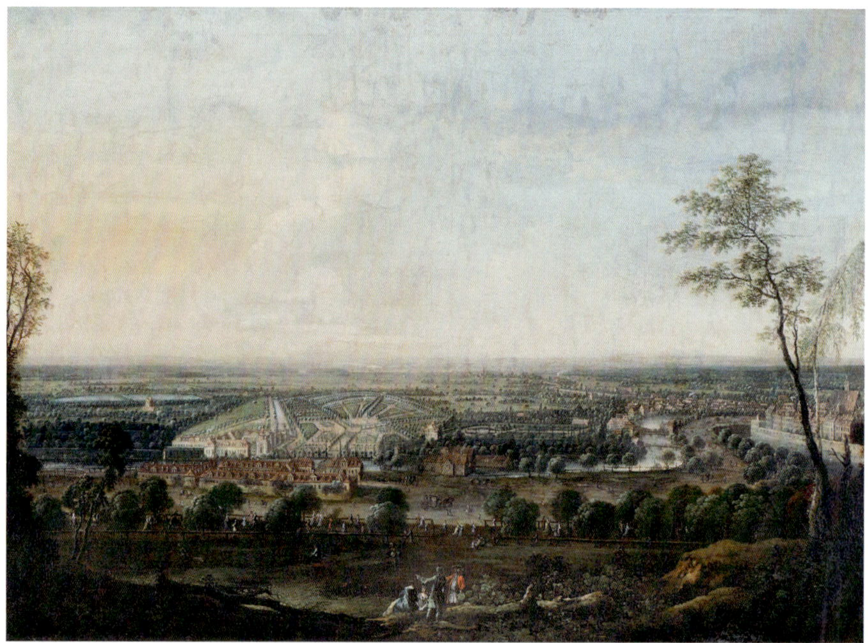

Leipzig, Ausblick von der Thomasschule in Richtung Westen. Ölgemälde von Alexander Thiele, 1740.

lang gestreckt mit Stuckdecke, einem großen Kamin und einem *Musicanten-Chor* (das Gebäude ist nicht erhalten).[135] Hier musizierte regelmäßig das Collegium musicum unter der Leitung von Bachs Kollegen Johann Gottlieb Görner. Dass in diesem Privatsaal vereinzelt auch Frauen auftraten, belegt ein Dokument aus dem Jahr 1733.[136] So liegt Anna Magdalenas Mitwirkung bei der Hochzeitskantate und vielleicht weiteren Werken unter Bachs Leitung durchaus nahe. Anders verhielt es sich allerdings bei seinen Konzerten mit dem Bachschen Collegium musicum im Zimmermannschen Kaffeehaus und Kaffeegarten, denn Kaffeehaus-Betriebe unterstanden strengen städtischen Vorgaben. Frauen durften Kaffeehäuser und Kaffeegärten grundsätzlich nicht betreten, weshalb Auftritte Anna Magdalenas dort eher unwahrscheinlich sind.[137]

135 Hübner XI, S. 55.
136 Talle, S. 316. Genannt sind eine Sängerin und eine Flötistin.
137 Hübner XI, S. 43ff.

Auf jeden Fall aber war die Hausmusik ein fester Bestandteil in Anna Magdalenas Alltag. Als Johann Sebastian im Oktober 1730 einen Brief an seinen Jugendfreund Georg Erdmann in Danzig schrieb, berichtete er über das häusliche Musizieren: *Mein ältester Sohn* [Wilhelm Friedemann] *ist ein Studiosus Juris, die andern beyden frequentiren noch, einer* [Carl Philipp Emanuel] *primam der andere* [Johann Gottfried Bernhard] *2dam Classem, u. die älteste Tochter* [Catharina Dorothea] *ist auch noch unverheurathet. Die Kinder anderer* [zweiter] *Ehe sind noch klein, u. der Knabe als erstgebohrener 6 Jahr alt* [Gottfried Heinrich]. *Insgesamt aber sind sie gebohrne Musici, u. kan versichern, daß schon ein Concert Vocaliter u. Instrumentaliter mit meiner Familie formiren kan, zumahln da meine itzige Frau gar einen sauberen Soprano singet, auch meine älteste Tochter nicht schlimm einschläget.*[138] Das sparsam ausgedrückte Lob *nicht schlimm einschläget* galt Catharina Dorothea.

Das zweite, 1725 angelegte und bis in die 1740er Jahre hinein geführte Notenbüchlein Anna Magdalena Bachs ist das berühmteste Beispiel für die Hausmusik der Bachs. Es wurde auch für den Unterricht der Kinder verwendet und ist ein Stück Familiengeschichte. Wie beim ersten, bereits in Köthen entstandenen Band, eröffnete Johann Sebastian die Eintragungen, nun mit seinen Partiten BWV 827 und 830 (Frühfassungen) für Tasteninstrumente. Viele, darunter auch kleinere Liebhaber- und Gesangsstücke unterschiedlicher Komponisten folgten in den weiteren Jahren, überwiegend in der Handschrift Anna Magdalenas, manchmal in der ihres Ehemanns, ihres Stiefsohns Carl Philipp Emanuel oder anderer Schreiber. Wer die berühmte und gelegentlich Johann Sebastian zugeschriebene Arie „Willst du dein Herz mir schenken" in das Notenbüchlein eintrug, bleibt bislang im Dunkeln. Eines der Lieblingsstücke Anna Magdalenas war wohl die Arie „Schlummert ein, ihr matten Augen". Die ursprüngliche Bass-Arie aus der Kantate „Ich habe genung" BWV 82 transponierte sie in Sopranlage und trug das Stück sogar zweimal in das Notenbüchlein ein, davon einmal mit dem dazugehörigen Rezitativ. Vielleicht fand Anna Magdalena gerade bei dieser Arie Trost, wenn sie um ihre verstorbenen Kinder trauerte? Vom Unterrichtsgebrauch zeugen beispielsweise einige frühe Eintragungen Carl Philipp Emanuels und ein anderer kleiner Kompositionsversuch, bei dem wohl der Hauslehrer Bernhard Dietrich Ludewig mitwirkte.[139] Außerdem lassen Einträge zu den Generalbassregeln darauf schließen, dass Anna Magdalena einen Teil des Unterrichtes ihrer Kinder selbst übernahm. Ihr Sohn Johann

138 Bach-Dokumente, Bd. I, Nr. 23 (Brief vom 28. Oktober 1730).
139 Wollny V, S. 33ff.

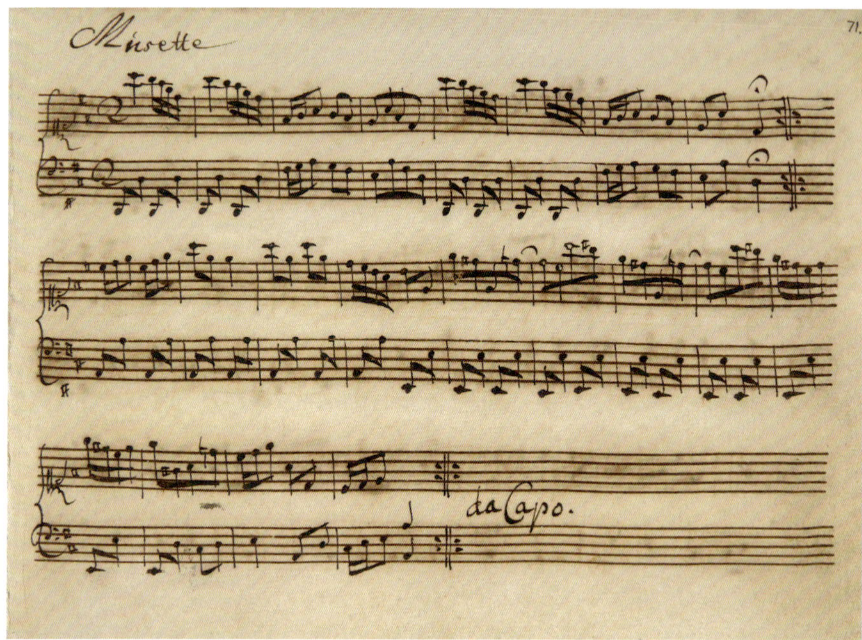

Wie viele andere Stücke trug Anna Magdalena Bach auch diese Musette (Komponist unbekannt) in ihr zweites Notenbüchlein ein.

Christoph Friedrich hatte auf einer der hinteren leeren Seiten begonnen, diese für das Musikverständnis wichtigen Regeln aufzuschreiben. Doch nach wenigen Zeilen brechen die Versuche ab, und auf den nächsten Seiten folgen *Einige Reguln vom General Bass,* nun komplett und übersichtlich in Anna Magdalenas Handschrift. Merkwürdigerweise hat Anna Magdalena auch ein Gedicht in das Notenbüchlein eingetragen, vielleicht etwas deplatziert, aber amüsant und alles andere als prüde. In welchem Zusammenhang das Hochzeitsgedicht *Ihr Diener werthe Jonffer* [Jungfer] *Braut* steht, ist allerdings unbekannt.[140]

Anna Magdalena schrieb jedoch nicht nur in ihr Notenbüchlein, sondern stellte zahlreiche Notenkopien für ganz unterschiedliche Anlässe her, so für Aufführungen von Orchester- und Kammermusik, beispielsweise die Cembalostimmen zum Konzert für zwei Cembali BWV 1061a, die Ouverture BWV 831a oder Teile des Wohltemperierten Claviers, die Violoncello-Suiten

140 NBA V/4; Dadelsen, S. 122 (Hochzeitsgedicht), S. 123 (Generalbassregeln J. C. F. Bach), S. 124ff. (Generalbassregeln A. M. Bach).

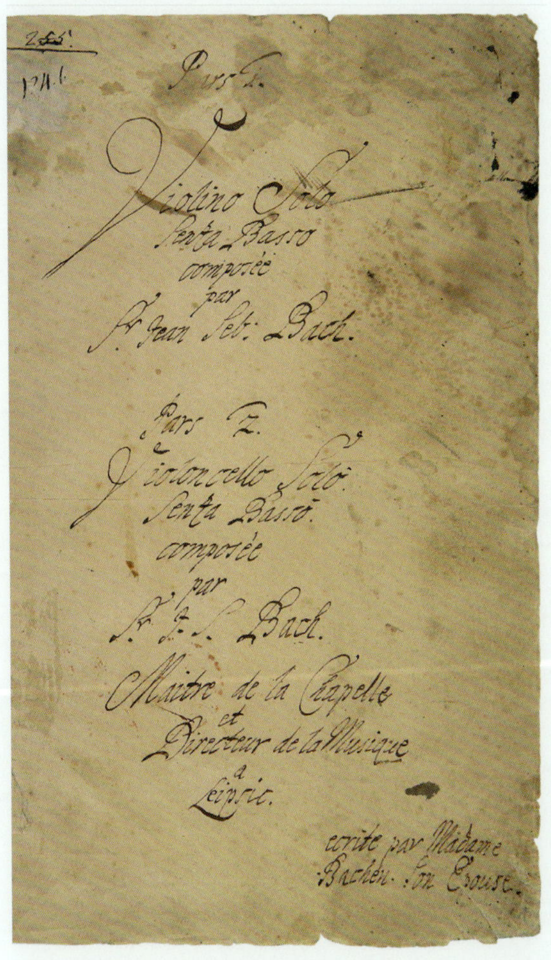
Pars 1.
Violino Solo
Senza Basso
composée
par
Sr. Jean Seb: Bach.
Pars 2.
Violoncello Solo.
Senza Basso.
composée
par
Sr. J. S. Bach.
Maitre de la Chapelle
et
Directeur de la Musique
a
Leipsic.
ecrite par Madame
Bachen. Son Epouse.

Georg Heinrich Ludwig Schwanberg schrieb das Titelblatt zu einer Abschrift der Sonaten und Partiten für Violine solo sowie der Suiten für Violoncello solo von J. S. Bach. Sein Vermerk (rechts unten) nennt *Madame Bachen* ausdrücklich als Kopistin dieser Werke.

BWV 1007 – 1012, die nur noch in ihrer Abschrift erhalten sind, sowie die Sonaten und Partiten für Violine solo BWV 1001–1006, die sie im Auftrag Georg Heinrich Ludwig Schwanbergs fertigte. Der Wolfenbütteler Hofmusiker hielt sich in den Jahren um 1730 mehrmals zu Besuch bei Bach auf. Den Umschlag für diese Abschriften schrieb Schwanberg selbst und vermerkte darauf ausdrücklich: *ecrite par Madame Bachen. Son Epouse* (geschrieben von Madame Bachen. Seine Ehefrau).

Oftmals entstanden Notenabschriften auch als Gemeinschaftsarbeit der Eheleute, so die Anfang der 1730er Jahre kopierte Violinsonate G-Dur BWV 1021, bei der Anna Magdalena die Noten abschrieb und Johann Sebastian den Titel, die Satzbezeichnungen und die Bezifferung hinzufügte. Am häufigsten aber

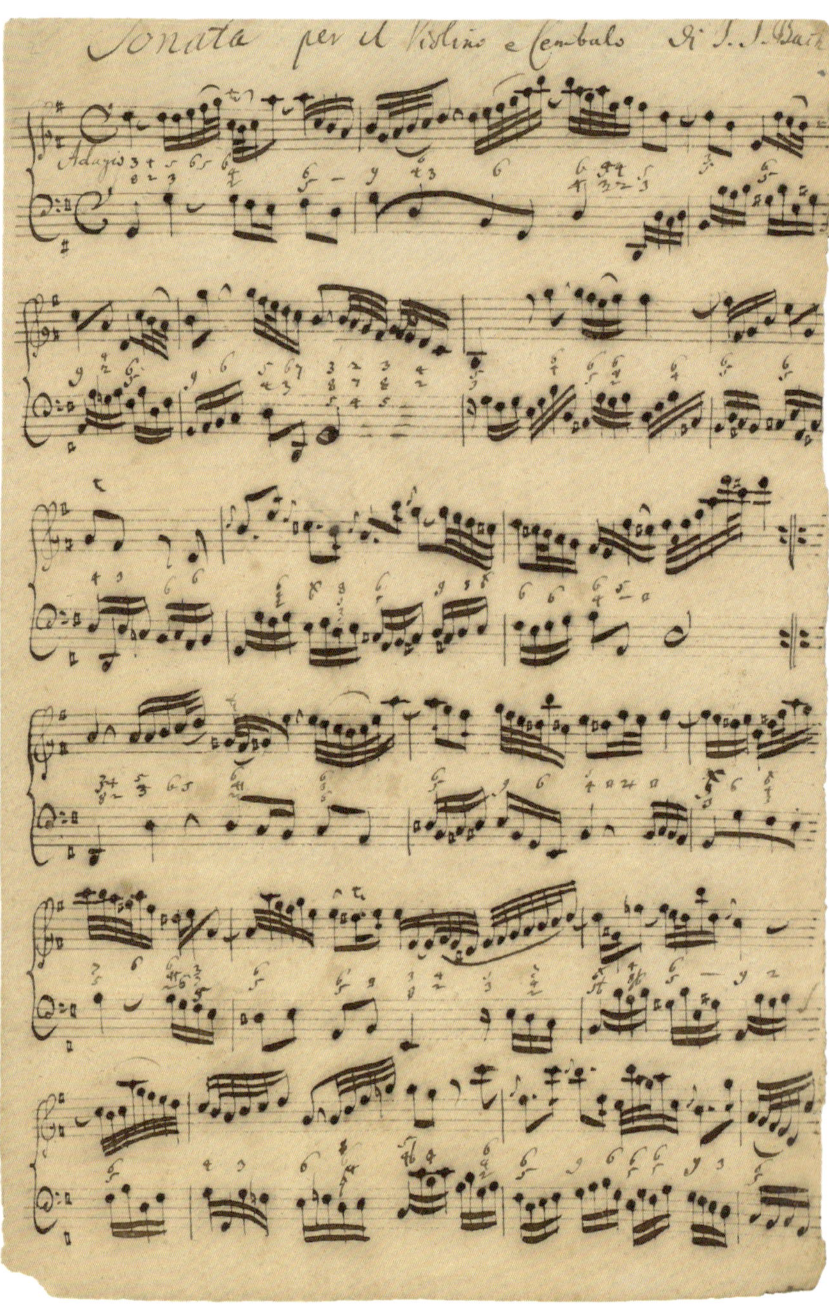

Die Abschrift der Violinsonate G-Dur BWV 1021 von J. S. Bach ist eine Gemeinschaftsarbeit von Anna Magdalena (Notenschrift) und ihrem Ehemann (Titel, Satzbezeichnungen und Bezifferung).

beteiligte sich Anna Magdalena am Ausschreiben des Aufführungsmaterials für die Bach-Kantaten. Diese Aufgabe übernahmen zwar hauptsächlich ältere oder ehemalige Thomaner, doch oft reichte deren Zeit nicht aus. Die Stimmen mussten schnell fertig werden, denn Bach komponierte zumindest in den ersten Leipziger Jahren fast jede Woche eine neue Kantate. Lag diese in der Partitur vor, begann das Ausschreiben der Stimmen – wenn nötig unter Mithilfe der älteren Söhne und Anna Magdalenas. Bei rund zehn Kantaten wirkte sie als Schreiberin mit, außerdem bei der Messe in h-Moll BWV 232, der Matthäus-Passion BWV 244 und anderen Werken.[141]

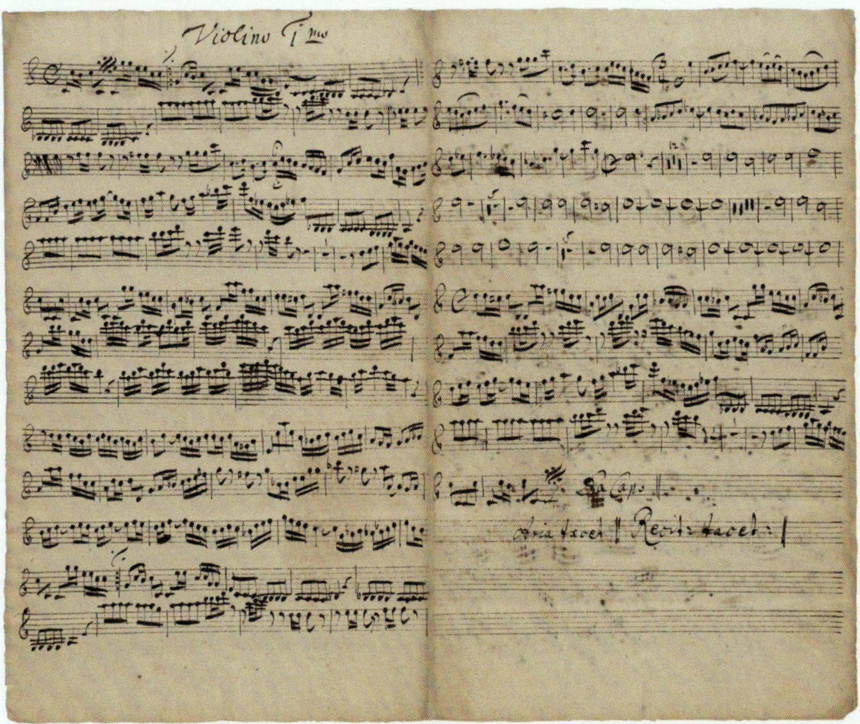

Die Zweitstimme der 1. Violine aus der Kantate „Jesu, nun sei gepreiset“ BWV 41 kopierte Anna Magdalena für eine Aufführung Anfang der 1730er Jahre.

141 Hübner III, S. 137ff., Zusammenfassung der von Anna Magdalena Bach kopierten Musikalien.

Im Berufsleben Johann Sebastians kam es zu mehreren Konflikten mit seinen Arbeitgebern, die sicher auch an Anna Magdalena nicht spurlos vorübergingen. Dazu gehörten Kompetenzstreitigkeiten mit den Ratsherren und dem Schulrektor Johann August Ernesti aufgrund unterschiedlicher Ansichten von der Ausübung des Kantorenamtes. Die heftigen Auseinandersetzungen spitzten sich 1730 sogar so weit zu, dass einige Stadträte in Betracht zogen dem *Cantor die Besoldung zu verkümmern*, weil er *incorrigibel sey.*[142] Anna Magdalena wird von diesen Aufregungen nicht unberührt geblieben sein.

Im Haushalt vermischten sich familiäre und dienstliche Bereiche ohnehin. Neben Besuchen auswärtiger Musiker, die während der Handelsmessen oder auf der Durchreise die gute Gelegenheit nutzten, den berühmten Thomaskantor zu treffen, hielten sich in der Thomasschule auch häufig Verwandte auf. So gehörten dem Thomanerchor an: Johann Sebastians Neffe Johann Heinrich Bach aus Ohrdruf (Sohn von Johanna Dorothea Bach, siehe S. 114), der 1724 nach Leipzig kam und etwa bis 1728 blieb, sowie Anna Magdalenas Neffe Christoph Friedrich Meißner (Sohn von Anna Catharina Meißner, siehe S. 126ff.). Dieser besuchte die Thomasschule von 1729 bis zu seinem von Rektor Johann Matthias Gesner angeordneten Abgang 1731, dem nicht näher bekannte schwere Verfehlungen des Schülers vorausgegangen waren. Im Herbst/Winter 1734/35 hielt sich Christoph Friedrich erneut bei den Leipziger Verwandten auf, da er nach einem Rektorenwechsel auf Wiederaufnahme in die Schule hoffte, allerdings ohne Erfolg.[143] Der entferntere Verwandte Johann Ernst Bach (Sohn des Eisenacher Organisten Johann Bernhard Bach und Patenkind Johann Sebastians) wurde 1737 kurz vor Beginn seines Studiums noch für einige Monate Thomaner. Von 1737 bis mindestens 1740 bestand auch näherer Kontakt mit Anna Magdalenas weitläufigem Verwandten Gottlob Ludwig Raden (ein Enkel von Anna Magdalenas Onkel Johann Siegmund Liebe), der in Leipzig studierte und bei Aufführungen unter Bach mitwirkte.[144] Weitere Privatschüler, die keine Mitglieder des Thomanerchors waren und zeitweise mit im Haushalt lebten, waren beispielsweise der Theologiestudent Bernhard Dietrich Ludewig, der als Hauslehrer die Bach-Kinder bis 1737 unterrichtete, sowie der aus Schweinfurt kommende Verwandte Johann Elias Bach, der ebenfalls in Leipzig Theologie

142 Bach-Dokumente, Bd. II, Nr. 280 (S. 205).

143 Bach-Dokumente, Bd. II, Nr. 191 (J. H. Bach); Bd. I, Nr. 63 (C. F. Meißner). Zu Meißner siehe auch Wollny VII, S. 80f.

144 Bach-Dokumente, Bd. V, S. 371 (J. E. Bach); Bd. II, Nr. 429, 450, 478 (G. L. Raden).

studierte und von 1737 bis 1742 die Korrespondenz im Hause Bach führte. Seine zu einem großen Teil erhaltenen Briefentwürfe enthalten auch einige Streiflichter aus dem Leben Anna Magdalenas.

Nach dem Zeugnis von Johann Elias Bach war Anna Magdalena *eine große Liebhaberin von der Gärtnerey.*[145] Die Bachs hatten zwar keinen Garten, aber das Halten von Blumen in Töpfen war weit verbreitet. Die Züchtung einer unter Blumenfreunden schon seit langem begehrten gelben Nelke gelang endlich Ende der 1730er Jahre, ausgerechnet in Schweinfurt.[146] Diese Nelken wollte Anna Magdalena nun unbedingt besitzen, zumal die Voraussetzungen aufgrund Johann Elias' Verbindungen günstig waren. Im April 1738 begann er, sich um den Wunsch seiner *Muhme* zu kümmern. Doch so einfach war das nicht, und die Angelegenheit zog sich weitere zwei Jahre hin. Offenbar ließ sich Anna Magdalena, wenn es um die Verfolgung ihrer Ziele ging, nicht so schnell entmutigen. Im August 1740 schrieb Johann Elias nochmals an seine Mutter und Schwester in Schweinfurt, die die Pflanzen besorgen sollten, *ich habe sie einmal versprochen und sie* [Anna Magdalena] *hat mich schon vielmals daran erinnert.*[147] Die Schweinfurter Verwandtschaft zeigte allerdings wenig Aktivität, deshalb ging Johann Elias auf Drängen Anna Magdalenas nun andere, erfolgreichere Wege. Der ehemalige Schweinfurter Jugendfreund Simon Friedrich von Meyern, der inzwischen in Halle studierte, kam weit schneller zum Ziel. Schon bald sagte er die Pflanzensendung zu, worauf ihm Johann Elias am 2. September 1740 mitteilte: *Meine Frau Muhme freuet sich schon im voraus auf die gelben Nelcken, wie ein kleines Kind auf den heil. Christ.*[148] Im Oktober erhielt Anna Magdalena schließlich sechs Nelkenpflanzen, wofür sich Johann Elias bei von Meyern bedankte und vielleicht etwas spöttisch bemerkte: *daß sie dieses unverdiente Geschencke höher schäzet, als die Kinder ihren Christ Beschehr, und also abwartet, wie man kleine Kinder zu warten pfleget, damit ja keines davon eingehen möge.*[149] Zwei Jahre später, im Mai 1742, bemühte sich Johann Elias nochmals um spezielle Pflanzenwünsche Anna Magdalenas, und wiederum vermittelte von Meyern. Dieses Mal sollte es *in specie* [...] *eine so genanndte Himmel*

145 Bach-Dokumente, Bd. II, Nr. 423; Odrich/Wollny, S. 92; Hübner I, S. 173.
146 Hübner I, S. 175f.
147 Odrich/Wollny, S. 143 (Brief vom 23. August 1740); Hübner I, S. 173.
148 Odrich/Wollny, S. 144; Hübner I, S. 174.
149 Odrich/Wollny, S. 148 (Brief vom 10. Oktober 1740); Hübner I, S. 174.

blaue Nelken Pflanze sein, die im Oktober in Leipzig eintraf. Dabei handelte es sich jedoch nicht um eine Nelkenart, sondern vermutlich um Frühlingsenzian.[150] Aus einem anderen Brief geht hervor, dass Anna Magdalena gern einen Singvogel gehabt hätte. Johann Sebastian war zuvor bei Kantor Johann Georg Hille in Glaucha (jetzt zu Halle gehörig) zu Besuch und hatte bei seiner Rückkehr von dessen gehaltenem Hänfling erzählt. Im Juni 1740 schrieb Johann Elias an den Glauchaer Kantor: *Herr CapellMeister, als er in vergangener Faste* [Fastenzeit] *von Halle zurücke kam, mit dem vielen Guten seiner Frau Liebste auch dieses referirt, daß Ew. WohlEdl. einen Hänfling besäßen, welcher durch die geschickte Anweisung seines LehrMeisters sich besonders im Singen hören ließe; weil nun meine Frau Muhme eine große Freundin von dergleichen Vögeln sind, als habe mich hierdurch erkundigen sollen, ob Ew. WohlEdl. diesen Sänger gegen billige* [gute] *Bezahlung an Sie zu überlaßen und durch sichere Gelegenheit zu übersenden etwa möchten gesonnen seyn.*[151] Ob der Wunsch erfüllt werden konnte, ist allerdings ungewiss.

Zu den erhaltenen Spuren Anna Magdalenas zählt auch das Buch „Betrachtungen über das gantze Leiden Christi", verfasst von dem Theologen Johann Jacob Rambach. Es wäre wohl kaum mit ihr in Zusammenhang gebracht worden, hätte sie darin nicht ihre handschriftlichen Einträge hinterlassen. In bester Zierschrift trug sie zuerst ihren Namen ein: *Anna Magdalena Bachin Gebohrne Wülckin. Anno 1741.* Bald darauf verschenkte sie das Buch an ihre Freundin und Nachbarin Christiana Sybilla Bose mit einer persönlichen Widmung:
Als der HochEdlen, Hoch- Ehr- und Tugend-begabten Jonffer, Jonfer Christiana Sybilla Bosin, meiner besonders hochgeehrtesten Jonfer Gefatterin u. werthesten Herzens Freündin erfreülcher Geburths Tag einfiel; wolte mit diesen kleinen doch wohlgemeinten Andencken sich bestens empfehlen. Anna Magdalena Bachin.[152]
Der Ausdruck *Herzens Freündin* dokumentiert die enge Freundschaft der beiden Frauen. Christiana Sybilla war zehn Jahre jünger als Anna Magdalena, spielte ebenfalls Cembalo und wohnte direkt gegenüber der Thomasschule, dem heutigen Gebäude Thomaskirchhof 16 (Bach-Archiv mit Bach-Museum). Als Tochter des Gold- und Silberwaren-Manufaktur-Besitzers Georg Heinrich Bose stand sie im sozialen Status weit höher als ihre Nachbarin. Zweimal übernahm Christiana

150 Odrich/Wollny, S. 205 (Brief vom 18. Mai 1742), S. 219 (Brief vom 2. Oktober 1742); Hübner I, S. 176f.
151 Bach-Dokumente, Bd. II, Nr. 477. Odrich/Wollny, S. 140 (Brief vom 14. Juni 1740).
152 Schulze III, S. 152.

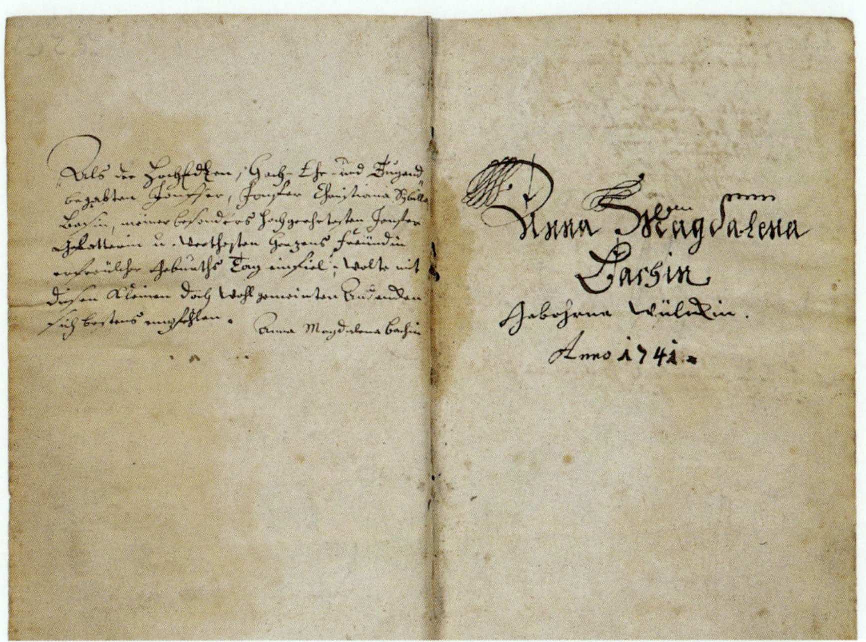
Anna Magdalena Bachin
gebohrne Wülckin.
Anno 1741.

Geburtstagsgeschenk von Anna Magdalena an ihre Freundin Christiana Sybilla Bose mit einer Widmung (linke Seite) und ihrem zuvor eingetragenen Besitzvermerk (1741, rechte Seite) in das Buch „Betrachtungen über das gantze Leiden Christi" von Johann Jacob Rambach.

Sybilla die Patenschaft bei Bach-Kindern: 1731 bei Christiana Dorothea († 1732) und 1735 bei dem später berühmt gewordenen „Londoner Bach" Johann Christian. Gute Kontakte bestanden auch zu anderen Mitgliedern der Familie Bose. Beispielsweise waren drei weitere Bose-Töchter Patinnen: Sophia Carolina Bose 1737 bei Johanna Carolina Bach sowie Anna Regina und Susanna Elisabeth Bose 1742 bei Regina Susanna Bach.[153]

Anna Magdalena übernahm in ihrer Leipziger Zeit sechs Patenschaften:
Am 11. November 1731 bei Anna Christina Bickenhahn, Taufe in der Thomaskirche. Das Kind war die Tochter des Leipziger Stadtsoldaten Johann Tobias Bickenhahn, der früher einmal als Kürschnermeister in Erfurt gelebt hatte. Er war ein entfernter Verwandter Johann Sebastians über die Familie Lämmerhirt.

153 Neumann, S. 22ff.; Hübner VIII.

Am 9. August 1739 bei Johann Christian Berlich, dem Sohn des Leipziger Feldtrompeters Johann George Berlich, Taufe in der Nikolaikirche. Der Kontakt kam vielleicht über Anna Magdalenas Familie Wilcke, in der es mehrere Hof- und Feldtrompeter gab, zustande?
Am 18. August 1739 bei Anna Maria Louise Leonhardt, der Tochter des Leipziger Glockengießers Georg Leonhardt, Taufe in der Nikolaikirche. Der Vater des Kindes war mit dem Instrumentenbauer Johann Christian Hoffmann, einem Freund Bachs, verwandt.
Am 16. März 1740 bei Anna Margaretha Lauterwaßer, der Tochter des Leipziger Damastwirkers Johann David Lauterwaßer, Taufe in der Thomaskirche.[154]
Am 11. September 1747 bei der Enkelin Anna Carolina Philippina, der Tochter von Johanna Maria und Carl Philipp Emanuel Bach, Taufe in der Dorotheenstädtischen Kirche, Berlin (siehe S. 209f.). Möglicherweise reiste Anna Magdalena zu diesem Anlass in die preußische Hauptstadt, denn eine Vertretung der Patenschaft ist im Taufregister nicht vermerkt. Ob Johann Sebastian im Falle ihrer Reise mitgekommen wäre, ist ebenfalls ungewiss – hatte er doch erst im Mai, im Zusammenhang mit der Einladung des preußischen Königs Friedrichs II., auch seine Berliner Familie besucht.[155]
Am 2. Juni 1751 bei der Enkelin Augusta Magdalena Altnickol (siehe S. 214) in der Naumburger Wenzelskirche. Anna Magdalena war jedoch selbst nicht anwesend, sondern ließ sich von Johann Gottfried Müthel – einem Freund der Familie Altnickol und einer der letzten Schüler Johann Sebastians – vertreten.[156]
Als Witwe stand Anna Magdalena noch einmal am 3. November 1752 am Taufstein der Nikolaikirche, nun jedoch nur als Patenvertretung für Christiana Elisabeth Küstner. Der Täufling Johann Jacob Kleinpaul war der Sohn eines Leipziger Buchdruckergesellen.[157] Die eigentliche Patin unterhielt offenbar schon lange Kontakte mit Anna Magdalena, bereits 1726 hatte sie die Patenschaft bei Elisabeth Juliana Friederica Bach übernommen. Die Küstners gehörten zu den angesehensten Leipziger Bürgern, so war Gottfried Wilhelm Küstner Ratsherr und ab 1749 sogar mehrfach Bürgermeister.

154 Bach-Dokumente, Bd. II, Nr. 297 (Bickenhahn), Nr. 447 (Berlich), Nr. 449 (Leonhardt), Nr. 472 (Lauterwaßer).

155 Ein Grund für eine nochmalige Reise wäre nicht nur das Kennenlernen seiner Enkelin, sondern auch ein Wiedersehen mit seinem Freund, dem Mediziner und Hofrat Georg Ernst Stahl, gewesen, der bei dieser Taufe ebenfalls ein Patenamt übernahm.

156 Bach-Dokumente, Bd. III, Nr. 640.

157 Bach-Dokumente, Bd. III, Nr. 650a.

Ob Anna Magdalena jedoch mit allen Familien, bei deren Kindern sie Patin war oder aus denen die Paten der Bach-Kinder kamen, in engen Beziehungen stand, ist ungewiss. Denn manchmal waren Patenämter auch Ausdruck – erwünschter – gesellschaftlicher Verbindungen. Zumeist wurden Patinnen und Paten aus dem Umfeld der Verwandtschaft oder des eigenen beziehungsweise eines höheren Standes gewählt. Hatten diese doch – zumindest dem Vernehmen nach – beim frühen Tod der Eltern die moralische Verpflichtung, nach Möglichkeit für das Patenkind zu sorgen.

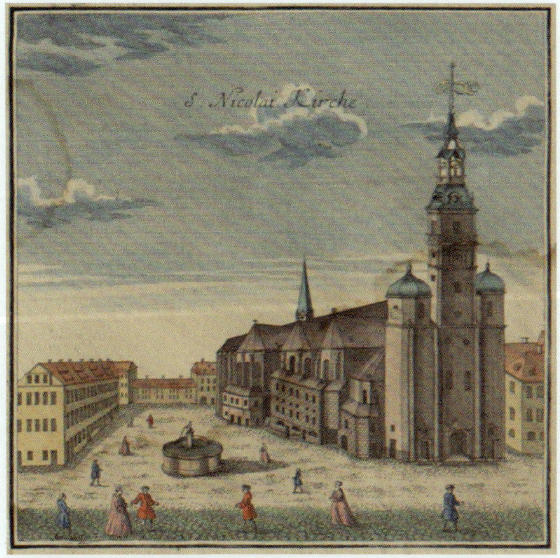

In der Nikolaikirche übernahm Anna Magdalena zwei Patenschaften und eine Patenvertretung. In ihrer Leipziger Zeit war sie sechsmal Taufpatin. Kupferstich von Joachim Ernst Scheffler, um 1749.

Wann und zu welchen Anlässen Anna Magdalena auf Reisen ging, lässt sich nur vereinzelt nachweisen. Neben ihren Gastspielen in Köthen und Gera (siehe oben) unternahm sie im September 1732 zusammen mit ihrem Ehemann eine Reise nach Kassel. Dort logierten sie im Hotel „Stadt Stockholm" für mehrere Tage, denn Johann Sebastian war zur Prüfung der Orgel in der Martinskirche eingeladen worden.[158] Ob Anna Magdalena in Kassel eine Gelegenheit zum Auftritt erhielt, ist nicht überliefert. Vielleicht hatte sie Bach auf die Reise mitgenommen, um ihr bei der Bewältigung der neuerlich traurigen Situation beistehen zu können?

158 Bach-Dokumente, Bd. II, Nr. 318.

Denn Ende August war wieder einmal eines der Kinder verstorben, die knapp anderthalbjährige Christiana Dorothea. Zwischen 1726 und 1732 hatten die Bachs fünf Kinder verloren, und 1733 sollten zwei weitere folgen.
Da die Postkutschen-Route Leipzig-Kassel über Weißenfels und Eisenach führte, lag es nahe, die Reise zugleich für Verwandtenbesuche zu nutzen. In Weißenfels lebten zu dieser Zeit Anna Magdalenas verwitwete Mutter Margaretha Elisabeth sowie die Familien ihrer Schwestern Anna Catharina Meißner, Johanna Christina Krebs und Erdmutha Dorothea Nicolai. Anna Magdalena besuchte ihre Weißenfelser Familie auch zu anderen Gelegenheiten, so im November 1739 zusammen mit Johann Sebastian und im Sommer 1742 wohl allein (siehe S. 134).[159]
Es gab auch Gegenbesuche, beispielsweise vom Schwager Andreas Krebs im Mai 1742 oder der verwitweten Tante, Martha Elisabeth Hesemann, geb. Wilcke, im Herbst desselben Jahres.[160]
Doch zurück zur Kasseler Reiseroute der Bachs 1732 und ihrem vermuteten Zwischenaufenthalt in Eisenach. Denn hier lebte Johann Sebastians geschätzter Verwandter, der Stadtorganist und Kammermusiker Johann Bernhard Bach. Bei dem Besuch lernten die Leipziger wohl auch dessen Kollegen, den Violoncellisten und Maler Antonio Cristofori kennen. Ein halbes Jahrhundert später ist im Nachlassverzeichnis von Anna Magdalenas Stiefsohn Carl Philipp Emanuel Bach folgender Eintrag zu finden:
Bach, (Anna Magd.) Sopranistin, J S. zweyte Frau. In Oel gemahlt von Cristofori. 2 Fuß, 1 Zoll hoch, 23 Zoll breit. In goldenen Rahmen. Dieser Vermerk von 1790 ist der einzige Hinweis auf das seit rund 230 Jahren verschollene Gemälde. Wenn die Vermutung richtig ist, dass jener Cristofori das Bild 1732 während eines Aufenthaltes der Bachs in Eisenach malte, dann wäre Anna Magdalena etwa um die Zeit ihres 31. Geburtstags porträtiert worden.[161]

Nachdem Anna Magdalena im Frühsommer 1741 zum dreizehnten Mal schwanger geworden war, stand es um ihre Gesundheit gar nicht gut. So erhielt Johann Sebastian, der sich gerade in Berlin aufhielt, Anfang August die Nachricht, dass *sich unsere liebwertheste Frau Mamma schon seither acht Tagen sehr unbaß befindet,*

159 Bach-Dokumente, Bd. I, Nr. 93 (vermutliche Reise 1742); Bd. II, Nr. 462 (Reise nach Weißenfels 1739).
160 Bach-Dokumente, Bd. II, Nr. 509 sowie Ranft, S. 169 (M. E. Hesemann); Bach-Dokumente, Bd. I, Nr. 93 (A. Krebs).
161 Maul III, S. 251ff. Falls das Gemälde doch zu einem anderen Zeitpunkt entstand, wäre dies aufgrund Cristoforis Biographie in den Jahren zwischen 1726 und 1737 möglich gewesen.

und man nicht weiß, ob etwa aus der hefftigen Wallung des Geblütes gar ein schleichendes Fieber, oder sonsten üble Folgerungen entstehen möchte.[162] Nur vier Tage später folgte ein weiterer Brief des Haussekretärs Johann Elias Bach mit der dringenden Bitte, Johann Sebastian möge schnellstens nach Hause kommen, da sich der Zustand Anna Magdalenas dramatisch verschlechtert hatte: *so viel Schmerzen empfinden wir gleichwohl über die zunehmende Schwachheit unserer Hochwerthesten Fr Mamma, indem dieselbe schon seither 14 Tagen nicht eine einzige Nacht nur eine Stunde Ruhe gehabt, und weder sizen noch liegen kan, so gar, daß man mich in vergangener Nacht geruffen und wir nicht anders meynten, wir würden sie zu unserm größten Leidwesen gar verliehren.*[163] Wann Johann Sebastian in Leipzig eintraf, ist nicht bekannt. Nur langsam erholte sich Anna Magdalena von ihrer Krankheit, und noch im September musste sie die geplante Reise nach ihrem *geliebten Weißenfels* verschieben. Im Namen Anna Magdalenas schrieb Johann Elias nach Weißenfels: *Jedoch mein bißheriger u. fortwährender kräncklicher Zustand beraubet mich leider solcher vergnügten Stunden, u. das Einrathen der Meinigen will nicht gestatten, eine solche Reise vorzunehmen, wovon nach ihrer Meinung entweder eine merkliche Beßerung oder gänzlicher ruin meiner Gesundheit abhängen könnte.*[164] Doch schließlich wird sich Anna Magdalenas Zustand stabilisiert haben, im Februar 1742 brachte die Vierzigjährige ihr jüngstes Kind zur Welt, Regina Susanna.

Die drei erwachsenen Bach-Söhne hatten das Elternhaus am Thomaskirchhof inzwischen längst verlassen: Wilhelm Friedemann 1733, Carl Philipp Emanuel 1734 und Johann Gottfried Bernhard 1735 († 1739). Anna Magdalenas ältester Sohn Gottfried Heinrich war Mitte der 1730er Jahre noch ein hoffnungsvolles Talent, sein Vater schrieb über den Elfjährigen: *inclinirt gleichfalls zur Music, inspecie zum Clavier.*[165] Doch in den folgenden Jahren ereilte ihn ein Schicksalsschlag – es gab Anzeichen für eine geistige Behinderung. Unbekannt ist, ob diese plötzlich, vielleicht durch eine Infektionskrankheit, auftrat oder eher in einem schleichenden Prozess. Später wurde Gottfried Heinrich *blöden Verstandes* bezeichnet[166] – für Anna Magdalena und die ganze Familie traurige Realität.

162 Bach-Dokumente, Bd. II, Nr. 489; Odrich/Wollny, S. 164 (Brief vom 5. August 1741).
163 Bach-Dokumente, Bd. II, Nr. 490; Odrich/Wollny, S. 165 (Brief vom 9. August 1741).
164 Bach-Dokumente, Bd. II, Nr. 493 (Brief von September 1741).
165 Bach-Dokumente, Bd. I, Nr. 184 (S. 261).
166 Bach-Dokumente, Bd. V, S. 178, betr. Bestätigung Gottlob Siegmund Hesemanns als Kurator für Gottfried Heinrich Bach, 21. Oktober 1750.

In den 1740er Jahren wurden im Familien- und Freundeskreis folgende Ehen geschlossen: Anna Magdalenas Stiefsohn Carl Philipp Emanuel und Johanna Maria Dannemann (siehe Kap. 21), die Tochter eines Weinhändlers, heirateten Anfang 1744 in Berlin.[167] Es sind jedoch keine Informationen darüber bekannt, ob zu diesem Anlass Gäste aus Leipzig kamen.

Im Februar desselben Jahres fand dagegen eine Hochzeit in unmittelbarer Nachbarschaft der Bachs am Thomaskirchhof statt: Anna Magdalenas Freundin Christiana Sybilla Bose und der Leipziger Kaufmann Johann Zacharias Richter ließen sich im *Bosischen Hauße am Thomas Kirchhoffe* trauen.[168] Es liegt nahe, dass Anna Magdalena und Johann Sebastian zu den Hochzeitsgästen gehörten und in dem zum Haus gehörigen „Sommersaal" mit beweglichem Deckengemälde und Musikerempore (heute rekonstruiert, Bestandteil des Bach-Museums) eine Festmusik aufführten. Doch Dokumente, die diese Vermutung bestätigen könnten, sind nicht überliefert. Fünf Jahre später, am 20. Januar 1749, konnte endlich auch einmal Hochzeit im Hause Bach gefeiert werden. Elisabeth Juliana Friederica schloss die Ehe mit Johann Christoph Altnickol, einem ehemaligen Schüler Bachs und Organisten in Naumburg. Erstmals verließ nun eine Tochter das Elternhaus.[169]

So gut das Jahr auch begann, bald machte sich bei Johann Sebastian eine schwerwiegende gesundheitliche Krise bemerkbar. Aufgrund dessen wurde Anfang Juni von der Stadt sogar schon eine Kantoratsprobe für den potentiellen Nachfolger im Thomaskantorat Gottlob Harrer veranstaltet – ein einmaliger Vorgang und eine grobe Unhöflichkeit gegenüber Bach.[170] Vermutlich stand die Stadt unter einem gewissen Druck, denn Harrer wurde von Dresdner Regierungskreisen aus für das Leipziger Amt protegiert.

Neben den Sorgen um Bachs Gesundheit, die sich im Sommer jedoch wieder stabilisierte, traf Anna Magdalena die Nachricht vom Tod ihrer Freundin Christiana Sybilla, die am 30. Mai 1749 im Alter von 37 Jahren gestorben war.[171]

167 Bach-Dokumente, Bd. I, Nr. 49 (S. 119).

168 Kirchliches Archiv Leipzig, Trauregister St. Thomas 1730 – 1746, Bl. 197. Trauung am 6. Februar 1744.

169 Bach-Dokumente, Bd. II, Nr. 579a.

170 Bach-Dokumente, Bd. II, Nr. 584.

171 Bach-Dokumente, Bd. V, S. 378 (Personenregister), jedoch Korrektur des Geburtsdatums zu 31. Dezember 1711 (nach Angaben im Porträtband „Die Vertrauten", Stadtgeschichtliches Museum Leipzig).

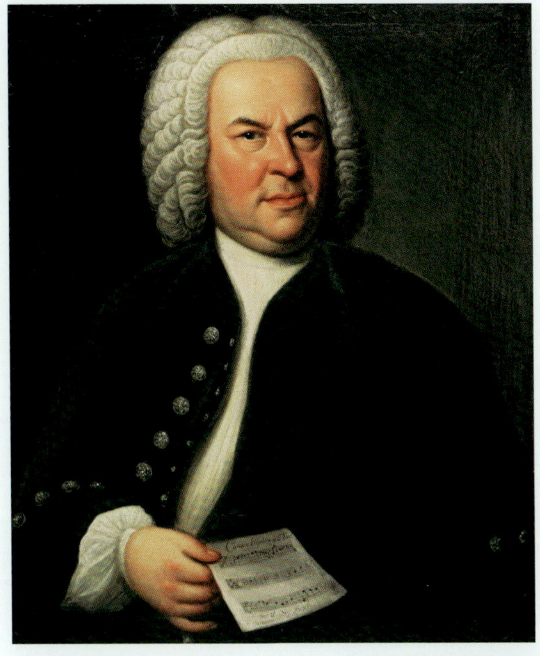

Johann Sebastian Bach (1685–1750) im Alter von 61 Jahren. Der Leipziger Ratsmaler Elias Gottlob Haußmann malte das Bild zweimal: 1746 und 1748 (Abb.).

Zum Jahreswechsel 1749/50 stand wieder einmal eine Veränderung in der Familie bevor. Der 17-jährige Johann Christoph Friedrich erhielt eine Anstellung am Bückeburger Hof, doch das Weihnachtsfest wurde noch einmal zusammen gefeiert. Sein Weihnachtsgeschenk war zugleich sein Abschiedsgeschenk. In eine Lutherbibel trug Anna Magdalena ihrem Sohn folgende innige Widmung ein: *Zum steten Andencken und Christlicher erbauung schencket ihrem lieben Sohn dieses herliche Buch Anna Magdalena Bachin gebohrne Wülckin Deine getreu und wohlmeinde Mam̄a. Leipzig d 25 decemb. 1749.*[172] Wahrscheinlich kam in diesen Tagen schon etwas Schwermut auf. Denn neben dem bevorstehenden Abschied des zweitjüngsten Sohnes war wohl noch vor dem Fest die Nachricht vom Tod des kleinen Enkels Johann Sebastian Altnickol aus Naumburg, der am 21. Dezember beerdigt worden war, eingetroffen.[173]

Im neuen Jahr traten Bachs gesundheitliche Probleme wieder verstärkt auf. Er litt möglicherweise an Diabetes, und sein Zustand verschlechterte sich

172 Bach-Dokumente, Bd. I, Nr. 54 (S. 124); Hübner III, S. 82.

173 Bach-Dokumente, Bd. II, Nr. 587 (Kommentar); Kirchenkreisarchiv Naumburg, Sterberegister St. Wenzel, S. 899.

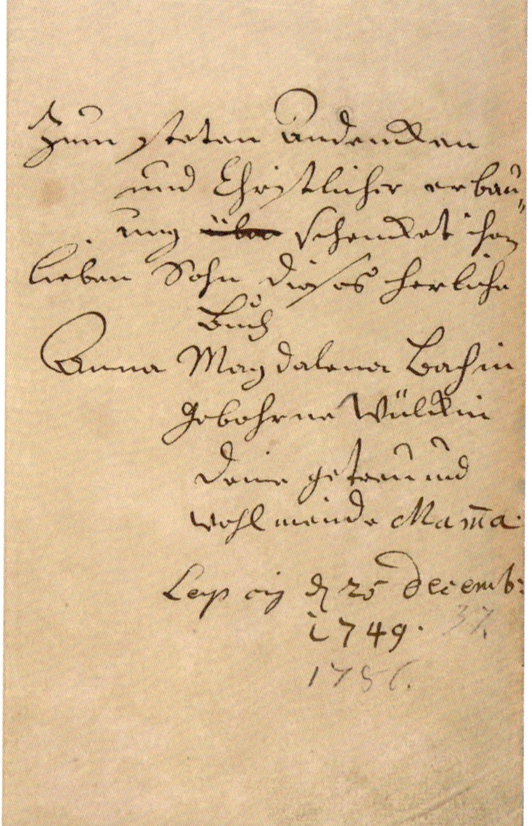

Zum steten Andencken
und Christlicher erbau-
ung übersendet ihrem
lieben Sohn dieses herrliche
Buch
Anna Magdalena Bachin
gebohrne Wülckin
dein getreu und
wohlmeinde Mama
Leipzig d. 25 decemb:
1749.

Diese Widmung trug Anna Magdalena ihrem Sohn Johann Christoph Friedrich 1749 in eine Lutherbibel ein. Sie war ein Weihnachts- und zugleich ein Abschiedsgeschenk.

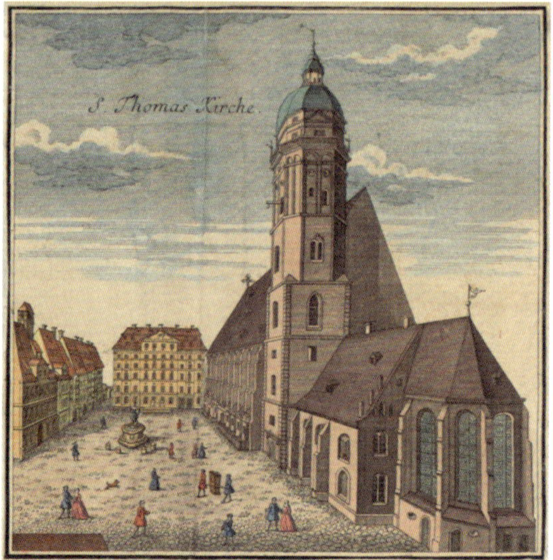

Der Thomaskirchhof in Leipzig um 1749. Kupferstich von Joachim Ernst Scheffler.

erheblich. Die Aufregung muss groß gewesen sein, als er sich Ende März zu einer ersten Augenoperation durch den berühmten englischen Okulisten John Taylor, der sich gerade in Leipzig aufhielt, entschloss. Nach angeblich kurzzeitiger Besserung musste eine weitere Operation Anfang April vorgenommen werden, die ebenfalls erfolglos war.[174] Dennoch unterrichtete Bach – so gut es noch ging – seinen Privatschüler Johann Gottfried Müthel. Die kirchenmusikalischen Aufführungen sind während der letzten Monate wohl auf das Nötigste reduziert und von den Chorpräfekten geleitet worden. Doch vermutlich konnte Bach noch einmal im Frühjahr ein großes musikalisches Ereignis in der Thomaskirche erleben. Sein Sohn Carl Philipp Emanuel war offenbar von Berlin nach Leipzig gekommen, um an einem Marienfest eines seiner bedeutendsten Werke, das Magnificat Wq 215, aufzuführen.[175] Damit beeindruckte Carl Philipp Emanuel sicher die Gottesdienstbesucher, aber weit wichtiger wäre ihm wohl das Interesse der Ratsherren gewesen. Denn Johann Sebastian hatte seine Söhne – Ende des Jahres 1749 auch Wilhelm Friedemann aus Halle – zu repräsentativen Aufführungen nach Leipzig eingeladen. Seine Nachfolge wollte Bach nicht unbesehen Harrer überlassen, sondern seinen beiden ältesten Söhnen zumindest eine Chance einräumen. Für Anna Magdalena hätte die Nachfolge innerhalb der Familie Stabilität für spätere Zeiten bedeutet.

Mitte Juli erlitt Johann Sebastian einen Schlaganfall, und einige Tage später, am 28. Juli 1750, starb er. In der Leipziger Chronik heißt es:

Abends um 8. Uhr [ist] *der berühmte und in der Music Hocherfahrene Herr Joh. Sebastian Bach Sr. Königlichen Majestät in Pohlen und Churfürstlichen Durchlaucht zu Sachßen wohlbestallter HoffCompositeur, HochFürstlich Anhalt-Cöthischer und Sachsen Weisenfelsischer Capellmeister, wie auch* [Musik-] *Director und Cantor der Schulen zu St. Thom.* verstorben.[176] Am 30. oder 31. Juli wurde Bach auf dem Johannisfriedhof bestattet, alle seine Thomaner begleiteten den Trauerzug mit Gesang. Von den auswärts lebenden Kindern waren bei der Beerdigung sicher Wilhelm Friedemann und vermutlich auch die Altnickols aus Naumburg anwesend. Für die Söhne Carl Philipp Emanuel und Johann Christoph Friedrich wäre die Anreise aus Berlin bzw. Bückeburg in der Kürze der Zeit wohl kaum möglich gewesen.

Nach dem Tod Johann Sebastian Bachs kamen auf die Familie einschneidende Veränderungen zu. Zahlreiche amtliche Vorgänge waren zu bewältigen, denn

174 Bach-Dokumente, Bd. II, Nr. 598f., 601; Ludewig, S. 21ff.
175 Bach-Dokumente, Bd. III, Nr. 703 (Kommentar).
176 Bach-Dokumente, Bd. II, Nr. 606 (Zitat) – 612.

der Nachlass und die Erbteilung mussten geregelt werden, ebenso die Vormundschaften für die weiblichen Familienmitglieder und die unmündigen Kinder. Die Hoffnung auf die Übernahme des Thomaskantorats durch Carl Philipp Emanuel, womit die Härten für die Familie hätten gemildert werden können, zerschlug sich. Der Leipziger Rat entschied sich für Gottlob Harrer und gab damit der Protektion aus Dresden nach. Außerdem lag den Ratsherren ohnehin nicht viel an Carl Philipp Emanuel, befürchteten sie doch, dass er wie sein Vater *zwar wohl ein großer Musicus aber kein Schulmann* wäre.[177] Für Anna Magdalena war diese Entscheidung gewiss eine bittere Enttäuschung, wenn auch nicht ganz unerwartet. Fünf Jahre später, nach dem Tod Harrers, bewarb sich Carl Philipp Emanuel erneut um das Thomaskantorat – wieder erfolglos. Die Möglichkeit seiner Rückkehr und die damit verbundene Erleichterung ihres Witwendaseins musste Anna Magdalena nun endgültig aufgeben.

Bei all den Anspannungen in den Wochen nach Bachs Tod kam am 24. August 1750 auch noch ein von der Stadt beauftragter Knecht zu Anna Magdalena, um ein jährliches Ritual einzuhalten: die Bestellung einer Musik für den stets Ende August stattfindenden Gottesdienst zur Ratswahl. Im städtischen Protokoll heißt es: *Bestellete der Thür Knecht bey des verstorbenen Cantoris Herrn Bachs Witbe die Kirchen Music auf heüt über 8 Tage bey den bevorstehenden Raths Wechsel.*[178] Die Verantwortung für die Beschaffung der Kirchenmusik zu diesem Festgottesdienst oblag nun der Witwe, doch wird sich gewiss der erste Chorpräfekt um die Organisation der Musik gekümmert haben.

Mitte August 1750 – zwei Wochen nach Bachs Tod – reichte Anna Magdalena bei der Stadt die Bitte um Gewährung des Gnadenhalbjahrs, einer Weiterzahlung des Kantorengehalts für ein halbes Jahr, ein.[179] Eigentlich hätte sie mit der Zustimmung rechnen können, denn ihre Vorgängerinnen, die Witwen Maria Elisabeth Schelle und Sabina Elisabeth Kuhnau, hatten diese freiwillige Unterstützung auch erhalten. Die Ratseinnahmestube zögerte jedoch, denn sie verwies penibel darauf hin, dass Bach bei seinem Dienstantritt vor 27 Jahren einen Gehaltsvorschuss erhalten hatte, der nun verrechnet werden sollte.[180] Zur Ratssitzung am 28. August wurde dennoch beschlossen, Anna Magdalena das Gnadenhalbjahr zu gewähren.[181] Das Gehalt ihres verstorbenen Mannes stand ihr ohnehin noch für drei Monate zu, das

177 Bach-Dokumente, Bd. II, Nr. 615.
178 Bach-Dokumente, Bd. II, Nr. 264 (Kommentar).
179 Bach-Dokumente, Bd. II, Nr. 617 (Schreiben vom 15. August 1750).
180 Bach-Dokumente, Bd. II, Nr. 618.
181 Bach-Dokumente, Bd. II, Nr. 619; Hübner III, S. 87f.

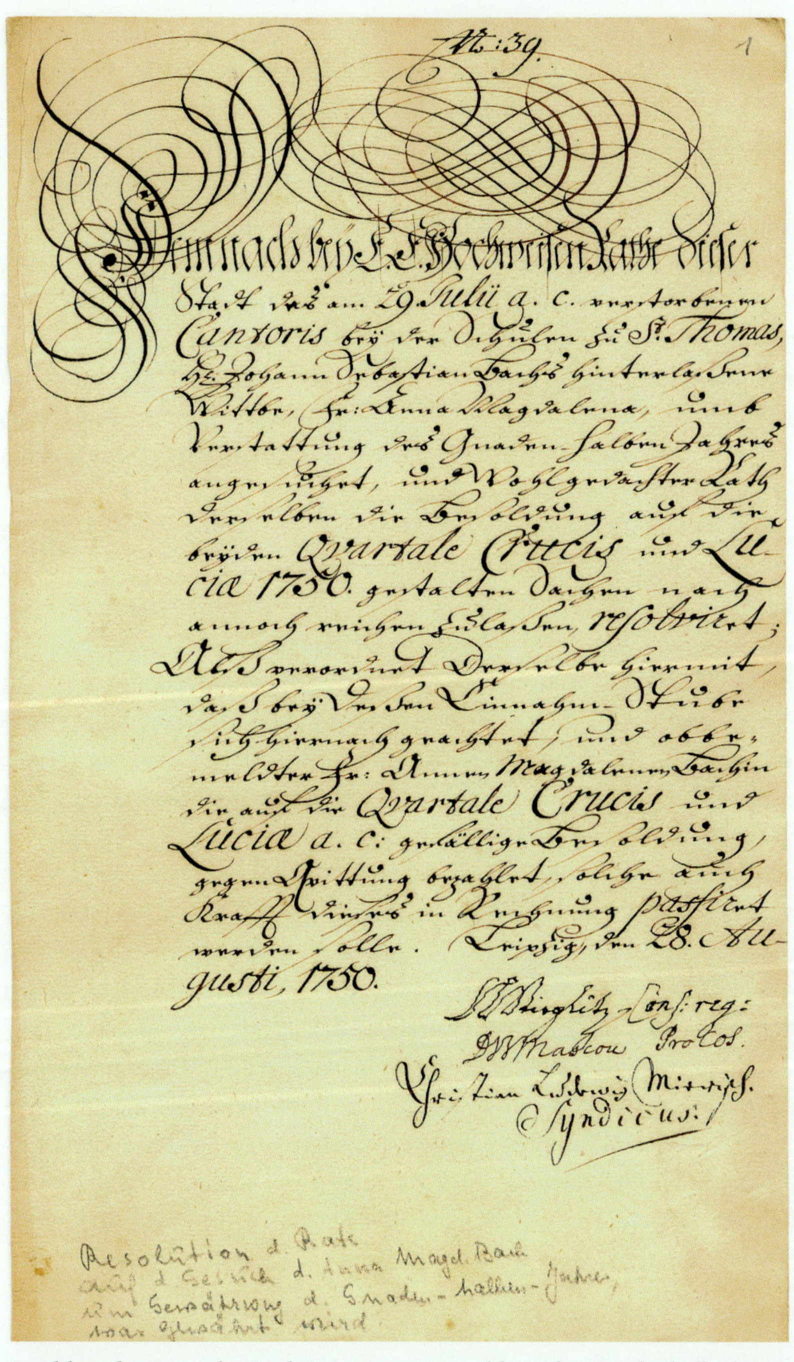

N.: 39. 1

Demnach bey E. E. Hochweisen Rathe dieser Stadt des am 29. Julii a. c. verstorbenen Cantoris bey der Schulen zu St. Thomas, Hn. Johann Sebastian Bachs hinterlaßene Wittbe, Fr. Anna Magdalena, umb Verstattung des Gnaden-halben Jahres angesuchet, und Wohlgedachter Rath derselben die Besoldung auf die beyden Quartale Crucis und Luciae 1750. gestalten Sachen nach annoch reichen zu laßen, resolviret; Als verordnet derselbe hiermit, daß bey der Einnahme-Stube sich hiernach geachtet, und obbemeldter Fr. Annen Magdalenen Bachin die auf die Quartale Crucis und Luciae a. c. gefällige Besoldung, gegen Quittung bezahlet, solche auch Krafft dieses in Rechnung passiret werden solle. Leipzig, den 28. Augusti, 1750.

C. G. Stieglitz Cons: reg:

G. W. Mascov Protos.

Christian Ludwig [illegible]

Syndicus.

Resolution d. Rats auf d. Gesuch d. Anna Magd. Bach um Gewährung d. Gnaden-halben-Jahres, was gewährt wird

Beschluss des Rates der Stadt Leipzig zur Auszahlung des Gnadenhalbjahrs an die Witwe Anna Magdalena Bach, 28. August 1750.

zweite Vierteljahr wurde als *freywillige Beyhülffe* verbucht. Einen Tag später kam im Zusammenhang mit der Zahlung des Gnadenhalbjahrs folgender Vermerk ins Ratsprotokoll: *in Ansehung ihrer* [Anna Magdalenas] *Umstände* und *daß sie sich den Umstand wegen derer Kirchen-Lieder, wovon der Herr Prof. Ernesti* [Rektor der Thomasschule] *mit ihr sprechen würde, gefallen laßen dürffte.* Mit den *Kirchen-Liedern* war das Aufführungsmaterial des gesamten Choralkantaten-Jahrgangs 1724/25 gemeint, das zu den wertvollsten Beständen von Bachs Hinterlassenschaft zählt. Dass Anna Magdalena diesen Musikalienschatz der Thomasschule überließ,[182] hing offenbar mit der Gewährung des Gnadenhalbjahrs zusammen.
Zeitgleich mit der Zusage des Gnadenhalbjahrs wurde die Witwe gebeten, bis Ende Januar ihre Dienstwohnung in der Thomasschule zu verlassen – wie üblich, ein halbes Jahr nach dem Tod des Kantors. Zudem erhielt sie die Aufforderung, sie möge schon einmal *eine oder ein paar Stuben räumen* […], *damit solche* [für Harrer] *renoviret werden könnten.*[183]

Noch bevor der juristische Vorgang zur Erbteilung begann, war die Familie zusammengekommen, um die Musikalien zu sichten und zu verteilen. Wilhelm Friedemann als ältester und am ehesten erreichbarer erwachsener Sohn übernahm beim Ordnen und Aufteilen sicher eine wichtige Funktion. Dessen 22 Jahre jüngerer Halbbruder Johann Christoph Friedrich war im August von Bückeburg ebenfalls nach Leipzig gekommen, möglicherweise war diese Reise schon vor Bachs Tod geplant. Außerdem beteiligten sich der Schwiegersohn Johann Christoph Altnickol aus Naumburg und Anna Magdalena an den Arbeiten. Bei der Durchsicht der Musikalien ergänzte sie beispielsweise den neu geschriebenen Titelumschlag der Kantate „Lobe den Herren" BWV 137, zudem erkannte sie eine schwierig zuzuordnende Continuo-Stimme der Matthäus-Passion. Sie lag offenbar zwischen anderen Noten, und Anna Magdalena vermerkte darauf: *zur Groß Bassion* gehörig. Insgesamt kam es wohl zu einer einvernehmlichen Verteilung des Notenerbes, bei der Anna Magdalena mit dem kompletten Aufführungsmaterial des Choralkantaten-Jahrgangs und vermutlich weiteren Musikalien bedacht worden war.[184]
Anfang September begannen die Vorbereitungen für die offizielle Erbteilung. Zuerst einmal musste Anna Magdalena eine Rechtsvertretung (Kurator) für sich selbst ersuchen, wofür sie den langjährigen Freund der Familie und Juristen

182 Neumann/Fröde.
183 Bach-Dokumente, Bd. II, Nr. 621; Bd. III, Nr. 635.
184 Glöckner I, S. 43f. (zu BWV 137 und Verteilung des Erbes); Bach Compendium III, S. 1030 (Zitat).

Friedrich Heinrich Graff wählte. Vom zuständigen Universitätsgericht wurde bestätigt, *daß er dieser seiner Curandin Bestes in allen deren in- und außer Gerichte vorfallenden Angelegenheiten mit aller Treue und Sorgfalt gebührend beobachten, sowohl ihr nach besten Wißen, Verstande und Vermögen überall dabey beyräthig und beyständig seyn solle.*[185]

In der Angelegenheit der Vormundschaft für die unmündigen Kinder äußerte Anna Magdalena am 17. Oktober die Bitte an das Universitätsgericht, einen Vormund zu benennen. Doch nur wenige Tage später entschied sie, selbst die Vormundschaft für Johann Christoph Friedrich (18 Jahre), Johann Christian (15 Jahre), Johanna Carolina (knapp 13 Jahre) und Regina Susanna (8 Jahre) zu übernehmen. Diese Möglichkeit war allerdings an eine Bedingung geknüpft: Anna Magdalena musste ihren Verzicht auf Wiederverheiratung erklären, so geschehen am 21. Oktober. Speziell für die Erbteilung benötigten auch die unmündigen Kinder einen Kurator. Diese Funktion übernahm – auf Wunsch Anna Magdalenas hin – der Thomasorganist und Musikdirektor der Universität, Johann Gottlieb Görner.[186]

Neben den minderjährigen brauchten drei weitere, längst volljährige Kinder eine Rechtsvertretung: der 26-jährige, geistig behinderte Gottfried Heinrich, die verheiratete Elisabeth Juliana Friederica Altnickol und die ledig gebliebene Catharina Dorothea. Für Gottfried Heinrich agierte in dieser Funktion der mit Anna Magdalena verwandte Gottlob Siegmund Hesemann – der schon seit einigen Jahren in Leipzig Jura studierte und vielleicht bei den Bachs wohnte. Elisabeth Juliana Friedericas Kurator war ihr Ehemann Johann Christoph, doch da beide zum Abschluss des Erbvergleichs nicht in Leipzig anwesend sein konnten, erhielt Hesemann auch für die Naumburger Altnickols eine Vollmacht. Die knapp 42-jährige unverheiratete Catharina Dorothea wählte als Rechtsvertretung ihren altersmäßig nahestehenden Bruder Wilhelm Friedemann. Dieser hielt sich schon seit Ende September wieder in Leipzig zur Unterstützung der Familie auf, und er dehnte den Aufenthalt bis kurz vor Weihnachten aus – allerdings ohne seine Arbeitgeber an der Halleschen Marktkirche informiert zu haben.[187]

Zu den dringlichsten Arbeiten gehörte nun die Erfassung des verbliebenen Nachlasses, die *Specificatio der Verlaßenschafft des am 28. July. 1750 seelig verstorbenen Herrn Johann Sebastian Bachs.*[188] Am 11. November lag der Erbvergleich vor, und

185 Bach-Dokumente, Bd. II, Nr. 623.

186 Bach-Dokumente, Bd. II, Nr. 625f., 628; Bd. V, S. 179f.

187 Bach-Dokumente, Bd. V, S. 178f.; Glöckner I, S. 45ff.; Maul II, S. 228ff. (Hesemann); Blanken, S. 133ff.

188 Bach-Dokumente, Bd. II, Nr. 627.

am 21. November konnte die Verteilung des Erbes abgeschlossen werden. Anna Magdalena erhielt ein Drittel des Nachlasses und sogenannte *Gerade-Stücke*, wozu kleinere, bewegliche Gegenstände des Haushaltes gehörten. Den neun Kindern kamen zusammen die übrigen zwei Drittel zu.[189] Alle diese Vorgänge wurden am Universitätsgericht abgehandelt, weil Johann Sebastian neben seinem Amt als Thomaskantor auch für die Musik des sogenannten „Alten Gottesdienstes" (an hohen Feiertagen) in der Universitätskirche zuständig gewesen war und deshalb als Universitätsangehöriger galt.

Nach den notwendigen amtlichen Verfahren musste mit der Verkleinerung der Familie ein weiteres schmerzliches Kapitel bewältigt werden. Der jüngste Sohn Johann Christian wurde nun von der Familie seines Stiefbruders Carl Philipp Emanuel Bach in Berlin aufgenommen, und Catharina Dorothea ging offenbar zu Wilhelm Friedemann nach Halle.[190] Bei Anna Magdalena verblieben die beiden jüngsten Töchter Johanna Carolina und Regina Susanna sowie ihr geistig behinderter ältester Sohn. Dass *Gottfried Heinrich Bach* [...] *sehr blöd. Verstandes* zumindest in den ersten Jahren nach dem Tod des Vaters noch *zu Hauße* lebte, belegt ein Aktenvermerk aus dem Jahr 1753.[191] Fraglich ist jedoch, wie lange er in Leipzig blieb und ob er später von Elisabeth Juliana Friederica in Naumburg aufgenommen wurde, wo ihr Bruder 1763 starb.

Spätestens Ende Januar/Anfang Februar 1751 verließ Anna Magdalena mit ihren noch verbliebenen drei Kindern ihre langjährige Wohnung in der Thomasschule. Eine neue Unterkunft fanden sie am Neukirchhof, nur wenige Gehminuten vom Thomaskirchhof entfernt. Erstmals nachweisbar ist diese Wohnung aufgrund einer Notiz in den Abendmahlsregistern der Thomaskirche, worin am 25. April 1752 vermerkt wurde: *Die Frau Capell Meister Bachen, auf den Neuen Kirchh.*[192] Anna Magdalena erhielt demnach zu Hause die sogenannte Privatkommunion – vielleicht aufgrund einer Erkrankung? Wie aus anderen Dokumenten hervorgeht, befand sich die Wohnung im Haus des Tischlers Johann Gottfried

189 Bach-Dokumente, Bd. II, Nr. 628; Blanken, S. 133ff.

190 Hübner II, S. 250. Spree (S. 57f.) räumt ein, dass Catharina Dorothea bereits vor dem Tod ihres Vaters bei ihrem Bruder in Halle gelebt haben könnte.

191 Spree, S. 59f., 147. Aus dem Aktenvermerk geht hervor, dass Gottfried Heinrich wöchentlich 6 Groschen städtisches Almosen erhielt. Zur geistigen Behinderung siehe auch Bach-Dokumente, Bd. II, Nr. 628 (S. 499).

192 Bach-Dokumente, Bd. V, S. 292.

Hubert, bezeichnet auch als „Blauer Stern". Später hatte das Gebäude die Adresse Matthäikirchhof 27 (nicht erhalten).[193] Nähere Hinweise zur Wohnung Anna Magdalenas sind nicht überliefert.

Die Witwe Anna Magdalena musste sich nach dem Ablauf des Gnadenhalbjahrs auch auf eine neue finanzielle Situation einstellen, denn das Haupteinkommen von 21 Talern und 21 Groschen im Quartal entfiel, und eine geregelte Witwenversorgung gab es noch nicht. Dennoch lebte Anna Magdalena – ebenso wie andere Witwen ihres Standes – keineswegs in tiefer Armut.[194] Die Art und Höhe der Zuwendungen, um die sich die Witwen zumeist selbst bemühen mussten, waren recht unterschiedlich. Eine wichtige regelmäßige Unterstützung für Anna Magdalena kam von der Stadt mit anfangs 16 Groschen wöchentlich.[195] Dieser Betrag wurde spätestens 1756 auf 1 Taler (24 Groschen) in der Woche erhöht, was etwa der Bezahlung eines Torwächters der inneren Stadttore entsprach.[196]

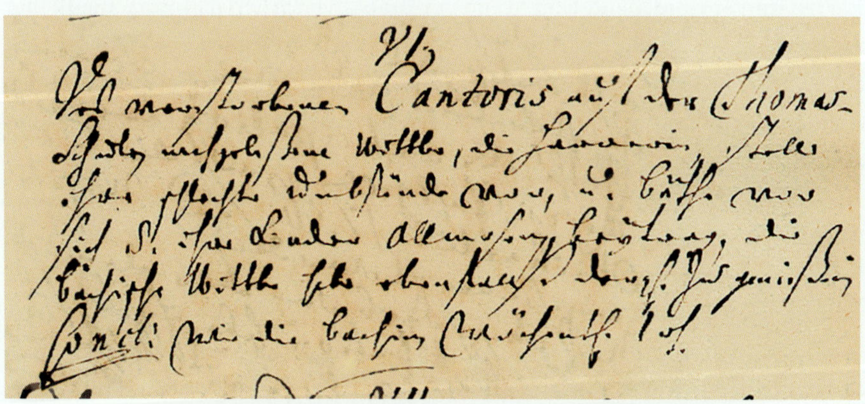

Das Dokument vom 2. Januar 1756 belegt, dass Anna Magdalena von der Stadt Leipzig zeitweise mit 1 Taler in der Woche unterstützt wurde. Das Ratsprotokoll erwähnt die Witwe Bach nur am Rande, da es eigentlich um einen von der Witwe Christiana Elisabeth Harrer gestellten Antrag ging. Der Beschluss des Rats lautete: *Wie die bachin wöchentl. 1 rh.*

193 Müller, Sp. 292; Szeskus, S. 137f.; Hübner II, S. 251. Zu weiteren Bewohnern dieses Hauses siehe vorliegende Veröffenflichung, S. 151f.

194 Hübner II, S. 245ff.

195 Spree, S. 159. Diese Höhe der Zahlung ist 1753 nachweisbar.

196 Bach-Dokumente, Bd. V, S. 192, Hübner II, S. 245f.

Eine weitere regelmäßige Einnahme von 1 Taler und 8 Groschen im Monat erhielt die *CappellMstr. Bachin* durch die Universität.[197] Neben einigen kleineren Nachzahlungen Ende 1750, die noch aus Zuwendungen für Johann Sebastian stammten, bekam Anna Magdalena weitere Unterstützung aus zwei Witwenlegaten: Im Oktober 1750 erhielt sie erstmals 5 Taler aus dem Graffschen Legat, das zweimal jährlich ausgezahlt wurde (10 Taler im Jahr),[198] und ab 1753 aus dem Bornschen Legat 5 Taler im Jahr. Für die Bornsche Stiftung war Anna Magdalena schon länger vorgesehen, doch eine erste Auszahlung erfolgte für alle Empfänger erst 1753, dann sogar mit einer Nachzahlung. So konnte die Bach-Witwe zu dieser Zeit weitere finanzielle Mittel in Empfang nehmen. Auch die Kinder wurden bei diesem Legat bedacht: Im ersten Jahr kamen für alle minderjährigen Kinder (auch für die auswärts lebenden Söhne) und für den kranken Gottfried Heinrich noch einmal 15 Taler zusammen. Dann aber erhielten nur noch die beiden jüngsten Töchter jeweils 2 Taler im Jahr.[199]

Unabhängig von den finanziellen Hilfen, die oftmals aus privaten Stiftungen kamen und entsprechend dem Stand der Empfängerinnen in unterschiedlicher Höhe ausfielen, wurde auch Eigeninitiative der Betroffenen erwartet, um für ihren Lebensunterhalt zu sorgen. Von Anna Magdalena ist bekannt, dass sie einen kleinen Notenhandel betrieb, so mit dem 1753 herausgekommenen Lehrwerk „Versuch über die wahre Art das Clavier zu spielen“[200] von Carl Philipp Emanuel Bach sowie der nach J. S. Bachs Tod erschienenen „Kunst der Fuge“. Als Anna Magdalena der Stadt ein Exemplar von dem gerade erst gedruckten Werk Johann Sebastians und vielleicht weitere Musikalien überreichte, hoffte sie sicher auf gute Bezahlung. Aufgrund *ihrer Dürfftigkeit auch einiger überreichten Musicalien* erhielt sie dafür mit 40 Talern einen großzügigen Betrag, der fast der Hälfte des ehemals feststehenden Jahresverdienstes ihres Ehemanns entsprach.[201] Ob die vermerkte *Dürfftigkeit* auf eine besondere finanzielle Notlage – vielleicht durch Krankheit oder unvorhersehbare Ausgaben – hinweist oder als Rechtfertigung für die Auszahlung einer so hohen Summe diente, ist ungewiss.

197 Bach-Dokumente, Bd. V, S. 186; Szeskus, S. 124ff.; Hübner II, S. 246f. Nachweisbar ab November 1752, Akten aus der Zeit zuvor sind nicht erhalten.

198 Bach-Dokumente, Bd. V, S. 178; Rothe, S. 385ff.; Hübner II, S. 247f. Der Großvater von Friedrich Heinrich Graff, Johann Graff, hatte dieses Legat einst für jeweils fünf Witwen und zwei Studenten gestiftet.

199 Spree, S. 145ff. Johann Franz Born war Jurist und Leipziger Ratsherr und stiftete das Legat für Pfarr- und Schulwitwen und deren Waisenkinder.

200 Bach-Dokumente, Bd. III, Nachtrag zu Nr. 654 (S. 622).

201 Bach-Dokumente, Bd. III, Nr. 635, 650.

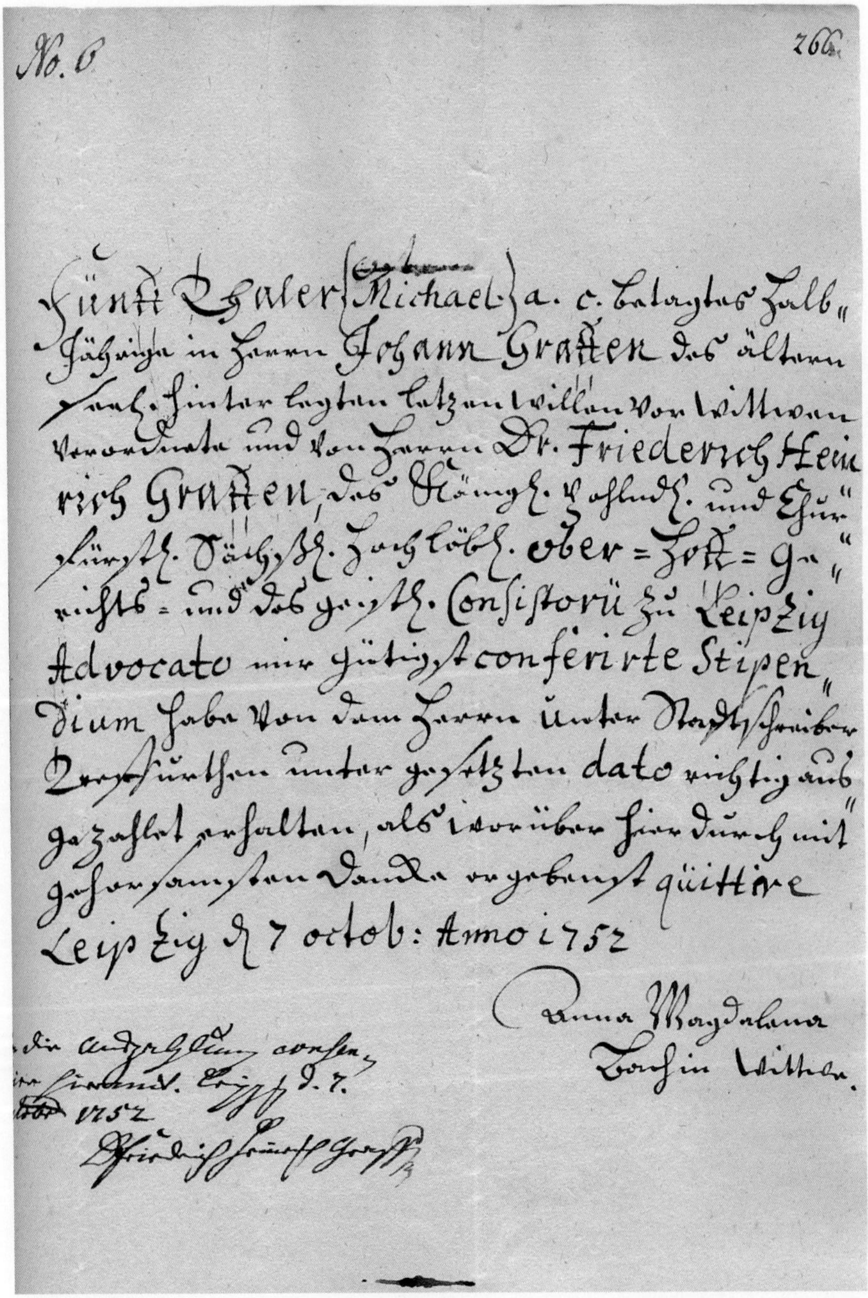

Quittung für eine Auszahlung aus dem Graffschen Legat am 7. Oktober 1752. Anna Magdalena verfasste das Schriftstück eigenhändig, zudem unterzeichnete ihr Kurator Friedrich Heinrich Graff.

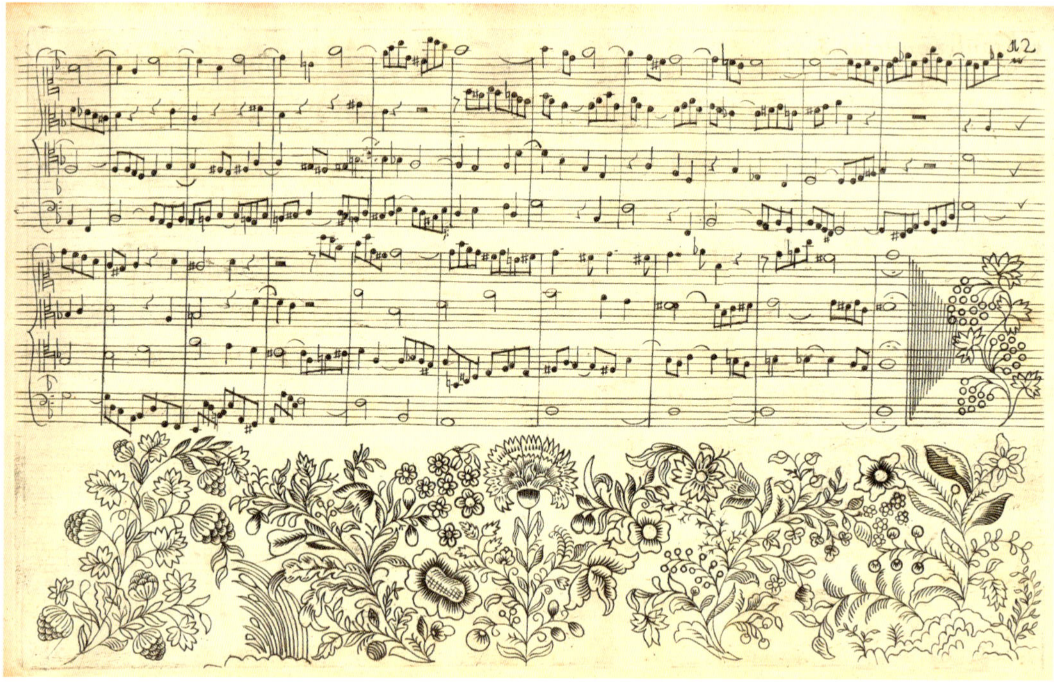

Die Kunst der Fuge BWV 1080, Erstdruck, Leipzig 1752. Die Druckvorbereitungen begannen noch zu Bachs Lebzeiten. Auf dem Schmuckblatt mit den floralen Verzierungen ist auch Anna Magdalenas Lieblingsblume – eine Nelke – zu finden.

Zu kleineren Aufbesserungen ihrer Finanzen trugen anfangs vermutlich auch Mieteinnahmen von den noch zu Lebzeiten Bachs verliehenen Instrumenten bei, bis diese verkauft wurden.[202] Vielleicht vermietete Anna Magdalena zudem während der Handelsmessen oder sogar ganzjährig ein Zimmer, wie es bei vielen Leipziger Familien, besonders bei Witwen üblich war.[203] Nebeneinnahmen betreffend, kommt außerdem in Betracht, dass Anna Magdalena, ebenso wie später ihre Tochter Elisabeth Juliana Friederica Altnickol, das Familienbudget mit Näharbeiten aufgebessert haben könnte.

Insgesamt dürfte Anna Magdalena in den ersten Jahren ihrer Witwenschaft relativ gut versorgt gewesen sein. Dafür spricht auch, dass sie die einst von Johann Sebastian erworbenen Anteile an einem sächsischen Silberbergwerk – dem

202 Bach-Dokumente, Bd. II, S. 503f.
203 Überlegungen hierzu siehe Spree, S. 220ff.

Ursula-Erbstollen – bei der Erbteilung für sich und ihre Kinder übernommen hat. Denn mit diesen sogenannten „Kuxen“ waren eher regelmäßige Ausgaben als Einnahmen verbunden.[204]

In ihren letzten drei Lebensjahren verschlechterten sich Anna Magdalenas Lebensumstände jedoch maßgeblich, vermutlich ließ auch ihre Gesundheit zunehmend zu wünschen übrig. Vielleicht konnte sie die Pflege ihres schwerbehinderten Sohnes inzwischen nicht mehr bewältigen, sodass er bei seiner Schwester in Naumburg besser aufgehoben war (siehe S. 149f.)?[205]
Aufgrund des Siebenjährigen Krieges (1756–1763) kam es in Leipzig zu einem allgemeinen wirtschaftlichen Niedergang, denn die Stadt musste enorm hohe Kontributionszahlungen an Preußen leisten. Zudem fielen kaum noch Zinsen an, aus denen die Witwenlegate im Wesentlichen gespeist wurden. Für Anna Magdalena hatte dieser Krieg noch einen speziellen Beigeschmack – war der

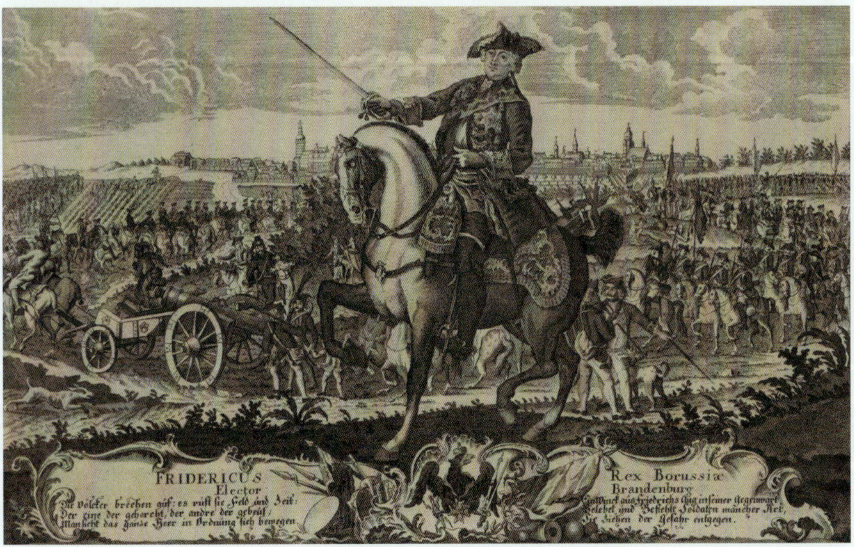

Der preußische König Friedrich II. als Kriegsherr. Leipzig hatte in besonderem Maße an den Folgen der Besetzung zu leiden. So wurden auch die Zahlungen an Witwen und Bedürftige eingestellt oder gekürzt. Kupferstich von Johann Christian Püschel, 1761.

204 Spree, S. 9ff., 115ff.
205 Zu Gottfried Heinrichs Tod in Naumburg 1763 siehe Bach-Dokumente, Bd. III, Nr. 719. Zu dieser Zeit war seine Schwester offenbar schon wieder nach Leipzig zurückgekehrt.

preußische Kriegsherr Friedrich II. doch der Dienstherr ihres Stiefsohns Carl Philipp Emanuel. Die Auswirkungen des Krieges spürte – wie so häufig – zuallererst die unvermögende und auf Unterstützung angewiesene Bevölkerung, so auch Anna Magdalena. Die Zahlungen aus dem Graffschen Legat kamen für fast alle Empfängerinnen ab 1756 zum Erliegen, nur Anna Magdalena erhielt in diesem Jahr aufgrund ihrer guten Kontakte zu Friedrich Heinrich Graff noch die gewohnte Summe, verrechnet als Vorschuss. Erst nach Beendigung des Krieges wurde das Graffsche Legat wieder aktiviert, allerdings in geringerer Höhe.[206] Das Bornsche Legat kam letztmals im Juni 1757 zur Auszahlung.[207] Die Universität reduzierte ab diesem Zeitpunkt den Betrag auf die Hälfte,[208] und inwieweit die wöchentliche Unterstützung durch die Stadt aufrechterhalten wurde, ist ungewiss. In dieser schwierigen Situation konnten zumindest einige wenige Zusatzspenden die Not mildern. So erhielt Anna Magdalena im Mai 1757 aus einer Sonderzuwendung des Gelehrten August Florens Rivinus 4 Taler, das war der Höchstbetrag von den insgesamt fünf bedachten Universitätsangehörigen. Ihre Unterschrift, die den Empfang bestätigte, ist ihr letztes bekanntes Schriftzeugnis. Der stark nach unten führende Duktus und ein Schreibfehler (M mit vier Bögen) lassen auf keine gute Verfassung Anna Magdalenas schließen.[209] In ihren letzten Lebensmonaten entspannte sich zumindest die finanzielle Lage etwas,

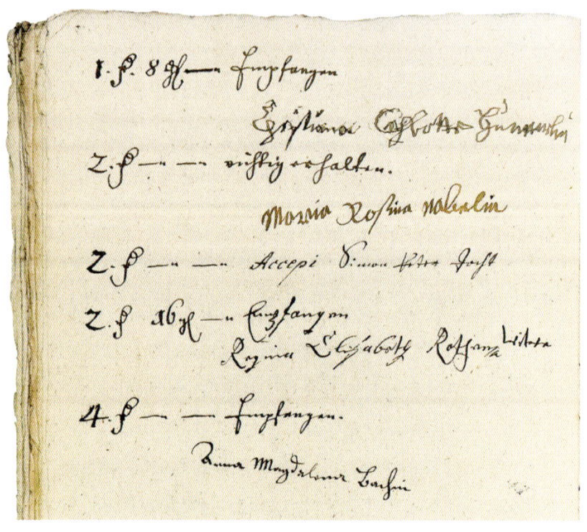

Der letzte bekannte Schriftzug Anna Magdalenas (unten). Sie bestätigte am 25. Mai 1757 eine Zuwendung aus der Rivinus-Spende.

206 Rothe, S. 391; Hübner II, S. 247f.
207 Spree, S. 148f.
208 Bach-Dokumente, Bd. V, S. 186; Hübner II, S. 246f.
209 Bach-Dokumente, Bd. V, S. 186; Szeskus, S. 133.

denn spätestens ab Oktober 1759 erhielt sie das Universitätsalmosen wieder in voller Höhe. Außerdem kam im Dezember 1759 noch eine Zusatzzahlung in Höhe von 1 Taler und 8 Groschen hinzu, sie stammte aus dem Nachlass des Advokaten Johann Gottlob Bruchholtz.[210]

In ihrer Witwenzeit war Anna Magdalena zwar von weiteren Todesfällen ihrer Kinder verschont geblieben, dennoch hatte sie schmerzliche Abschiede zu verkraften: Ihren Sohn Johann Christian traf sie nach 1750 vermutlich nie wieder, und zwei ihrer Schwestern verstarben in Weißenfels. Ob sie zu deren Beerdigungen – Johanna Christina Krebs Anfang des Jahres 1753 und Anna Catharina Meißner am Heiligabend 1757 – nach Weißenfels reisen konnte, ist mehr als fraglich.

Ungewiss bleibt auch ihre Anwesenheit bei der Eheschließung ihres Sohnes Johann Christoph Friedrich Bach (siehe S. 183f.) im Januar 1755 im entfernten Bückeburg. Gut denkbar ist dagegen ihre Teilnahme an der Hochzeitsfeier Wilhelm Friedemanns im Februar 1751 in Halle (siehe S. 166f.), ein halbes Jahr nach dem Tod seines Vaters.

In Anna Magdalenas letzten Lebenswochen befand sich die Stadt aufgrund der preußischen Besetzung im Ausnahmezustand. Zahlreiche preußische Soldaten wurden einquartiert (so allein in der Petersstraße 200 Soldaten der Leibgarde), während die Ratsherren und Kaufleute in der Pleißenburg eingesperrt waren.[211] In dieser konfusen Situation ist von der Öffentlichkeit wohl kaum bemerkt worden, dass die Witwe des ehemaligen Thomaskantors am 27. Februar 1760 verstorben ist. Im Begräbnisbuch der Stadt Leipzig heißt es: *Eine Allmos. Frau 59. Jahr* [richtig: 58], *Anna Magdalena, geb. Wilckin, H.*[errn] *Johann Sebastian Bachs, Cantoris an der Thomas Schule Witbe, in der Haynstraße* gestorben.[212] Aufgrund des Eintrags *Allmos*enfrau setzte sich später die fragwürdige Vorstellung von der großen Armut der Witwe Anna Magdalena durch. Vielleicht erhielt sie während des Krieges ein zusätzliches Almosen, doch dieser Begriff umfasste im 18. Jahrhundert nicht nur die Unterstützung für die Ärmsten, sondern Mildtätigkeit im

210 Hübner II, S. 249.
211 Hübner III, S. 104f.
212 Bach-Dokumente, Bd. III, Nr. 706 (Zitat), 707. In einer späteren Abschrift des Sterbevermerks (1764) wird Anna Magdalena nicht als Almosenfrau bezeichnet, siehe Bach-Dokumente, Bd. V, S. 204; Szeskus, S. 118.

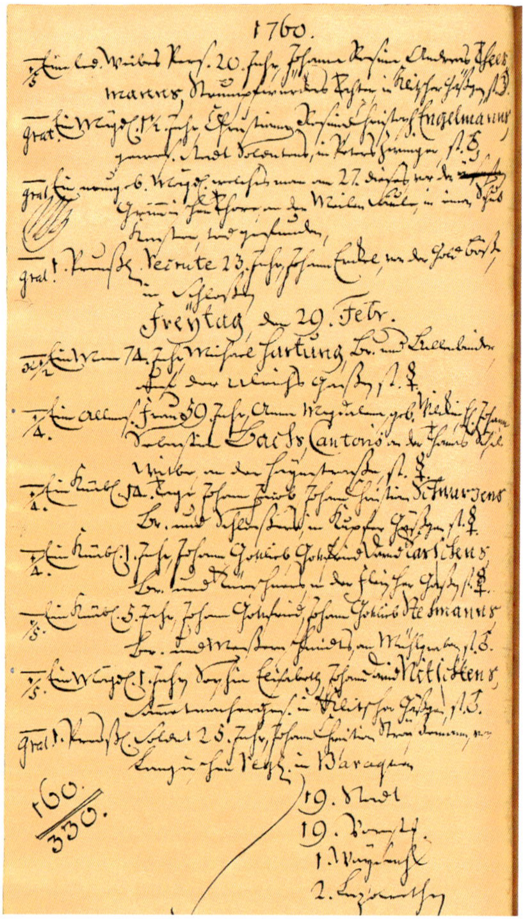

Vermerk zum Begräbnis Anna Magdalena Bachs auf dem Johannisfriedhof. Eintrag unter *Freytag, den 29. Febr.* (an zweiter Stelle).

weiteren Sinne.[213] Aus welchem Grund Anna Magdalena nicht zu Hause am Neukirchhof, sondern in der Hainstraße verstorben ist, lässt sich dem Eintrag nicht entnehmen. Auch aus anderen Quellen ist dazu keine Antwort zu finden. Möglicherweise konnte Anna Magdalena während ihrer letzten Lebenszeit im Hause ihres Kurators und langjährigen Unterstützers Friedrich Heinrich Graff besser betreut werden, als dies am Neukirchhof möglich gewesen wäre? Oder sie hielt sich zu Besuch bei den Graffs auf, als sie der Tod unerwartet ereilte? Graff wohnte in der Hainstraße und hatte nach dem Tod seiner ersten Ehefrau Anna Regina,

213 Beispielsweise erhielten auch Professorenwitwen ein „Universitätsalmosen“.

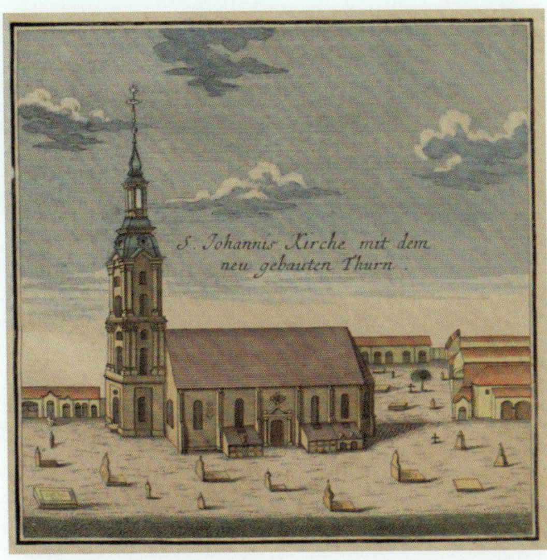

Auf dem Johannisfriedhof wurden alle in Leipzig verstorbenen Mitglieder der Familie Bach beerdigt. Kupferstich von Joachim Ernst Scheffler, um 1749.

geb. Bose (gestorben im April 1750) deren Schwester Benedicta Maria Bose geheiratet. Aufgrund der langjährigen Verbundenheit der Familien Bach, Bose und Graff sind enge Kontakte auch in Anna Magdalenas letzter Lebensphase naheliegend.

Als Kantorenwitwe hätte Anna Magdalena eigentlich ein feierliches Begräbnis in Anwesenheit zahlreicher Thomaner zugestanden. Wohl aufgrund der dramatischen Situation in der Stadt erhielt sie jedoch ein einfaches Begräbnis, bei dem nur ein Viertel des Thomanerchors sang. Beerdigt wurde Anna Magdalena am 29. Februar 1760 auf dem Johannisfriedhof, vermutlich in einem Doppelgrab direkt über ihrem Ehemann.
Erst 144 Jahre nach dem Tod Johann Sebastian Bachs wurde dessen Ruhestätte auf dem Johannisfriedhof gesucht und möglicherweise gefunden. In dem umfassenden Grabungsbericht von 1895 sind zahlreiche Details beschrieben. Doch nur aus einer Anmerkung geht hervor, dass in den beiden knapp übereinanderliegenden, völlig zusammengefallenen Doppelgräbern außer den mutmaßlichen Gebeinen J. S. Bachs die einer weiteren Person zum Vorschein kamen.[214]

214 His, S. 6 (Fußnote 1).

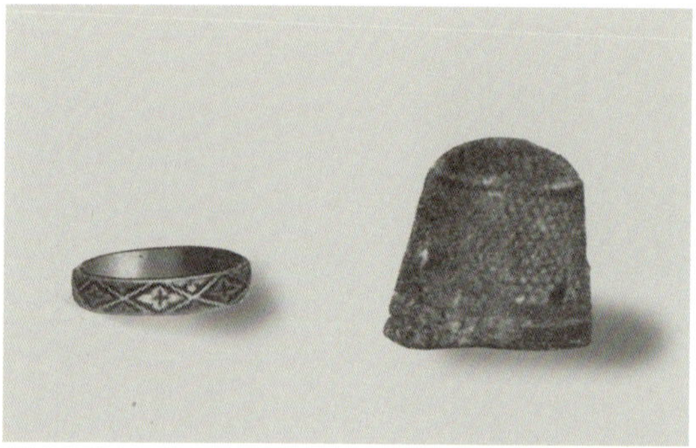

Ring und Fingerhut, der Überlieferung nach aus dem Grab Anna Magdalena Bachs. Foto vor 1936.

Während die Johann Sebastian Bach zugeschriebenen Gebeine sorgsam aufbewahrt wurden – heute befindet sich das Grab im Chorraum der Thomaskirche –, kam dies bei den anderen, offensichtlich dazugehörigen sterblichen Überresten nicht in Betracht. Erhalten blieb aus dem Doppelgrab jedoch ein Frauenring, der erst in den 1940er Jahren gestohlen wurde, und ein Fingerhut – möglicherweise einer der wenigen noch erhaltenen persönlichen Gegenstände aus dem Besitz Anna Magdalena Bachs.[215]

215 Jubelt, S. 20; Hübner/Krabath, S. 200ff. Der Fingerhut ist zusammen mit der Schnalle eines Leichengewandes und Eichenholzsplittern des mutmaßlichen Sarges Johann Sebastian Bachs als Dauerleihgabe der Gemeinde St. Nikolai in der Schatzkammer des Bach-Museums Leipzig ausgestellt.

7. Margaretha Elisabeth Wilcke
geb. Liebe

* Frießnitz, † 1746 Weißenfels — Johann Sebastian Bachs Schwiegermutter

Als Margaretha Elisabeth Liebe in dem thüringischen Dorf Frießnitz heiratete, waren die Dorfbewohner so miteinander vertraut, dass für den Traueintrag folgende Kurzfassung ausreichte: *Anno 1686 Schulmeisters tochter mit dem Trompetor den 15 Novembr.* Bei dem Brautvater handelte es sich um den Lehrer und Organisten Andreas Liebe, bei dem *Trompetor* um Johann Caspar Wilcke, geboren in Schwerstedt an der Unstrut. In Friesnitz hatte er einst im Dienste des Schlossherrn Johann Georg von Meusebach Trompete gespielt, inzwischen war er jedoch Feld- und Hoftrompeter in Zeitz. Der Trauung gingen wie üblich Aufgebote voraus, auch in Zeitz. Dort wurde die Eheschließung sogar ausführlicher und mit dem Namen der Braut vermerkt.[216]

Wann Margaretha Elisabeth geboren wurde und wie viele Geschwister sie hatte, ist ungewiss, denn die erhaltenen Aufzeichnungen des Frießnitzer Kirchenbuches beginnen erst im Jahr 1673. Zur Familie gehörten zumindest noch der Bruder Johann Siegmund († 1742) und die Schwester Anna Magdalena (1674– nach 1691). Von der Mutter sind nur die Vornamen Clara Christina und ihr Sterbevermerk aus dem Jahr 1694 überliefert: *Den 1 Martj* [März] *ist Andrea*[s] *Liebens, Schulmeisters Frau gestorben.* Der Witwer Andreas heiratete noch zweimal, zwei Stiefgeschwister Margaretha Elisabeths starben im Kindesalter.[217]

Wie in vielen anderen Dörfern, wurde der Alltag der Einwohner auch in Frießnitz zu einem großen Teil von der Gutsherrschaft und vom kirchlichen Leben geprägt. Die im Ursprung romanische, heute noch erhaltene Kirche war nicht nur der Ort, an dem der Vater die Orgel spielte, sondern auch die Traukirche der Wilckes.

216 Evang. Kirchengemeindeverband Weida, Kirchenbuch Frießnitz 1673–1793, S. 237 (Zitat); Schubart, S. 38f. Frießnitz gehört heute zur Gemeinde Harth-Pöllnitz.

217 Evang. Kirchengemeindeverband Weida, Kirchenbuch Frießnitz 1673–1793, S. 312 (Zitat); Schubart, S. 37 und Stammtafel Liebe. Andreas Liebes zweite Eheschließung 1694 (Name der Ehefrau unbekannt), dritte Ehe 1699 mit Christina Riebold, verwitwete List.

Obwohl Johann Caspar zum Zeitpunkt seiner Eheschließung bereits in Zeitz lebte, hielt sich Margaretha Elisabeth offenbar noch längere Zeit in Frießnitz auf. Dort wurde am 19. August 1687 ihr erstes Kind Eva Maria geboren und am selben Tag getauft. Die drei Paten kamen aus dem Umfeld der Schlossverwaltung: der *Informator* [Lehrer] *bey H. Cammerh*[errn] sowie die Ehefrauen eines Verwalters und eines Gerichtsschreibers. Als das Kind zwei Monate später starb, befand sich seine Mutter gewiss auch noch in Frießnitz, wo *Hans Caspar Wilckens töchterlein d 15 Octobr* beerdigt wurde.[218]

Der Umzug Margaretha Elisabeths in die rund 40 km entfernte Residenzstadt Zeitz erfolgte spätestens 1688, denn alle weiteren Kinder wurden dort geboren:[219]
Anna Catharina (1688 – 1757, siehe Kap. 13)
Johann Caspar d. J. (1691 – 1766)
Johanna Christina (1695 – 1753, siehe Kap. 14)
Erdmutha Dorothea (1697 – 1763, siehe Kap. 15)
Magdalena Wilhelmina?[220]
Anna Magdalena (1701 – 1760, siehe Kap. 6)

In keinem der Taufeinträge wurde die Mutter genannt, ausführliche Informationen sind dagegen über die Paten zu finden. Vertreten sind eine ganze Reihe Zeitzer Hofangestellter, so Trompeter-Kollegen des Vaters, höfische Beamte, ein Baumeister und Gastwirt, die Ehefrauen oder Witwen des fürstlichen Mundkochs, eines Pastors, Kammerdieners und Leibschneiders, Kämmerers sowie eines Handelsmanns aus Leipzig, die Tochter eines fürstlichen Kammerrates und der Sohn eines Hofmediziners. Die bei anderen Familien stärker einbezogene Verwandtschaft spielte bei diesen Taufen eine untergeordnete Rolle. Nur einmal – bei der Taufe Anna Magdalenas – trat deren Tante Anna Magdalena Liebe, geb. Vogel, als Patin auf, sie war die Ehefrau Johann Siegmund Liebes.

Zwischen den Wilckes und Liebes bestand eine enge Verbindung, denn beide wohnten in Zeitz. Zudem waren Johann Caspar und Johann Siegmund Hoftrompeter-Kollegen, letzterer außerdem Hof- und Stadtorganist. Die Familien

218 Evang. Kirchengemeindeverband Weida, Kirchenbuch Frießnitz 1673–1793, S. 31 (Taufe, der Lehrer war Johann Heinrich Kellner), S. 310 (Beerdigung).
219 Schubart, Stammtafel Wilke.
220 Nur 1719 in Weißenfels als Taufpatin nachweisbar, siehe Ranft, S. 171.

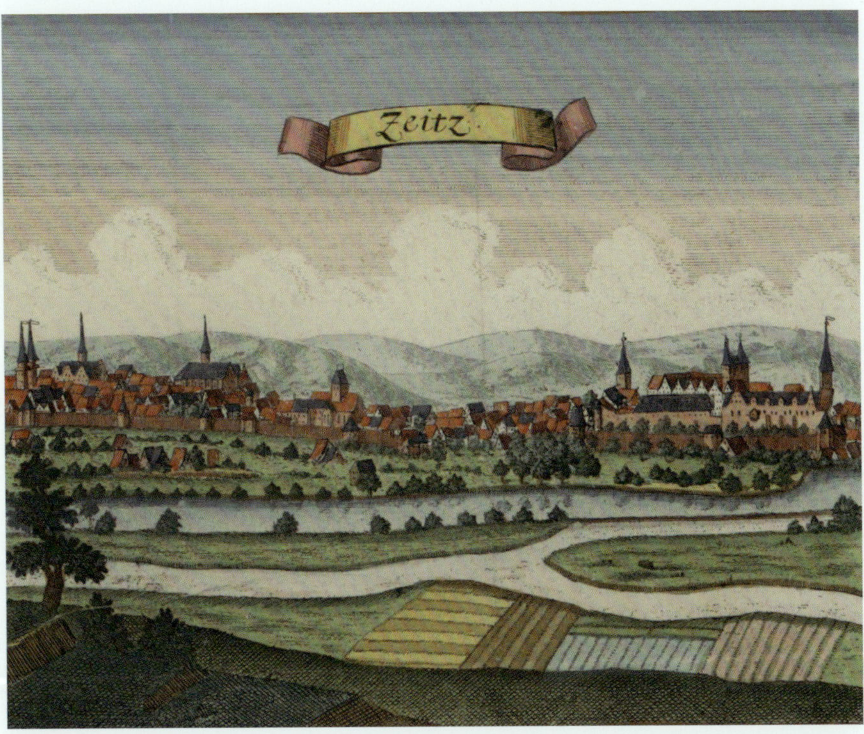

Margaretha Elisabeth Wilcke lebte rund drei Jahrzehnte in Zeitz. Hier wurde auch ihre Tochter Anna Magdalena geboren. Kupferstich, 18. Jh.

hatten etwa gleichaltrige Kinder, und Patenschaften bestanden gegenseitig. So war Margaretha Elisabeth am 24. Januar 1701 – acht Monate vor der Geburt Anna Magdalenas – Taufpatin bei ihrer Nichte Susanna Elisabeth Liebe.[221]

Im Jahr 1691 erwarben Johann Caspar und Margaretha Elisabeth Eigentum in der Messerschmiedegasse, der späteren Messerschmiedestraße 22 (siehe Abb. S. 54). Gemessen an anderen barocken Häusern im Umfeld handelte es sich dabei um ein eher bescheidenes Gebäude unweit des Schlosses. Das Geburtshaus Anna Magdalenas und ihrer Geschwister ist nicht erhalten geblieben.[222]

221 Evang. Kirchengemeinde St. Michael Zeitz, Taufregister der Schlosskirche 1691–1724, Bl. 88.

222 Schubart, S. 39 (Messerschmiedegasse), Stammtafel Liebe (Liebe-Kinder).

Von den Wilcke-Kindern erreichten die meisten das Erwachsenenalter, ein eher selten glücklicher Umstand. So konnten die Eltern auch deren Hochzeiten miterleben. In der Zeitzer Schlosskirche heirateten 1710 Anna Catharina und der derzeit Geraer, dann Weißenfelser Hoftrompeter Georg Christian Meißner, 1716 Johanna Christina und der Weißenfelser Hoftrompeter Andreas Krebs sowie 1718 Johann Caspar d. J. und Dorothea Maria Longolius aus Zeitz. Johann Caspar d. J. war ebenfalls Hoftrompeter, zuerst in Zeitz und nun in Zerbst.[223] Zur Trauung ihres Sohnes reisten die Eltern Wilcke bereits aus dem rund 23 km entfernten Weißenfels an, wohin sie 1717 oder Anfang 1718 gezogen waren. Ihr Zeitzer Haus hatten sie im Februar 1718 verkauft.[224]

Der Grund für den Ortswechsel war die zwangsläufige Verlegung der Residenz Herzog Moritz Wilhelms von Sachsen-Zeitz nach Weida, da dieser von der lutherischen zur katholischen Konfession gewechselt hatte. Die Hofmusiker sahen in Zeitz nun keine Zukunft mehr, dagegen boten sich am Weißenfelser Hof neue Möglichkeiten. Der kunstbegeisterte und prunkliebende Herzog Christian von Sachsen-Weißenfels – protestantischer Gegenspieler des 1697 ebenfalls katholisch gewordenen sächsischen Kurfürsten Friedrich August I. – baute das Musikleben, ungeachtet finanzieller Schwierigkeiten, weiter aus, und so erhielt auch Johann Caspar eine Anstellung als Hoftrompeter. Seine Schwiegersöhne Georg Christian Meißner und Andreas Krebs waren dort schon seit einigen Jahren in fürstlichen Diensten.[225] Margaretha Elisabeth hatte durch den Umzug zwar die Nähe zum Haushalt ihres Bruders Johann Siegmund – dem ab etwa 1716 auch der Vater Andreas angehörte[226] – verloren, dafür konnte sie in Weißenfels engere Bande zu ihren Töchtern Anna Catharina und Johanna Christina knüpfen. Bereits im August 1713 hatten Margaretha Elisabeth und Johann Caspar die Patenschaft bei ihrem Enkel Christian Gottlieb Meißner übernommen, und noch einmal wurde die Großmutter Patin bei ihrer Enkelin Christiana Erdmutha Meißner im Februar 1719.[227] Doch beide Patenkinder starben bereits im

223 Schubart, Stammtafel Wilcke. Als Witwer ging er später zwei weitere Ehen ein: 1731 mit der Witwe Anna Margaretha, geb. Zweidler und 1751 mit der Witwe Anna Christina, geb. Hildebrandt.

224 Schubart, S. 39.

225 Schmiedecke I, S. 197.

226 Schubart, S. 37.

227 Schubart, S. 47; Schmiedecke I, S. 196 (hier irrtümlich Johann Caspar Wilcke als Pate vermerkt).

ersten Lebensjahr. Der Ort dieser Taufen war die Weißenfelser Schlosskirche, das einzig heute noch erhaltene Kleinod des einst prächtigen Schlosses. Dort ließ sich auch die 22-jährige Tochter Erdmutha Dorothea mit dem Trompeter Christian August Nicolai trauen (1720). So gehörte inzwischen ein großer Teil der Weißenfelser Hoftrompeter zum Verwandtenkreis der Wilckes.[228]

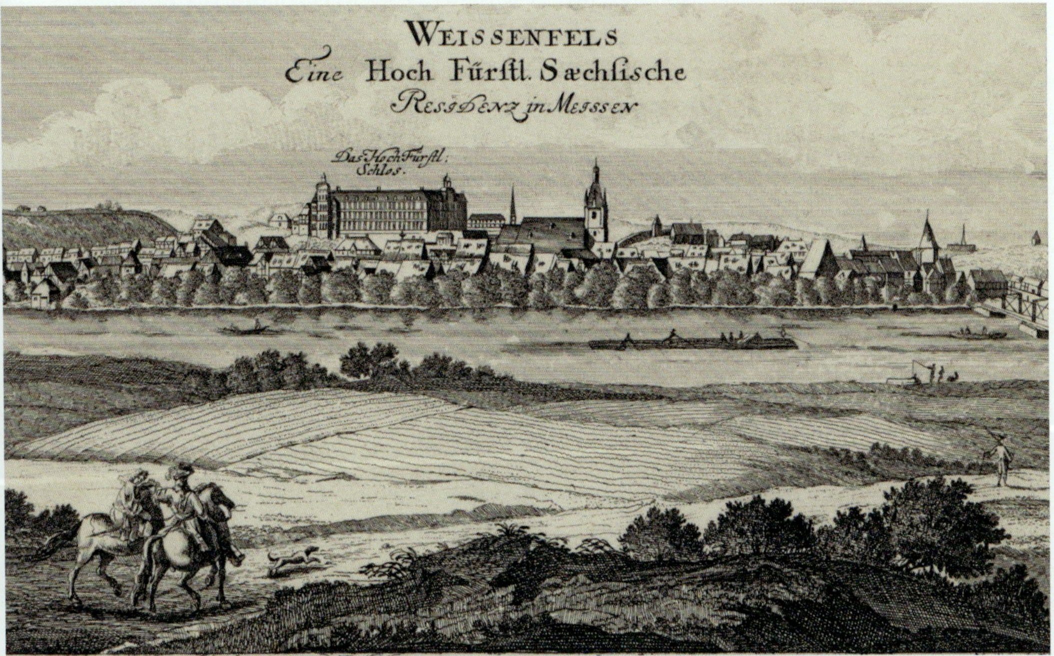

In Weißenfels waren Mitglieder der Familie Wilcke fast ein halbes Jahrhundert ansässig, Margaretha Elisabeth von etwa 1718 bis zu ihrem Tod 1746. Stadtansicht mit Schloss, Kupferstich von Johann Stridbeck, um 1710.

Margaretha Elisabeth und Johann Caspar verfolgten jedoch nicht nur Heiratspläne für ihre Töchter, sie förderten auch deren eigene musikalische Karriere. Spätestens in Weißenfels ermöglichten sie ihrer jüngsten Tochter eine professionelle Gesangsausbildung. Vielleicht hatte Anna Magdalena Zeitz sogar schon vor ihren Eltern verlassen, um sich – wie vermutlich auch ihre Schwester Johanna Christina Krebs – bei der berühmten Sängerin Christiane Pauline Kellner

228 Schubart, S. 43.

ausbilden zu lassen?[229] Für Frauen war die Chance, an einem Fürstenhof Gesangsunterricht nehmen zu können, ohnehin größer, als dies in den bürgerlichen Städten möglich gewesen wäre.

Ende des Jahres 1721 wurden im Familienkreis zwei weitere Ehen geschlossen: Im November heirateten Margaretha Elisabeths Schwägerin Martha Elisabeth Wilcke (eine jüngere Halbschwester von Johann Caspar) und der verwitwete *Fürstl. S. Fueße Trabante* Friedrich Ernst Hesemann in der Weißenfelser Schlosskapelle.[230] Nur eine Woche später, am 3. Dezember, ging Anna Magdalena Wilcke die Ehe mit dem Witwer Johann Sebastian Bach in Köthen ein.[231] Ungewiss ist, ob die Eltern und Verwandten zu dieser Hochzeitsfeier aus dem rund 80 km entfernten Weißenfels anreisten, denn die etwa 15 Stunden dauernde Reise mit der Postkutsche wird zu dieser Jahreszeit eine besondere Strapaze gewesen sein. Margaretha Elisabeth und Johann Caspar konnten mit der Verheiratung ihrer Töchter zufrieden sein, blieben doch alle im sozialen Umfeld der Hofmusiker: Drei Schwiegersöhne waren Hoftrompeter, und nun kam sogar ein Hofkapellmeister hinzu.

Als Margaretha Elisabeths Vater Andreas Liebe hochbetagt am 26. Februar 1728 in Zeitz starb und zwei Tage später beerdigt wurde, fanden sich unter den Trauergästen vielleicht auch die Enkelin des Verstorbenen, Anna Magdalena, und ihr Ehemann?[232] Johann Sebastians mehrtägige Abwesenheit von Leipzig wäre zu diesem Zeitpunkt durchaus möglich gewesen, denn während der gerade bestehenden Fastenzeit fand dort keine Kirchenmusik statt.

Drei Jahre später, am 30. November 1731, starb Johann Caspar in Weißenfels. Margaretha Elisabeth erhielt dessen Gehalt noch bis Juni 1732, doch dann vermutlich keine weitere Unterstützung.[233] Die Witwe wohnte in den folgenden Jahren

229 Schulze V, S. 279ff.

230 Trauung am 25. November 1721 (Evang. Kirchengemeinde Weißenfels, Trauregister der Schlosskirche 1680–1723, Bl. 65). Von den vier Hesemann-Kindern knüpfte Gottlob Siegmund engere Kontakte zu J. S. Bach, siehe Ranft, S. 169f.; Blanken, S. 134, 136, 138ff. Bei dem Sohn Christoph Heinrich Hesemann war Margaretha Elisabeth am 24. Dezember 1726 Taufpatin (Evang. Kirchengemeinde Weißenfels, Taufregister Schlosskirche 1724–1738, Bl. 67).

231 Bach-Dokumente, Bd. II, Nr. 110.

232 Schubart, S. 37.

233 Schmiedecke I, S. 196.

zusammen mit ihrer wohl kinderlos gebliebenen Tochter Johanna Christina und deren Ehemann Andreas Krebs, die zuvor einige Jahre in Zerbst gelebt hatten und nun nach Weißenfels zurückgekehrt waren. Ob es sich bei dem *Krebsisch-Wilckenschen Haus* bereits um das 1742 von Andreas Krebs erworbene Gebäude in der Jüdengasse handelte, ist ungewiss.[234] Doch mit Sicherheit wohnte Margaretha Elisabeth dort in ihren letzten Lebensjahren. Sie erreichte ein ungewöhnlich hohes Alter von etwa 80 Jahren und starb am 7. März 1746. Zwei Tage später wurde sie *mit gnädigster Concession Abends begraben.*[235] Fraglich ist, ob ihre Tochter Anna Magdalena und Johann Sebastian zu den Trauergästen gehörten. Da wiederum Fastenzeit war, wäre Bach in Leipzig abkömmlich gewesen. Vielleicht führte er zusammen mit seinen Verwandten eine Trauermusik für seine Schwiegermutter Margaretha Elisabeth auf?

234 Odrich/Wollny, S. 126 (betr. Zitat); Stadtarchiv Weißenfels, Stadt Weißenfels Jahres Rechnung über Einnahme und Außgabe an Gelde, 1741/1742 (Jüdengasse), Bl. 86v.

235 Evang. Kirchengemeinde Weißenfels, Sterberegister 1739–1756, S. 215; siehe auch Schubart, S. 40.

8. Johanna Dorothea Bach
geb. Vonhof

*1674 Ohrdruf, † 1745 Ohrdruf — Johann Sebastian Bachs Schwägerin

Von den Geschwistern Johann Sebastian Bachs war sein älterer Bruder Johann Christoph (1671–1721) der einzige, der nach dem Tod der Eltern wirtschaftlich auf eigenen Füßen stand. Seit 1690 hatte er in dem thüringischen Städtchen Ohrdruf eine Anstellung als Organist an der Michaeliskirche, und dort lernte er auch seine zukünftige Frau kennen. Geboren wurde *Johanna Dorothea H. Bernhard Von Hofe Tochter* am 9. Mai 1674 *frühe gegen 6. Uhr und* [ist] *folgenden tages getaufft worden, Bathe war Fr. Johanna Dorothea, H. B. Johann* [...] *Döhlers Weib.*[236] Während die Quellen zur Mutter schweigen, ist vom Vater Bernhard Vonhof überliefert, dass er Ratsherr in Ohrdruf gewesen sei. Seine angeblich gemeinsame Schul- und Studienzeit mit dem späteren Komponisten Georg Böhm in Gotha und Jena könnte jedoch eher einen gleichnamigen Sohn Vonhofs betreffen.[237]

Johanna Dorothea und Johann Christoph heirateten am 23. Oktober 1694 in der Michaeliskirche. Im Trauregister ist nur knapp vermerkt: *Hr. Johann Christoph Bach, Organist, und J.* [ungfer] *Johanna Dorothea vom Hofe.*[238] Die Vermutung, dass es sich bei dieser Hochzeit um ein Fest mit vielen Gästen und hervorragender Musik gehandelt haben dürfte, wird durch eine Äußerung des Eisenacher Kantors Andreas Christian Dedekind bestärkt. Er berichtete von einer – allerdings ungenannten – Hochzeit im Herbst 1694, bei der er zusammen mit Johann Ambrosius Bach (dem Vater des Bräutigams) und Johann Pachelbel, dem ehemaligen Lehrer Johann Christophs und langjährigen Freund der Familie Bach, bei der Hochzeitsmusik mitgewirkt habe.[239]

236 Landeskirchliches Archiv Eisenach, Taufbuch Ohrdruf St. Michael 1618–1722, S. 510.
237 Kock/Siegel, S. 185 (hier Johann B. Vonhof, auch Metzger); Wolff, S. 46 (Vonhof/Böhm).
238 Landeskirchliches Archiv Eisenach, Trauregister Ohrdruf St. Michael 1694, S. 417; siehe auch Freyse III, S. 21.
239 Geiringer, S. 82.

Es war eine ereignisreiche Zeit, nur einen Monat später schloss Johanna Dorotheas Schwiegervater Johann Ambrosius in Eisenach seine zweite Ehe. Doch freudige und traurige Ereignisse wechselten in schneller Folge. Nach dem Tod von Johann Ambrosius im Februar 1695 fanden dessen minderjährige Kinder Johann Sebastian und Johann Jacob etwa ab Herbst Aufnahme in Ohrdruf. Kurz zuvor hatte die 21-jährige Johanna Dorothea ihr erstes Kind zur Welt gebracht. Für die junge Familie war die zusätzliche Versorgung der beiden Jungen nicht einfach, denn Johann Christoph erhielt nur ein bescheidenes Organistengehalt, und weitere Einnahmen durch seine Lehrertätigkeit kamen erst später hinzu. Vielleicht verließ deshalb der 14-jährige Johann Jacob bereits nach einjährigem Aufenthalt Ohrdruf, um eine Ausbildung beim Nachfolger seines Vaters in Eisenach zu beginnen. Der jüngere Johann Sebastian blieb noch im Haushalt seiner Tante, weil es für ihn weiterhin einen sogenannten „Freitisch“ durch die Schule gab. Als die kostenlose Mahlzeit ab März 1700 nicht mehr zur Verfügung stand, endete auch für ihn die Ohrdrufer Zeit. In Lüneburg setzte er seine Schulausbildung an der Lateinschule fort und erhielt Orgel- und Kompositionsunterricht

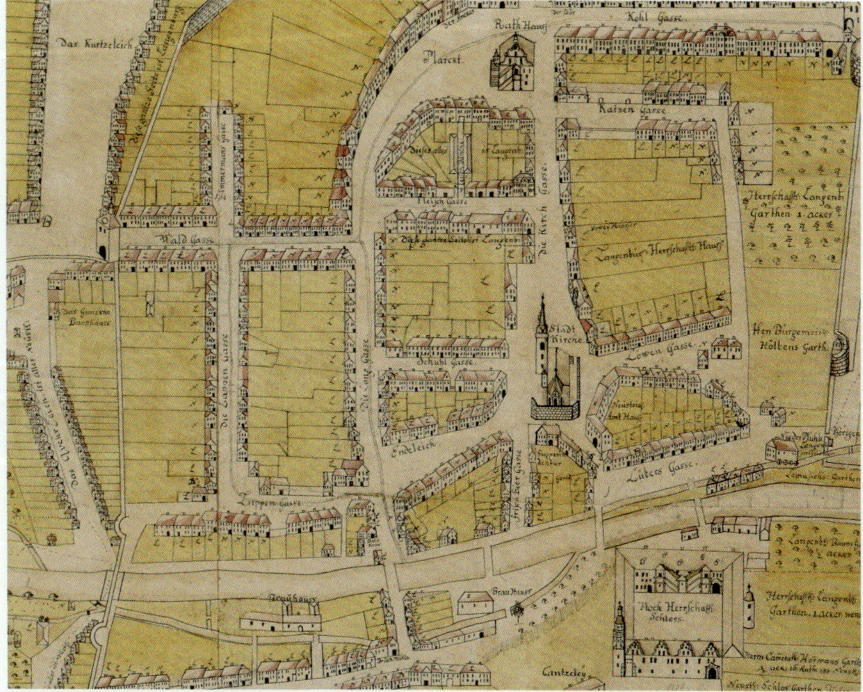

Stadtplan von Ohrdruf, Zeichnung 1747. Die thüringische Stadt war der Lebensmittelpunkt von Johanna Dorothea, geb. Vonhof, und Johann Christoph Bach.

bei Georg Böhm. Möglicherweise kamen nun alte Verbindungen der Vonhofs zu dem Jugendfreund Böhm der weiteren Ausbildung Johann Sebastians in Lüneburg zugute.[240]

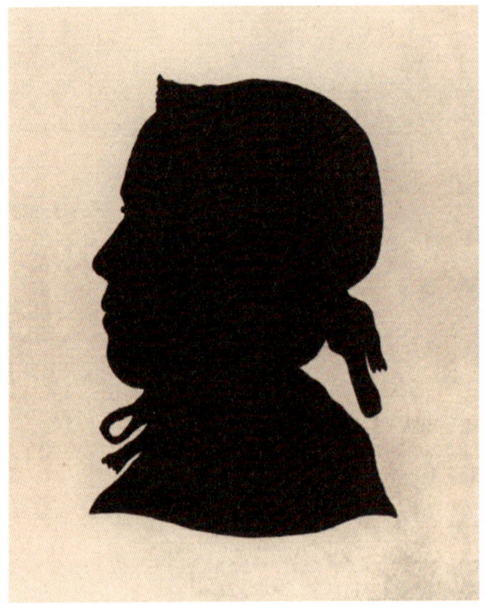

Von den Nachkommen Johanna Dorotheas und Johann Christoph Bachs haben sich zahlreiche Silhouetten erhalten, so von Magdalena Elisabetha (1710 – 1789).

Die Ohrdrufer Bach-Familie war inzwischen größer geworden. Johanna Dorothea und Johann Christoph Bach hatten neun Kinder:[241]
Tobias Friedrich (1695 – 1768)
Christina Sophia (1697 – 1757)
Johann Bernhard (1700 – 1743, Privatschüler J. S. Bachs)
Johann Christoph (1702 – 1756)
Johanna Maria (1705 – 1742)
Johann Heinrich (1707 – 1783, Thomaner in Leipzig)
Magdalena Elisabetha (1710 – 1789)
Zwillinge Johann Andreas (1713 – 1779) und Johann Sebastian (* und † 1713)

Während die Söhne Musiker wurden und noch viele Jahrzehnte das Musikleben der Stadt und andernorts prägten, war für die Mädchen, wie üblich, keine professionelle

240 Bach-Dokumente, Bd. II, Nr. 4 (Weggang nach Lüneburg), Wolff I, S. 46 (Kontakte Vonhof/Böhm).
241 Freyse III, S. 22ff.

Musikausbildung vorgesehen. Von zwei Töchtern haben sich Schattenrisse erhalten, es sind die Silhouetten von Christina Sophia, die den Konrektor der Ohrdrufer Schule Johann Christian Happ heiratete, dargestellt als ältere Frau, und von Magdalena Elisabetha, der Ehefrau des Försters Johann Ludwig Möller.[242]

Zu den wenigen Überlieferungen aus dem Leben Johanna Dorotheas gehört ihre Patenschaft bei Johann Sebastians und Maria Barbara Bachs erstem Kind, Catharina Dorothea (siehe Kap. 16). Vielleicht reiste Johanna Dorothea – ungeachtet der Winterzeit – zu dieser Taufe am 29. Dezember 1708 nach Weimar, denn im Taufregister ist keine Vertretung für sie vermerkt. Eine weitere verwandte Patin hätte sie dort treffen können: Martha Catharina Lämmerhirt, die Witwe von Tobias Lämmerhirt aus Erfurt, dem Johann Sebastian aufgrund eines Erbes viel zu verdanken hatte. Die Patenschaft Johanna Dorotheas ist gewiss auch ein Hinweis auf seine Dankbarkeit für die Ohrdrufer Jahre. Im Gegenzug wurde Johann Sebastian 1713 Taufpate bei seinem gleichnamigen Neffen.[243]

Nach 24-jähriger Witwenzeit starb Johanna Dorothea am 12. März 1745 und wurde zwei Tage später in Ohrdruf beerdigt.[244]

242 Freyse III, Silhouetten S. 29, 73. Von den Ohrdrufer Bach-Nachkommen mehrerer Generationen sind weitere Schattenrisse überliefert.

243 Bach-Dokumente, Bd. II, Nr. 42 (Taufe C. D. Bach), Nr. 59 (Taufe J. S. Bach).

244 Landeskirchliches Archiv Eisenach, Begräbnisregister Ohrdruf 1745 (Nr. 25, ohne Seitenangabe); siehe auch Freyse III, S. 21. Der Ehemann war am 22. Februar 1721 gestorben.

9. Susanna Maria Bach

geb. Gaast

† 1719 Stockholm — Johann Sebastian Bachs Schwägerin

Als *Jungfrau Susanna Maria Ga*[a]*st* am 31. Mai 1715 den 33-jährigen Johann Jacob Bach (1682 – 1722) in Stockholm heiratete,[245] konnte dieser bereits auf ein ungewöhnlich bewegtes Leben zurückblicken. Jener Johann Jacob, der nach dem Tod der Eltern zusammen mit seinem Bruder Johann Sebastian zuerst in Ohrdruf lebte, dann aber zurück nach Eisenach ging, um eine Stadtpfeiferlehre aufzunehmen, trat um 1706 als Hautboist (Oboist) in die schwedische Garde unter Karl XII. ein. Schweden befand sich gerade mitten im Großen Nordischen Krieg (1700 – 1721), der auch deutsche Gebiete betraf. Aus welchem Grund Johann Jacob diese Laufbahn einschlug, ist nicht überliefert – vielleicht mangels einer besseren Anstellung oder aus Abenteuerlust? Schließlich kam er als Militärmusiker weit herum, sogar bis Konstantinopel, wo er *da von dem berühmten Flötenisten Buffardin* [...] *Lecktion auf der Flöte genommen* hatte.[246] 1713 konnte Johann Jacob den Militärdienst aufgeben und eine höfische Anstellung als Flötist an der Königlichen Hofkapelle in Stockholm annehmen – das zum Ende des 17. Jahrhunderts durch Feuer zerstörte Schloss befand sich zu dieser Zeit gerade in den Anfängen des Wiederaufbaus. Susanna Maria stammte aus der Familie eines Perückenmachers, die aus dem Gebiet des heutigen Belgien nach Schweden eingewandert war. Im Sommer 1718 brachte Susanna Maria ihre Tochter Maria Anna zur Welt, die am 2. Juli getauft wurde. Dass sich unter den Taufpaten der Leiter der Hofkapelle und Komponist Anders von Düben befand, spricht für das gute Verhältnis Johann Jacobs zu seinem Kapellmeister. Susanna Maria starb am 24. November 1719.[247] Wahrscheinlich trug ihr kleines Erbe zum notwendigen Lebensunterhalt des Witwers und der einjährigen Tochter bei, denn gerade zu dieser Zeit sollen Johann Jacob und andere Hofmusiker nur unregelmäßig bezahlt worden sein.[248] Die Tochter Maria Anna überlebte ihre Mutter höchstens zwei Jahre.

245 Rausch, S. 31, Traubuch der Stockholmer Hofgemeinde.
246 Bach-Dokumente, Bd. III, Nr. 802; Bd. I, S. 259, 265.
247 Bach-Dokumente, Bd. I, S. 265; Freyse II, S. 105.
248 Rausch, S. 31.

10. Ingeborg Magdalena Bach

verw. Swahn, geb. Norell

† nach 1722 Johann Sebastian Bachs Schwägerin

Nach dem Tod seiner ersten Frau Susanna Maria (siehe Kap. 9) ging Johann Jacob Bach am 15. Oktober 1721 seine zweite Ehe mit der Witwe Ingeborg Magdalena Swahn, geborene Norell ein. Dem Paar blieb jedoch nur ein halbes Jahr, da der *Musicant Johan Jacob Back* am 16. April 1722 verstarb.[249] Weder die Lebensdaten noch das weitere Schicksal der zweifachen Witwe sind bekannt. Nur einmal noch hinterließ sie indirekt eine Spur, als es um die Verteilung des Erbes der in Erfurt verstorbenen Verwandten Tobias und Martha Catharina Lämmerhirt ging. In deren Testament war neben Maria Salome Wiegand (siehe Kap. 3) und Johann Sebastian Bach auch Johann Jacob als Miterbe vorgesehen. Das Ehepaar Wiegand agierte jedoch bei dem zuständigen Amt erfolgreich gegen die Auszahlung des Erbes an die Schwägerin in Schweden. Wie dem Erfurter Protokoll vom 3. Dezember 1722 zu entnehmen ist, argumentierten die Wiegands, Johann Jacob sei schließlich *ohne Erben* [...] *verstorben*. Der Anteil der Witwe wurde daraufhin den in Deutschland lebenden Erbberechtigten zugesprochen – Ingeborg Magdalena ging leer aus.[250]

249 Beerdigt wurde Johann Jacob Bach am 22. April 1722 (Kirchenbuch der Riddarholmsgemeinde), siehe Freyse II, S. 105. Zur zweiten Eheschließung siehe Rausch, S. 31; nach Bach-Dokumente, Bd. V (S. 371) Trauung am 5. Oktober 1721.

250 Bach-Dokumente, Bd. II, Nr. 117.

11. Friedelena Margaretha Bach

*1675 Gehren, † 1729 Leipzig

Johann Sebastian Bachs Schwägerin
Cousine zweiten Grades

Friedelena Margaretha war die älteste Schwester von Bachs erster Ehefrau Maria Barbara (siehe Kap. 5). Über die Taufe am 20. November 1675 informiert der Vermerk im Gehrener Kirchenbuch: *den 20. 9bris ist dem Organisten alhier, Herrn Johann Michael Bachen ein Töchterlein Friedelena Margretha getaufft worden, die Gefattern* [Paten] *wahren, die Edle, HochEhr- und Thugendbegabte Frau Friedelena Magdalena Rothin, geborne Happin, des hiesigen Herrn AmbtManns Eheliebste, Herrn Bürgermeister Johann Christoph Hoffmanns in Suhla, Haußfrau, Frau Margaretha und Herr Martin Heym, auch Bürgermeister daselbst.*[251]
Wie so häufig, wurde auch hier die Mutter – Catharina, geb. Wedemann (1650 – 1704) – nicht genannt. Der Vater Johann Michael Bach (1648 – 1694) war Organist an der Gehrener Michaeliskirche, bedeutender Komponist und Stadtschreiber. Für ihr erstes Kind wählten die Eltern als Paten: Friedelena Magdalena Roth(e), geborene Happ – die Ehefrau eines Gehrener Amtmanns und vielleicht mit Johann Christian Happ verwandt, der Jahrzehnte später Christina Sophia Bach aus Ohrdruf heiratete (siehe S. 114f.). Zwei weitere *Gefattern* kamen aus Suhler Bürgermeisterkreisen, darunter Margaretha Hoffmann, deren Ehemann weitläufig mit den Erfurter Bachs verwandt war.[252] Die Hoffmanns übernahmen noch weitere Patenschaften (beispielsweise in Arnstadt oder Weimar siehe S. 31, 42). Die Verflechtungen der Familien waren vielfältig und erstreckten sich oftmals über mehrere Generationen.

251 Evang. Kirchengemeinde Gehren, Kirchenbuch 1675 – 1749, S. 6. Bei Martini, S. 214f., wird das Taufdatum irrtümlich mit dem 20. Oktober angegeben. Die Bezeichnung „9bris“ bedeutet jedoch November.

252 Die Verwandtschaft geht auf Barbara, geb. Hoffmann († 1637) aus Suhl zurück. Sie war die erste Ehefrau von Johann Bach, siehe Brück I, S. 103f.

Ihren Vater verlor Friedelena Margaretha, als sie 18 Jahre alt war, zehn Jahre später ihre Mutter. Zusammen mit ihren beiden ebenfalls unverheirateten Schwestern Maria Barbara und Barbara Catharina (siehe Kap. 12) fand Friedelena Margaretha Ende 1704 Aufnahme bei ihrer Tante Margaretha Feldhaus, geb. Wedemann in Arnstadt. Die inzwischen 29-jährige Friedelena Margaretha ahnte wohl bald, dass sie keine eigene Familie mehr gründen wird. Nachdem sie einige Jahre in Arnstadt gelebt hatte, schloss sie sich dem Haushalt ihrer inzwischen mit Johann Sebastian Bach verheirateten Schwester Maria Barbara an. Der erste Nachweis dafür findet sich im März 1709, als bei einer Weimarer Personenzählung vermerkt wurde, Bach wohne mit *seiner Liebsten, und ihrer Schwester* im Hause des Hofpagenmeisters und Sängers Adam Immanuel Weldig.[253] Friedelena Margaretha gehörte auch während Bachs Köthener Zeit und darüber hinaus zur Familie. Ob ihre über zwei Jahrzehnte dauernde Anwesenheit als willkommene Erweiterung oder eher als Belastung empfunden wurde, darüber schweigen die Quellen. Als unverheiratete Frau blieben Friedelena Margaretha jedoch kaum andere Möglichkeiten als der Familienanschluss.

Ein großes Unglück erschütterte die Familie Anfang Juli 1720 in Köthen: Maria Barbara starb völlig unerwartet. Johann Sebastian war zu diesem Zeitpunkt nicht zu Hause, da er gerade von Karlsbad zurückreiste. Fürst Leopold hatte für seinen dortigen Badeaufenthalt einige Hofmusiker mitgenommen. Bach kehrte völlig ahnungslos nach Köthen zurück, wo seine Frau gerade erst beerdigt worden war.[254] Friedelena Margaretha war es wohl, die der Familie in dieser dramatischen Situation etwas Stabilität geben konnte, und für die Kinder wurde sie in der Folgezeit gewiss noch intensiver als zuvor zur Bezugsperson. Außerdem wird die Haushaltsführung für die nächsten eineinhalb Jahre in ihren Händen gelegen haben.

Auch nach der zweiten Eheschließung Johann Sebastians mit Anna Magdalena (siehe Kap. 6) blieb Friedelena Margaretha der Familie erhalten und ging mit nach Leipzig. Aus all den Jahren gibt es kaum Spuren. Nur ein Schulheft ihres etwa 15-jährigen Neffen Wilhelm Friedemann hinterlässt an sie eine Erinnerung,

253 Bach-Dokumente, Bd. II, Nr. 45.
254 Hübner V, S. 107.

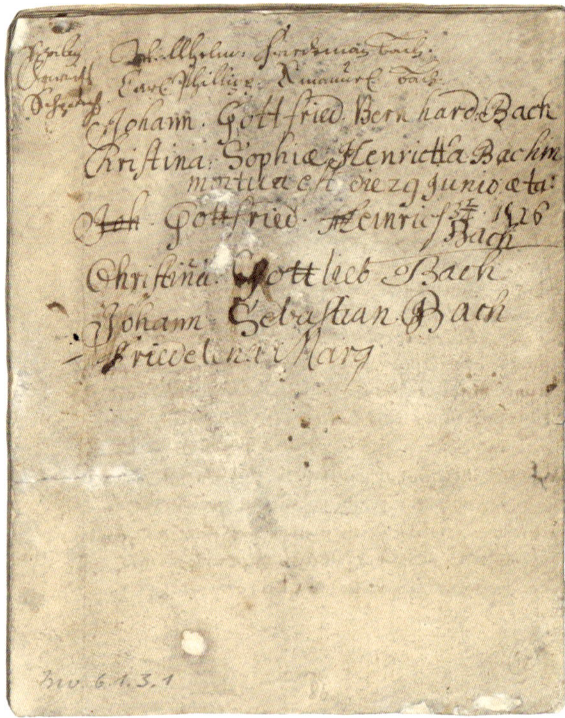
Johann Gottfried Bernhard Bach
Christina Sophia Henrietta Bachin
mortua est die 29 Junio
Gottfried Heinrich Bach
Christina Gottlieb Bach
Johann Sebastian Bach
Friedelena Marg

Zu den aufgezählten Familienmitgliedern gehört auch *Friedelena Marg* (unten). Die Eintragungen in verschiedenen Handschriften befinden sich auf der Rückseite eines Schulheftes von Wilhelm Friedemann Bach, um 1725.

denn neben anderen Namen von Familienmitgliedern ist auch Friedelena Margaretha verzeichnet.[255]

In der Thomasschule lebte sie bis zu ihrem Tod am 28. Juli 1729. Acht Tage zuvor wurde ihr noch einmal das Abendmahl zu Hause gereicht, da sie das Krankenlager offenbar nicht mehr verlassen konnte. Das Abendmahlsregister verzeichnete sie als *des Herrn Cantoris Jfr. Schwägerin am Thomas Kirchhoffe* – ihr Name blieb ungenannt. Die 53-jährige Friedelena Margaretha wurde am 30. Juli auf dem Leipziger Johannisfriedhof bestattet.[256]

255 Freyse I, S. 110. Es handelt sich um das zweite, 1725 begonnene Heft.
256 Bach-Dokumente, Bd. II, Nr. 162 (Kommentar); Bd. V, S. 292; Glöckner II, S. 58 (Beerdigung).

12. Barbara Catharina Bach

* 1679 Gehren, † 1737 Arnstadt

Johann Sebastian Bachs Schwägerin
Cousine zweiten Grades

Barbara Catharina – eine der vier in Gehren geborenen Töchter von Johann Michael Bach (1648 – 1694) und Catharina, geb. Wedemann (1650 – 1704) – würde in der Bach-Biographie kaum eine Rolle spielen, hätte sich nicht im Jahr 1705 ein unangenehmer Zwischenfall auf dem Arnstädter Marktplatz ereignet. Doch zuerst einmal zurück nach Gehren.

Geboren wurde Barbara Catharina am 13. Dezember 1679 und einen Tag später getauft: *den 13. Xbris ist dem Organisten, H. Johann Michael Bachen ein Töchterlein geboren und den 14. ejd.*[ejusdem] *Barbara Catharina getaufft worden. Die Gefattern* [Paten] *waren, H. Wolff Heinrich Mörings, Försters Zum Breitenbach Weib Barbara, H. Br: Christ. Bühls Zur Langewiesen Weib Anna Catharina und Br: Paul Ludwig alhier.*[257]

Zum Kreis der Taufpaten gehörten demnach die Ehefrau des Försters von Breitenbach, die Frau des (Bürgermeisters?) Bühl aus Langewiesen sowie der *Br:* (Bürgermeister?) aus Gehren.

Nachdem Barbara Catharinas Vater 1694 und ihre Mutter 1704 gestorben waren, lebten die drei verwaisten Schwestern (Friedelena Margaretha, siehe Kap. 11 und Maria Barbara, siehe Kap. 5) bei ihrer Tante Margaretha Feldhaus, geborene Wedemann. Sie war die Ehefrau des Arnstädter Bürgermeisters Martin Feldhaus. In Arnstadt oder der näheren Umgebung blieb Barbara Catharina wohl zeitlebens, denn hier wurde sie auch beerdigt. Im Arnstädter Sterberegister vom 23. März 1737 heißt es: *Eine Jgfr. Catharina Barbara Bachin, ist frühe hinaus getragen, das Mittel Gel*[äut].[258]

257 Evang. Kirchengemeinde Gehren, Kirchenbuch 1675–1749, S. 224; siehe auch Martini, S. 215.
258 Stadtkirchenamt Arnstadt, Sterberegister Arnstadt 1704–1748 (ohne Seitenangabe); siehe auch Müller/Wiegand, S. 156.

Die unverheiratet gebliebene Barbara Catharina gehörte nach der gemeinsamen Zeit mit ihren Schwestern wohl noch bis zum Tod ihrer Tante Margaretha 1713 zu deren Haushalt. Doch spätestens, nachdem 1720 auch ihr Onkel Martin Feldhaus gestorben war, wird sich Barbara Catharina eine Unterkunft bei anderen Verwandten gesucht haben. Infrage kommt beispielsweise ihre Tante Regina Stauber, geb. Wedemann, die 1708 in Dornheim bei Arnstadt den dortigen Pastor geheiratet hatte und als Witwe wohl nach Arnstadt zurückgekehrt war.[259] Nach deren Tod 1730 fand die inzwischen 50-jährige Barbara Catharina vielleicht eine neue Bleibe bei entfernteren Verwandten, wie der Familie Johann Ernst Bachs in der Kohlgasse?

Die Episode auf dem Arnstädter Marktplatz ereignete sich jedoch in ihrer Jugend, als sie an einem Sommerabend zusammen mit Johann Sebastian Bach von einem Besuch im Schloss zurückkehrte. Auf dem Marktplatz kam es dann zu einer Auseinandersetzung des 20-jährigen Organisten mit einem seiner bei der Kirchenmusik mitwirkenden Schüler. Der zwei Jahre ältere Fagottist Johann Heinrich Geyersbach provozierte Bach, der daraufhin kurzerhand reagierte. Das Vorkommnis kam schließlich zur Verhandlung vor das Arnstädter Konsistorium – der kirchlichen Behörde – und Barbara Catharina musste als Zeugin betreffs ihres *Vetters* aussagen,[260] dabei ging es um folgende Angelegenheit: Geyersbach hatte Bach an diesem Abend zufällig oder gezielt zusammen mit anderen Mitschülern auf dem Markt aufgelauert. Als sie sich begegneten, ließ Geyersbach seinen offenbar angesammelten Ärger gegen Bach mit Beschimpfungen aus und schlug ihn ins Gesicht. Daraufhin zog Bach seinen mitgeführten Degen. Schlimmeres konnte verhindert werden, nicht zuletzt durch das couragierte Verhalten Barbara Catharinas, denn sie hatte *Bachen an der Hand genommen und ihn mit fort zu gehen errinnert*. Die Ursache für Geyersbachs Aggression lag in einer von Bach geäußerten Geringschätzung seiner musikalischen Fertigkeiten mit der berühmten Beschimpfung als *Zippel Fagottist*. Nach der Rauferei auf dem Marktplatz legte Bach Beschwerde ein. Aufgrund mehrerer Verhöre beurteilte das Konsistorium den Vorfall durchaus differenziert: Geyersbach wurde als Auslöser der Streitigkeiten benannt, aber auch Johann Sebastian

259 Regina Stauber wurde in Arnstadt beerdigt.

260 Die vernommene Barbara Catharina könnte zwar auch Bachs Cousine gleichen Namens gewesen sein, doch wahrscheinlich war sie zu dieser Zeit schon schwer erkrankt (siehe S. 31).

musste sich ermahnen lassen, denn *auß dergleichen Scommatibus* [Sticheleien] *kähmen nachmahls dergleichen Verdrießlichkeiten.* Die vollständige Aussage Barbara Catharinas wurde am 21. August 1705 wie folgt protokolliert:
Barbara Catharina Bachin Meldet uf vorgängige Verwahrnung die Wahrheit zu sagen, wie vor einigen tagen, als sie mit ihrem Vetter von dem Herrn Küchenschreiber des abends kommen, und übern Mark[t] *gehen wollen, einige Schüler so von einer Kindtauff kommen, ufn langen steine geseßen, Geirsbach sie sehend sogleich aufgestanden und Bachen unter die augen getreten, sagend, warumb er seinen Fagott geschimpffet hätte und wer seine sachen schimpffte der schimpffte ihn, und daß thäte ein Hundes etc:, druf Geirsbach Bachen ins gesicht geschlagen, Bach aber den Degen gezogen, ihm aber nichts darmit gethan, druf sie ein wenig mit einander gestrauchelt und Geirsbach einen stecken fallen laßen, die andern schüler umb ihn herum getreten referentin aber Bachen an der Hand genomen und ihn mit fort zu gehen errinnert, und so sie ja etwas mit einander zu thun so würde sichs wohl geben gesagt, auch habe Bach keine tabackspfeiffe im munde gehabt, soviel ihr wißend.*[261]

Nur aufgrund dieses Vorkommnisses ist der Besuch Johann Sebastians zusammen mit Barbara Catharina bei dem verwandten Küchenschreiber und Organisten Christoph Herthum im Arnstädter Schloss überliefert. Dass die drei Schwestern auch viele andere gemeinsame Erlebnisse mit Johann Sebastian Bach verbanden, ist offensichtlich: die Jüngste – Maria Barbara – wurde seine Ehefrau, und die Älteste – Friedelena Margaretha – lebte bis in die Leipziger Zeit hinein mit in dessen Haushalt. Nur Barbara Catharina blieb im Umfeld von Arnstadt, über ihre weiteren Lebensumstände sind keine Informationen bekannt.

261 Bach-Dokumente, Bd. II, Nr. 14 (S. 17f.). Der *Küchenschreiber* war Christoph Herthum, ein Schwiegersohn Heinrich Bachs.

13. Anna Catharina Meißner
geb. Wilcke

*1688 Zeitz, † 1757 Weißenfels — Johann Sebastian Bachs Schwägerin

Der Schreiber des Zeitzer Taufregisters hat seine Aufgabe sorgfältig ausgeführt. In den Einträgen sind oftmals Details enthalten, die sonst eher selten zu finden sind, so auch im Taufvermerk von Anna Catharina – einer älteren Schwester Anna Magdalenas (siehe Kap. 6):
Dinstag den 27. Novembris [1688] *Herrn Johann Caspar Wilckens Fürstl. Sächs. Wohlbestalten Musicalischens Hoff Trompeters alhier Töchterlein, welches den 25t Novembris Sonntags nachmittage Zwischen 3 und 4 uhr gebohren, und benennet worden Anna Catharina* [...] *Getaufft von den Fürstl. Sächs. Hoff Diaconi H. M. Michael Sauern in der alhiesigen Fürstl. Schloß-Kirche an oben gesetzten 27. Novembris gegen abendt halb 5 uhr.*
Patenschaften übernahmen Mattheus Müller, ein Hoftrompeterkollege des Vaters; Anna Clara Wolff, geb. Förster, die Ehefrau eines Eisenberger Küchenmeisters, die jedoch vertreten wurde durch Dorothea Margaretha Röse, die Ehefrau des Hoftrompeters Johann Jacob Röse; und Susanna Maria Sauer, die Tochter des Hofdiakons, der das Kind taufte.[262] Bei aller Ausführlichkeit – die Mutter Margaretha Elisabeth, geb. Liebe (siehe Kap. 7) fand keine Erwähnung.
Anna Catharina war beim Einzug in das von ihrem Vater erworbene Haus in der Messerschmiedegasse gerade drei Jahre alt geworden. Dort wuchs sie mit vier oder fünf jüngeren Geschwistern (siehe Kap. 6, 14, 15) auf, von denen sie als erste heiratete.

Gemäß der Kirchenordnung gingen der Trauung von *Georg Christian Meißner HochGräffl. Reüß. Hof- und Feld-Trompeter zu Gerau* [Gera] [...] *mit Jungfr Annen Catharinen Wilckin* drei Aufgebote in der Zeitzer Schlosskirche voraus, und am Sonntag, dem 28. September 1710 sind sie *nach geschehenen Vormittags Gottes-Dienst in der Hochfrl. SchloßKirchen mit Gesang und Orgel-Klang von dem Hn Hof Diacono Mag.*[ister] *Gottfried Teübern alhier copuliret und eingeseegnet worden,*

262 Evang. Kirchengemeinde Zeitz, Taufregister der Schlosskirche 1668–1691, S. 353f.; Schubart, S. 40.

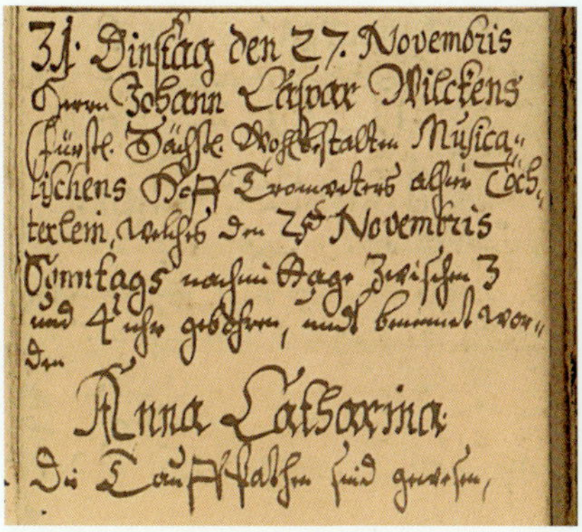

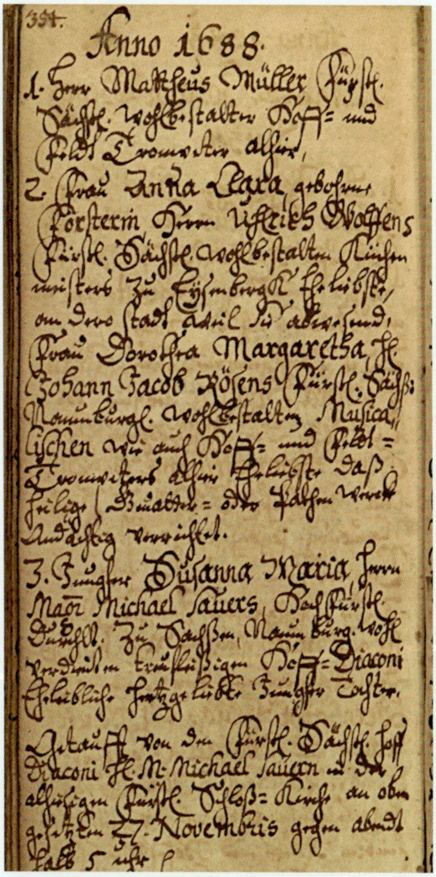

Eintrag zur Taufe von Anna Catharina Wilcke, einer älteren Schwester Anna Magdalenas, in der Zeitzer Schlosskirche, 27. November 1688.

welche ein paar Manns und Weibs-Personen begleiteten.[263] Zu den Hochzeitsgästen gehörte gewiss auch die in Zeitz lebende Familie des Onkels Johann Siegmund Liebe, der als Hof- und Feldtrompeter sowie Schloss- und Stadtorganist gleich mehrere Ämter innehatte. So lag die musikalische Gestaltung der Trauung sicher in seinen Händen. Ob oder wie lange Anna Catharina und Georg Christian nach ihrer Hochzeit noch in Gera lebten, ist ungewiss.

In Weißenfels sind die Meißners erstmals zwei Jahre nach ihrer Eheschließung nachweisbar, denn dort übernahm *Frau Catharina, Hn. Christian Meißners, Hochf.*

263 Evang. Kirchengemeinde Zeitz, Trauregister der Schlosskirche 1668–1712, Bl. 103v, 104; siehe auch Schmiedecke I, S. 196f.

S. Music. Hoff- und Feld-Tromp. Ehefrau am 12. September 1712 ein Patenamt für eine Tochter des ehemaligen *Reitenden Trabanten Paul Schwartzen.*[264]
Die Anstellung Georg Christians am Weißenfelser Hof beinhaltete neben seiner musikalischen Tätigkeit später eine weitere wichtige Funktion als Hochfürstlicher Hof- und Reisefourier,[265] dessen Aufgabengebiet in einem zeitgenössischen Lexikon folgendermaßen beschrieben wird: *Der Hof-Furier bestellet die täglichen Befehle am Hofe, die er von dem Marschall empfängt, thut die Ansage denen, so nach Hofe erfordert werden, sorget vor die ankommenden Gäste* [...] *Der Cammer-Furier hat die Obsorge auf Reisen, daß der Fürstliche Hof-Staat mit Herbergen und andern Nothwendigkeiten versehen werde. Wo kein eigener Cammer-Furier ist, wird auch diese Verrichtung durch den Hof-Furier bestellet.*[266] Georg Christian war demnach auch für zahlreiche organisatorische Abläufe am Hofe verantwortlich.

Die Kinder von Anna Catharina und Georg Christian Meißner:[267]
Zwillinge Johanna Christina (1713 – 1743) und Christian Gottlieb (* und † 1713)
Christian Gottlieb (1714 –?)
Christoph Friedrich (1716 – nach 1734, Thomaner in Leipzig)
Georg Christian (1717 –?)
Christiana Erdmutha (* und † 1719)

Zur Taufe der Zwillinge am 20. August 1713 gab es offenbar ein größeres Treffen mit den Verwandten aus Zeitz. Als Paten für Christian Gottlieb kamen dessen Großeltern Margaretha Elisabeth und Johann Caspar Wilcke sowie der 22-jährige Bruder Anna Catharinas, Johann Caspar d. J. (Hoftrompeter in Zeitz, ab 1717 in Zerbst). Patenschaften für das Zwillingsmädchen übernahmen zwei Frauen, darunter die Ehefrau eines Sekretärs. An erster Patenstelle stand jedoch der Pagenhofmeister Adam Immanuel Weldig, der erst kürzlich nach Weißenfels gekommen war. Zuvor hatte er in Weimar gelebt und beste Kontakte mit den Bachs, die dort in seinem Hause wohnten.[268]

264 Evang. Kirchengemeinde Weißenfels, Taufregister der Schlosskirche 1710 – 1723, Bl. 81v; Schmiedecke I, S. 197. Das Kind hieß Catharina Elisabetha Schwartze.

265 Saupe, S. 134f.; Schmiedecke II, S. 422.

266 Zedler, Bd. 9, Sp. 1587.

267 Saupe, S. 134f.

268 Evang. Kirchengemeinde Weißenfels, Taufregister der Schlosskirche 1710 – 1723, Bl. 108; Schmiedecke I, S. 196; Schubart, S. 47. Zu Weldig siehe Bach-Dokumente, Bd. II, Nr. 45, 67f. Weldig war später Pate bei Carl Philipp Emanuel Bach und Johann Sebastian Bach bei einem Sohn Weldigs.

Als das jüngste Kind Christiana Erdmutha im Februar 1719 getauft wurde, war für die verwandten Paten – die Großmutter Margaretha Elisabeth und die Tante Johanna Christina mit ihrem Ehemann Andreas Krebs – eine Anreise nicht mehr nötig, denn inzwischen wohnten sie alle in Weißenfels.[269]

Anna Catharina war schon sechsfache Mutter, als sie im August 1722 zusammen mit ihrem Vater und ihrem Schwager Andreas Krebs selbst als Patin am Taufstein der Weißenfelser Schlosskirche stand. Getauft wurde Johann Friedrich Hesemann, ein Sohn ihrer Tante Martha Elisabeth Hesemann, geb. Wilcke.[270]

Noch einmal erscheint Anna Catharinas Name als Patin, nun im Taufregister der Leipziger Thomaskirche. Hier empfing Regina Johanna Bach – eine Tochter von Johann Sebastian und Anna Magdalena – im Oktober 1728 die Nottaufe. Die Paten, zu denen auch zwei Geschwister Anna Catharinas zählten, ließen sich vertreten, denn eine Reise wäre unter diesen Umständen ohnehin nicht möglich gewesen.[271]

Im nächsten Jahr gab es jedoch einen guten Grund für einen Besuch in Leipzig. Der 13-jährige Christoph Friedrich Meißner bewarb sich im Mai 1729 um die Aufnahme in den von seinem Onkel Johann Sebastian geleiteten Thomanerchor. Vermutlich wurde der Junge von seinem Vater begleitet, vielleicht kam auch Anna Catharina mit – eine günstige Gelegenheit um ihre Schwester Anna Magdalena zu treffen. Die Aufnahmeprüfung bestand Christoph Friedrich als erster unter den Sopranisten mit Bachs Vermerk: *eine gute Stimme u. feine profectus*, am 24. Mai 1729 wurde er in den Thomanerchor aufgenommen. Im folgenden Jahr fiel Bachs Bewertung allerdings nicht mehr so positiv aus, und er zählte Christoph Friedrich unter die Sänger, die *sich noch* [...] *mehr perfectioniren müßen*.[272] Offenbar entwickelte sich Meißner auch in anderer Hinsicht problematisch, denn am 20. Juni 1731 legte ihm Rektor Johann Matthias Gesner den Abgang von der Thomasschule nahe. Begründet wurde diese Maßnahme mit Trägheit und sogar Verwahrlosung.

269 Evang. Kirchengemeinde Weißenfels, Taufregister der Schlosskirche 1710–1723, Bl. 257. Schmiedecke I, S. 196 nennt irrtümlich Johann Caspar Wilcke (anstatt Margaretha Elisabeth) als Pate.

270 Evang. Kirchengemeinde Weißenfels, Taufregister der Schlosskirche 1710–1723, Bl. 346v (Taufe am 31. August 1722); Ranft, S. 170.

271 Bach-Dokumente, Bd. II, Nr. 248, Taufe am 10. Oktober 1728.

272 Bach-Dokumente, Bd. I, Nr. 63 (1729), Nr. 22 (S. 64, betr. 1730).

Was war geschehen? Hatten Anna Magdalena und Johann Sebastian keinen Einfluss mehr auf den 15-Jährigen, oder hatte ihn der Tod seines Vaters im April 1730 aus der Bahn geworfen? Vermutlich kehrte Christoph Friedrich zurück nach Weißenfels, doch im Herbst 1734 unternahm er einen erneuten Versuch, in die Thomasschule aufgenommen zu werden. Die Bachs unterstützten ihn dabei, denn er durfte in dieser Zeit bei ihnen wohnen. Als Gegenleistung übernahm Meißner einige Kopisten-Arbeiten. Die Hoffnung auf die Rückkehr in die Schule nach erfolgtem Rektorenwechsel erfüllte sich jedoch nicht. Meißner verließ die Leipziger Verwandten Anfang Februar 1735. Über seinen weiteren Lebensweg sind keine Informationen bekannt.[273]

Nach dem Tod ihres Ehemanns kam Anna Catharina mit ihren unmündigen Kindern in eine schlimme Lage. Schon zuvor litt die Familie Meißner in besonderem Maße an der Unzuverlässigkeit der fürstlichen Gehaltszahlungen. Georg Christians Dienstherr, Herzog Christian von Sachsen-Weißenfels, war zwar ein begeisterter Musikliebhaber, doch lebte er verschwenderisch und stets in Finanznöten.

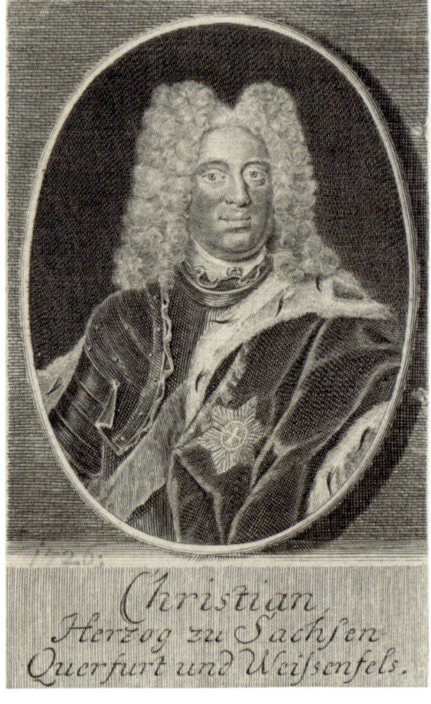

Herzog Christian von Sachsen-Weißenfels (1682 – 1736) war ein großer Musikliebhaber, doch blieb er seinen Musikern oftmals die Bezahlung schuldig. Besonders betroffen von den Rückständen war die Familie Meißner. Kupferstich, um 1730.

273 Wollny VII, S. 80f.

Diese Schwierigkeiten versuchte er durch Kredite bei wohlhabenden Bürgern in verschiedenen Städten zu umgehen. Beispielsweise lieh er sich bei dem Leipziger Handelsmann Georg Heinrich Bose die enorme Summe von 11.788 Talern, die er später jedoch nur zu einem Bruchteil zurückzahlte.[274] „Sparen" konnte der Herzog offenbar auch, indem er seine Musiker jahrelang nur sporadisch oder gar nicht bezahlte. So war er seinem langjährigen Trompeter und Reisemanager Georg Christian Meißner und dessen Witwe noch 1.649 Taler schuldig – mehr als dreizehn Jahresgehälter.[275] Ob davon zumindest ein Teilbetrag nachgezahlt wurde, ist äußerst fraglich. Vielleicht wurde Meißners Fourier-Tätigkeit auf anderem Wege vergütet, oder er hatte noch weitere Einnahmequellen? Wovon hätte die Familie sonst leben können? Eine Pension erhielt die Witwe anscheinend nicht. Vermutlich war in dieser Situation eine Unterstützung durch die Verwandten unentbehrlich. In Weißenfels lebten derzeit noch Anna Catharinas Eltern sowie die Familie ihrer Schwester Erdmutha Dorothea Nicolai. Im folgenden Jahr (1731) kamen zudem ihre Schwester Johanna Christina Krebs und deren Ehemann aus Zerbst wieder zurück nach Weißenfels.

Von den Meißner-Kindern ist nur eine Hochzeit bekannt: Im Januar 1743 heiratete die älteste, inzwischen 29-jährige Tochter Johanna Christina den Weißenfelser Trompeter Christian Ernst Kettner. Im selben Jahr kam ihre Tochter Johanna Catharina zur Welt, bei deren Taufe die Großmutter Anna Catharina Meißner Patin war. Das Kind blieb jedoch nur wenige Tage am Leben, und bald darauf folgte auch seine Mutter.

Anna Catharina überlebte ihre Tochter und Enkelin mehr als ein Jahrzehnt. Sie starb mit 69 Jahren kurz vor Weihnachten und wurde am Heiligabend 1757 in Weißenfels *Abends in der Stille begraben.*[276]

274 Stadtarchiv Leipzig, Acta, H. Georg Heinrich Bosens gewesenen Bürgers und Handelsmanns allhier Verlaßenschafft betr. 1731, Sign: Vormundschaftsstube Nr. 442, Bd. 1, Bl. 122r + v: Außenstände und Schuldner der Gold- und Silberwarenhandlung, 21. Februar 1730.

275 Schmiedecke II, S. 422.

276 Evang. Kirchengemeinde Weißenfels, Taufregister der Schlosskirche 1739 – 1746, Bl. 166 (Taufe am 21. Oktober 1743); Sterberegister 1757 – 1784, S. 20; Schmiedecke I, S. 197.

14. Johanna Christina Krebs
geb. Wilcke

*1695 Zeitz, † 1753 Weißenfels — Johann Sebastian Bachs Schwägerin

Johanna Christina hatte allem Anschein nach wie ihre jüngere Schwester Anna Magdalena (siehe Kap. 6) eine Gesangsausbildung erhalten, vielleicht bestand zwischen beiden eine besonders enge Verbindung?
Geboren wurde Johanna Christina am 1. April 1695 und einen Tag später in der Zeitzer Schlosskirche getauft. Sie war das vierte Kind von Margaretha Elisabeth (siehe Kap. 7) und Johann Caspar Wilcke. Die drei Taufpaten kamen aus dem Bekanntenkreis: ein Wildmeister, die Ehefrau eines Kammerdieners und Leibschneiders sowie Regina Langenberger, die Witwe des Zeitzer Pastors von St. Nicolai.[277]

Nachdem Johanna Christina ihre Kindheit und frühe Jugend in Zeitz verbracht hatte, ging sie möglicherweise schon vor ihren Eltern nach Weißenfels. Dort ist sie zum ersten Mal 1714 als Patin – bei dem Sohn eines Schneiders – nachweisbar. Am Taufstein der Marienkirche standen als weitere Paten jedoch keine Verwandten, sondern ein Kurfürstlich Sächsischer Leutnant und der Weißenfelser Hoftrompeter Andreas Krebs.[278] Diese gemeinsame Patenschaft Krebs-Wilcke ist ein zuverlässiger Hinweis darauf, dass sich die künftigen Eheleute zumindest seit dieser Zeit kannten.
Noch vor ihrer Hochzeit übernahm Johanna Christina ein weiteres Patenamt in Weißenfels: im Januar 1716 bei ihrem Neffen, dem späteren Thomaner Christoph Friedrich Meißner.[279] Beide Patenschaften geben Grund zu der Vermutung, dass sich Johanna Christina bereits im Alter von etwa 19 Jahren länger in Weißenfels

277 Evang. Kirchengemeinde Zeitz, Taufregister der Schlosskirche 1691 – 1724, Bl. 38v, 39; Schubart, S. 41.
278 Evang. Kirchengemeinde Weißenfels, Taufregister der Marienkirche 1710 – 1719, S. 291 (Taufe von Johann Friedrich Weber, 28. Oktober 1714); siehe auch Schmiedecke I, S. 197.
279 Evang. Kirchengemeinde Weißenfels, Taufregister der Schlosskirche 1710 – 1723, Bl. 174 (Taufe am 16. Januar 1716); siehe auch Saupe, S. 134.

aufhielt und wohl zeitweise bei ihrer Schwester Anna Catharina Meißner (siehe Kap. 13) wohnte.

Am 19. Oktober 1716 heirateten Johanna Christina und Andreas Krebs, der Eintrag in das Kirchenbuch der Zeitzer Schlosskirche lautet:
Herr Andreas Krebs, Hoch Fürstl. S. Weißenfelsischer Musicalischer Hof-Trompeter, George Grebsens, Gericht-Schöppens auch Kirchen-Vorstehers zu Großen-Gösteiwitz ehe Leibl. jüngster Sohn, und: Jungfer Johanna Christina Wilckin, Hn. Johann Caspar Wilckens, Hoch Fürstl. S. Musicalischer Hof-Trompeters alhier, ehe Leibl. andere Tochter. Nach dem Selbe vorher drey mahl ordentl. in alhiesige Schloß-Kirchen [...] *auf gebothen worden – sind sie darauf Montags, als am 19tn früh, nach 10 Uhr, ohne daß die Glocken wären gelautet worden, von d*[em] *H. Hof-Prediger, M. Gottfried Teubern copuliret und eingesegnet worden.*[280]
Aus welchem Grund die Glocken nicht läuteten und dieser Sachverhalt im Traueintrag ausdrücklich vermerkt wurde, ist nicht ersichtlich.

Das Paar lebte in den ersten sechs Ehejahren in Weißenfels, wo Andreas als Hoftrompeter und Geiger angestellt war, wahrscheinlich trat er auch als Sänger auf.[281] Vielleicht förderte er Johanna Christinas Ausbildung, sodass sie ab 1717 zusammen mit ihrer Schwester Anna Magdalena Unterricht bei der nach Weißenfels zurückgekehrten berühmten Sängerin Christiane Pauline Kellner nehmen konnte?[282]

In den Weißenfelser Jahren ist die anscheinend kinderlos gebliebene Johanna Christina noch mehrmals als Taufpatin nachweisbar: im Februar 1719 bei ihrer Nichte Christiana Erdmutha Meißner – zusammen mit ihrem Ehemann Andreas und ihrer Mutter Margaretha Elisabeth; im August 1719 bei einem Sohn des Fürstlichen *Fueße Trabanten* (Leibwächter) Johann Christoph Herrmann; im September 1722 bei einem Sohn des *Hochfürstl. S. Cammer-Musico* Johann Adam Andreä – zusammen mit dem Weißenfelser Tenor Johann Ebert. Zudem wurde Johanna Christina im Oktober 1728 Patin bei ihrer Nichte Regina Johanna Bach

280 Evang. Kirchengemeinde Zeitz, Trauregister der Schlosskirche 1713–1783, Bl. 11; siehe auch Schmiedecke I, S. 196f.
281 Schubart, S. 42; Schmiedecke I, S. 198.
282 Zu Kellner siehe Schulze V, S. 288ff.

in Leipzig – zusammen mit ihren Geschwistern Anna Catharina Meißner und Johann Caspar Wilcke d. J., die sich dort jedoch alle vertreten ließen.[283]
Um 1722/23 ging das Ehepaar Krebs nach Zerbst, wo Andreas Mitglied der Hofkapelle unter der Leitung des neuen Kapellmeisters Johann Friedrich Fasch wurde. Hier gab es auch wieder Familienanschluss, denn Johanna Christinas Bruder Johann Caspar Wilcke d. J. war bereits seit 1717 Hoftrompeter in Zerbst.[284]

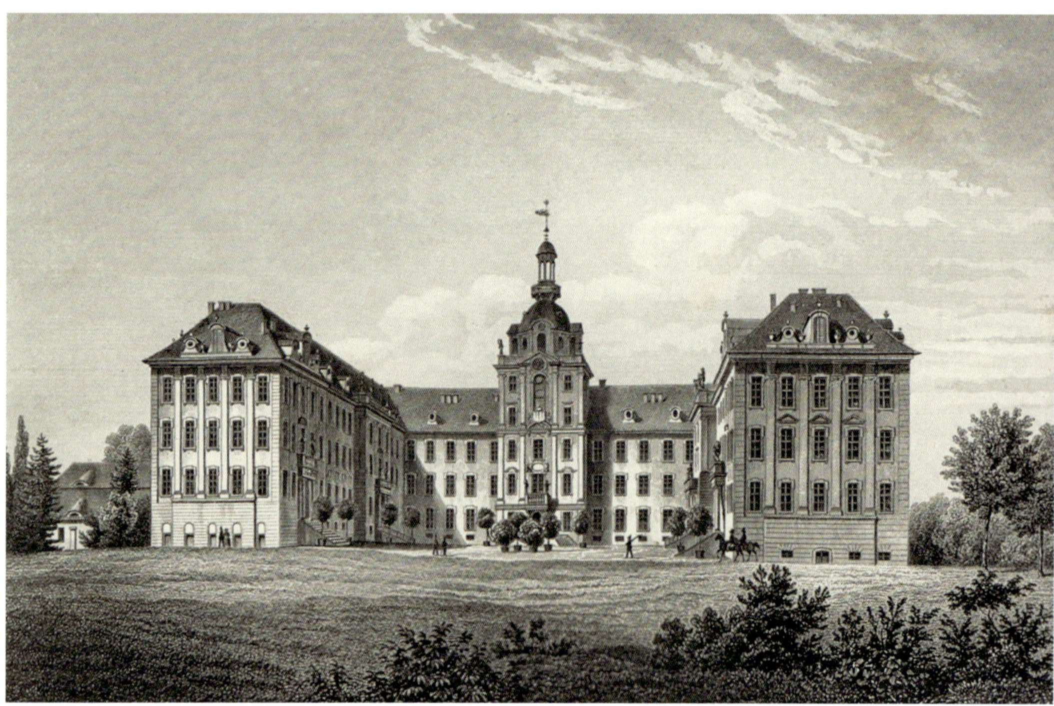

Das Schloss in Zerbst, Stahlstich von A. Fesca, 1861. Johanna Christina Krebs lebte mit ihrem Ehemann Andreas fast ein Jahrzehnt in Zerbst, wo dieser ebenso wie sein Schwager Johann Caspar Wilcke d. J. als Hoftrompeter in fürstlichen Diensten stand.

283 Evang. Kirchengemeinde Weißenfels, Taufregister der Schlosskirche 1710 – 1723, Bl. 257 (Taufe von Christiana Erdmutha Meißner, 14. Februar 1719), Bl. 265v (Taufe von Johann Christian Herrmann, 27. August 1719), Bl. 349v (Taufe von Johann Christian Andreä, 23. September 1722); Bach-Dokumente, Bd. II, Nr. 248; Bd. V, S. 92f. (Nottaufe von Regina Johanna Bach, 10. Oktober 1728).

284 Bach-Dokumente, Bd. I, Nr. 93; Schubart, S. 44.

Eine Anstellung Johanna Christinas ist jedoch nicht nachweisbar. Nur ein Eintrag von einem Gastspiel in Weißenfels deutet darauf hin, dass sie als Sängerin auftrat. Im Zusammenhang mit den Musikaufführungen zum Geburtstag Herzog Christians am 23. Februar 1729 wurden unter den auswärtigen Musikern auch *Herr Krebs und deßen Frau* genannt. Sie logierten bei einem Kammerdiener im *Piperischen Hauße*. Dieses Gebäude hatte einst Heinrich Schütz gehört, der hier seine letzten Lebensjahre verbrachte (heute Heinrich-Schütz-Haus, Nikolaistraße 13). Johann Sebastian Bach befand sich zu diesem Zeitpunkt ebenfalls in Weißenfels, und sicher war das Treffen mit den Verwandten ein – auch musikalisch – besonderes Ereignis. Bereits wenige Wochen zuvor wurden aus Anlass des Geburtstags von Herzogin Luise Christine *3 Trompeter aus Zerbst, wovon einer cum Ux*, demnach mit Ehefrau, engagiert – war damit ebenfalls Johanna Christina gemeint?[285]

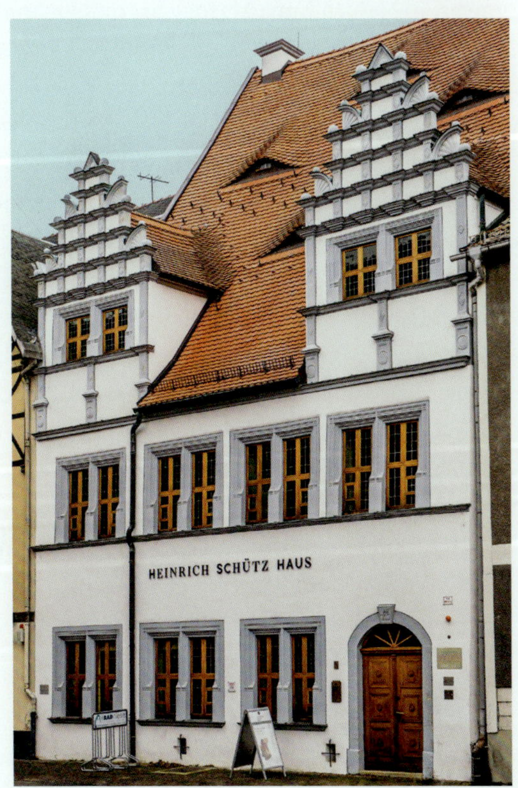

Weißenfels, Nikolaistraße 13. In diesem Haus, das einst Heinrich Schütz bewohnt hatte (heute Museum), logierte 1729 das Ehepaar Krebs während eines Gastspiels am Weißenfelser Hof.

285 Schubart, S. 42; Schmiedecke I, S. 198; Bach-Dokumente, Bd. II, Nr. 254.

Im Todesjahr von Johanna Christinas Vater Johann Caspar Wilcke entschied sich das Ehepaar Krebs, nach Weißenfels zurückzukehren. Vermutlich war Andreas bekannt, wie unzuverlässig der Herzog seine Musiker bezahlte, dennoch nahm er 1731 eine Hoftrompeterstelle mit einem zugesagten Gehalt von rund 171 Talern im Jahr an.[286] Diese Entscheidung hing wohl auch mit der Unterstützung der Witwe Margaretha Elisabeth zusammen. Das ab 1739 nachweisbare, wahrscheinlich jedoch schon früher bestehende gemeinsame *Krebsisch-Wilckensche Haus*[287] wurde nun ein Anlaufpunkt für Familienkontakte.
Anna Magdalena und Johann Sebastian Bach besuchten die Weißenfelser Verwandten mehrmals, so im Herbst 1739. Die Reise war für Ende Oktober/Anfang November vorgesehen, doch hatte *der Herr Medicus solches bey ieziger Witterung durchaus widerrathen, wovon auch die Frau Krebsin Nachricht in Händen haben soll.* Dennoch konnte die Reise wenige Tage später stattfinden, und am 14. November gingen im Namen Anna Magdalenas und Johann Sebastians von Leipzig aus folgende Zeilen nach Weißenfels, um *Herrn und Frau Krebsin nebst vielfältiger Begrüßung nochmahligen Danck ab*[zu]*statten für die überhäuffte complaisance.*[288] Für September 1741 hatte Anna Magdalena eigentlich ein weiteres Treffen geplant, doch ihre schwere Erkrankung im August hinterließ noch Spuren. So musste sie den Besuch nach ihrem *geliebten Weißenfels* absagen.[289] Vermutlich konnte sie die Reise endlich 1742 – nach der Geburt ihres letzten Kindes Regina Susanna – realisieren. Darauf deutet eine Vollmacht, die Johann Sebastian Bach im Mai 1742 verfasste und von Anna Magdalena sowie ihrem Schwager Andreas Krebs – er hielt sich gerade in Leipzig auf – als Kurator (Rechtsvertreter) unterzeichnet wurde. Dieses Schreiben ist zwar nur als Fragment erhalten, und der Zweck ist nicht mehr ersichtlich, doch liegt ein Zusammenhang mit einem längeren Aufenthalt Anna Magdalenas in Weißenfels nahe.[290]

Andreas Krebs gehörte zu den wenigen Musikern, die nach dem Tod Herzog Christians 1736 ein weiteres Jahrzehnt in der Hofkapelle verbleiben durften, dennoch hatte er finanzielle Verluste hinzunehmen. Sein Gehalt wurde unter

286 Schmiedecke I, S. 198.
287 Odrich/Wollny, S. 126f., (Brief des Schweinfurter Verwandten J. E. Bach, 6. November 1739).
288 Bach-Dokumente, Bd. II, Nr. 462; Odrich/Wollny, S. 127f. (Briefe vom 7. und 14. November 1739).
289 Bach-Dokumente, Bd. II, Nr. 493.
290 Bach-Dokumente, Bd. I, Nr. 93.

dem neuen Herzog Johann Adolph II. mehrfach gekürzt. So erhielt er nun nur noch 150 Taler, vier Jahre später 131 Taler und ein Jahr nach dem Tod des Herzogs († 1746) gerade einmal 40 Taler. Außerdem blieb ihm das herzogliche Haus 208 Taler schuldig.[291]

Die finanzielle Situation war Anfang der 1740er Jahre aber noch soweit stabil, dass Andreas am 4. September 1742 für rund 5 Taler das Weißenfelser Bürgerrecht[292] und am 11. September die nicht unbedeutende Summe von 14 Talern als *Lehn-Geld* [...] *von einen Hauße in der Jüden Gaße* zahlen konnte.[293] Ungewiss ist, ob es sich bei dem Gebäude um das schon 1739 erwähnte *Krebsisch-Wilckensche Haus* handelte oder ob es 1742 neu bezogen wurde.

Seitdem das Ehepaar Krebs von Zerbst nach Weißenfels zurückgekehrt war, wurde Johanna Christina wieder eine gern gesehene Taufpatin. Von ihren insgesamt elf Patenschaften – möglicherweise waren weitere in Zerbst hinzugekommen – fielen fünf in ihre zweite Weißenfelser Zeit: 1733 und 1737 bei Kindern aus der Verwandtschaft ihrer Schwester Erdmutha Dorothea Nicolai (siehe Kap. 15), 1742 und 1743 bei Täuflingen aus dem Weißenfelser Umfeld und noch einmal 1743 bei Johanna Catharina Kettner, einer Enkelin ihrer Schwester Anna Catharina Meißner.[294]

Ab 1746 wurde die familiäre und wirtschaftliche Situation immer schwieriger. Bald nach dem Tod des Herzogs sank das Familieneinkommen auf ein Minimum. Im selben Jahr starb auch Johanna Christinas Mutter, und Andreas befand sich *nach langwierigen Diensten, in kränkl. und unvermögenden Umständen.* Nach seinem Tod am 14. Juli 1748 bat die Witwe um *dürfftigen Unterhalt eine Pension angedeyhen zu laßen.* Vermutlich wurde ihrer Bitte nicht entsprochen, denn in der Liste der Pensionsempfänger ist sie nicht verzeichnet.[295] Fraglich ist auch, wie lange Johanna Christina das Haus in der Jüdengasse noch halten konnte. Sie

291 Schmiedecke I, S. 198f.; Schmiedecke II, S. 422; Spree, S. 132 (betr. 40 Taler).

292 Künzel/Steinecke, S. 168.

293 Stadtarchiv Weißenfels, Jahres Rechnung über Einnahme und Außgabe an Gelde, 1741/1742, Bl. 86v. Die meisten anderen Lehngelder fielen weit geringer aus, beispielsweise für ein Rittergut 12 Taler.

294 Evang. Kirchengemeinde Weißenfels, Taufregister der Schlosskirche 1724 – 1738, Bl. 258v (Nottaufe von Johanna Dorothea Nicolai am 22. März 1733), Bl. 389v (Taufe von Johanna Friderica Nicolai am 8. Januar 1737); Taufregister der Schlosskirche 1739 – 1746, Bl. 133 (Taufe von Johanna Friederica Matthäus am 4. November 1742), Bl. 151v (Taufe von Johanna Dorothea Herrmann am 13. Mai 1743), Bl. 166 (Taufe von Johanna Catharina Kettner am 21. Oktober 1743).

295 Spree, S. 132f.

musste nun – vielleicht schon in den Jahren zuvor – die Hilfe ihrer Verwandtschaft auch außerhalb von Weißenfels in Anspruch nehmen. So sind im Nachlassverzeichnis ihres Schwagers Johann Sebastian Bach von November 1750 58 Taler Rückstände Johanna Christinas bei ihren Leipziger Verwandten notiert. Diese hohe Schuldensumme übernahm ihre Schwester, die Witwe Anna Magdalena.[296] Am Neujahrstag 1753 verstarb Johanna Christina im Alter von 57 Jahren. *Abends in der Stille* wurde sie zwei Tage später beerdigt.[297]

296 Bach-Dokumente, Bd. II, Nr. 628 (S. 501).
297 Evang. Kirchengemeinde Weißenfels, Sterberegister 1739–1756, S. 378.

15. Erdmutha Dorothea Nicolai
geb. Wilcke

*1697 Zeitz, † 1763 Regensburg — Johann Sebastian Bachs Schwägerin

Am 18. September 1697 wurde Erdmutha Dorothea in Zeitz geboren, zwei Tage später ließen die Eltern Margaretha Elisabeth (siehe Kap. 7) und Johann Caspar Wilcke ihr Kind in der Schlosskirche taufen. Ein Amtmann und die Ehefrau eines Geheimen Kämmerers übernahmen die Patenschaften, außerdem *Fr: Erdmuth Christiana gebohrne Schmiedin, Herrn Johann George Eübischs, vornehmen Kauff und Handelsmanns in Leipzig EheLiebste.*[298]

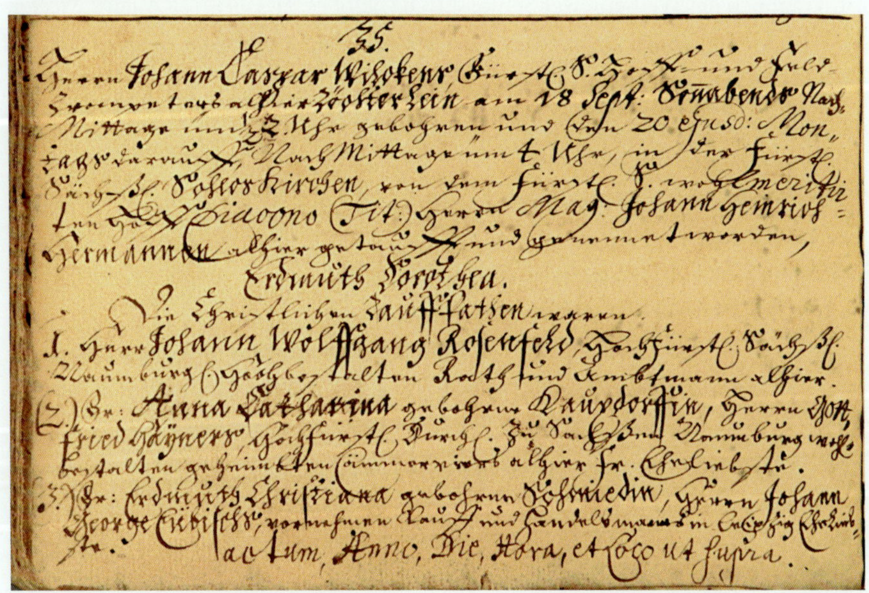

Der Eintrag zur Taufe von Erdmuth(a) Dorothea Wilcke am 20. September 1697 in der Zeitzer Schlosskirche. Eine der Taufpatinnen war die spätere Schwiegermutter des Komponisten Johann David Heinichen.

298 Evang. Kirchengemeinde Zeitz, Taufregister der Schlosskirche 1691–1724, Bl. 56v. Erdmuth Christiana Eubisch übernahm ein weiteres Patenamt in Zeitz am 7. Februar 1702 für Euphrosina Christiana Schmied, offenbar eine Verwandte, siehe Bl. 97.

Die Patin Erdmuth Christiana Eubisch lenkt den Blick auf mögliche Kontakte der Familie Wilcke mit dem Komponisten Johann David Heinichen, der zur Zeit der Taufe Erdmutha Dorotheas allerdings noch ein Knabe und Mitglied im Leipziger Thomanerchor war. Ein Vierteljahrhundert später – am 29. Dezember 1721 – heiratete er Erdmutha Johanna Eubisch, die Tochter der inzwischen verstorbenen Patin. Bemerkenswert ist, dass die Ehe als Haustrauung in Weißenfels geschlossen wurde,[299] obwohl die Braut aus Leipzig kam und Heinichen bereits Kapellmeister in Dresden war. In Weißenfels lebten inzwischen auch die Wilckes, ihre verheirateten Töchter (außer Anna Magdalena, siehe Kap. 6) und Schwiegersöhne. Vielleicht wirkten einige Familienmitglieder bei der Hochzeitsmusik mit oder zählten sogar zu den geladenen Gästen?

Erdmutha Dorothea war derzeit bereits mit Christian August Nicolai verheiratet, der – wie seine Ehefrau – aus einer Familie mit mehreren Hoftrompetern kam. Im Traubuch der Weißenfelser Schlosskirche heißt es: *H. Christian August Nicolai, Hf* [Hochfürstlicher] *S. Musicalischer Hoff- und Feld-Trompeter, ein Jung Geselle: Und Jfr. Erdmutha Dorothea Wölckin, wurden copuliret, den 22. April. Anno 1720.*[300]

Die Nicolais hatten zwei Söhne:[301]
Christian August d. J. (1721 – 1798, Hoftrompeter und Violinist in Zerbst, später in Regensburg)
Christian Gottlieb (1724 – ?, Musiker in London)

Zu den ausschließlich verwandten Taufpaten Christian Augusts d. J. zählte seine Tante *Jungfer Anna Magdalena Wölckin* (Wilcke).[302] Nur wenige Wochen nach dieser Taufe, die am 20. April 1721 in der Schlosskirche stattgefunden hatte, verließ Anna Magdalena Weißenfels, um in Köthen eine Anstellung als Hofsängerin anzunehmen.
Die Paten Christian Gottliebs gehörten dem höfischen Umfeld an, so die Ehefrau eines Kanzleisekretärs und ein fürstlicher Amtsadvokat. An erster Patenstelle

299 Evang. Kirchengemeinde Weißenfels, Trauregister St. Marien 1641 – 1724, S. 671; siehe auch Seibel, S. 24.

300 Evang. Kirchengemeinde Weißenfels, Trauregister der Schlosskirche 1680 – 1723, Bl. 60; siehe auch Schubart, S. 43.

301 Schmiedecke I, Stammtafel, S. 200, 256 gegenüber.

302 Schmiedecke I, S. 200; Hübner III, S. 37. Weitere Paten: Christian Melchior Nicolai (Großvater des Kindes, ebenfalls Hoftrompeter in Weißenfels) und Andreas Krebs (Onkel).

stand jedoch der über Weißenfels hinaus bekannte Mediziner und Physiker Johann Daniel Mittelhäußer.[303]

Erdmutha Dorothea ist sechsmal als Taufpatin nachweisbar: im Juni 1723 bei der Tochter eines *Hand Arbeiters* – in der Familie erstmals eine Patenschaft für ein Kind aus einem niedrigeren sozialen Umfeld – und im Dezember desselben Jahres bei Erdmutha Elisabetha Köhler, der Tochter eines Oboisten aus der Hofkapelle. Weitere Patenschaften folgten 1729, 1732, 1733 und 1736 bei Kindern von fürstlichen Lakaien – Kollegen ihres Ehemannes, der nicht nur Hoftrompeter, sondern später auch Kammerdiener war.[304]

Die wirtschaftliche Situation der Nicolais war offenbar besser ausgestattet als die der verwandten Trompeterfamilien. Ende der 1720er Jahre stieg Christian Augusts Beliebtheit bei Herzog Christian von Sachsen-Weißenfels, und nach Nicolais Ernennung zum Geheimen Kammerdiener erhielt er ein überdurchschnittliches Jahresgehalt von 320 Talern. Doch nach dem Tod des Herzogs 1736 schwanden die guten Zeiten. Der ehedem beliebte Diener wurde nun nicht mehr gebraucht, und die ihm noch zustehenden rund 304 Taler Schulden des Hofes waren wohl verloren.[305] Eine neue Tätigkeit kam anscheinend so bald nicht in Sicht, und die Familie blieb noch bis mindestens 1739 in Weißenfels. Im Mai dieses Jahres übernahm der *gewesene hochfürstl. geheimbde Cammerdiener* Christian August noch einmal eine Patenschaft,[306] doch dann sind in Weißenfels keine Spuren mehr zu finden.

Eine neue, aussichtsreiche Perspektive war die Anstellung Christian Augusts als Trompeter am Hofe von Thurn und Taxis bei Fürst Alexander Ferdinand. Ungewiss ist allerdings, ob die Nicolais in den ersten Jahren an dessen Hof

303 Taufe am 4. Juni 1724, siehe Evang. Kirchengemeinde Weißenfels, Taufregister der Schlosskirche 1724–1738, Bl. 10v. Mittelhäußer vertrat übrigens zweifelhafte Methoden bei Problementbindungen, weshalb er später in der Fachwelt heftig kritisiert wurde.

304 Evang. Kirchengemeinde Weißenfels, Taufregister der Stadtkirche 1720–1727, S. 183 (Taufe Erdmutha Catharina Unbehagen, 6. Juni 1723); Taufregister der Schlosskirche 1710–1723, Bl. 375 (Taufe 5. Dezember 1723); Taufregister der Schlosskirche 1724–1738, Bl. 137 (Taufe Erdmutha Sophia Wolff, 5. August 1729), Bl. 232v (Taufe Johann Samuel Mühlmeister, 13. Juli 1732), Bl. 269 (Taufe Erdmutha Rosina Maul, 30. Juni 1733), Bl. 370 (Taufe Johanna Erdmutha Maul, 7. Mai 1736).

305 Schmiedecke I, S. 199f.; Schmiedecke II, S. 422 (Schulden).

306 Evang. Kirchengemeinde Weißenfels, Taufregister der Schlosskirche 1739–1746, Bl. 13.

in Frankfurt am Main lebten oder direkt nach Regensburg gingen. Denn der Fürst, zugleich kaiserlicher Reichspostmeister, war erstmals von 1743 bis 1745 Prinzipalkommissar, also offizieller Vertreter des Kaisers bei dem zu dieser Zeit in Frankfurt stattfindenden Reichstags. Erst nachdem er dieses Amt zwischenzeitlich verloren hatte und 1748 erneut, nun zum ständigen Prinzipalkommissar des Reichstags ernannt worden war, wurde seine Hofhaltung nach Regensburg verlegt, wo wieder – wie bereits vor 1743 – der Reichstag stattfand. Anlässe für Repräsentationen und Musik gab es in Regensburg nun reichlich. Für die Nicolais muss der Wechsel äußerst attraktiv gewesen sein, denn die Musiker im Dienste des Fürsten von Thurn und Taxis wurden weit besser als üblich und dazu noch zuverlässig bezahlt.[307]
Nach Regensburg kamen zudem häufig Gastmusiker, vielleicht gehörte zu ihnen auch Carl Philipp Emanuel oder der später in London lebende Johann Christian Bach? Denn von beiden Komponisten kamen in der Residenz Werke zur Aufführung, die allerdings auch über die Nicolais nach Regensburg gelangt sein könnten.[308] Fraglich ist zudem, wann deren jüngerer Sohn Christian Gottlieb nach London ging, um dort eine Anstellung als Musiker anzunehmen, und ob sein Cousin Johann Christian damit in Verbindung stand.

Erdmutha Dorothea wurde 1760 Witwe, drei Jahre später starb sie im Alter von 65 Jahren. Am 14. April 1763 wurde *die Ehr- u. Tugendreiche Frau Erdmuth Dorothea, des weil.*[land = ehemaligen] *WohlEhrengeachten u. Kunsterfahrnen H. Christian August Nicolai, bey zur Hochfstl Durchlt. von Thurn u Taxis allhier gewesenen Trompeters allhier seel. nachgelaßene Witib* [Witwe] auf dem protestantischen Lazarusfriedhof (das Areal ist heute ein Teil des Regensburger Stadtparks westlich der Altstadt) beerdigt, der Leichenzug war ansehnlich *mit 2 Kutschen* ausgestattet.[309]
Der ältere Sohn Christian August d. J. wirkte noch viele Jahre in Regensburg als Hoftrompeter, Violinist und Bratscher.[310]

307 Meixner, S. 435ff.
308 Meixner, S. 442, 445.
309 Landeskirchliches Archiv der Evang.-Luth. Kirche in Bayern, Nürnberg, Kirchenbuch der Gesamtgemeinde Regensburg, betr. 1763, S. 712.
310 Schmiedecke I, S. 200 und Stammtafel gegenüber S. 256; Schubart, S. 43; Meixner, S. 435ff., 470f.

16. Catharina Dorothea Bach

*1708 Weimar, † 1774 Leipzig J. S. Bachs und Maria Barbaras Tochter

Johann Sebastians und Maria Barbaras (siehe Kap. 5) Weggang aus Mühlhausen war gerade ein halbes Jahr her, als ihr erstes Kind Catharina Dorothea geboren wurde. Die Taufe empfing sie am 29. Dezember 1708 in der Weimarer Kirche St. Peter und Paul, heute auch Herderkirche genannt. Zwei Frauen aus der Verwandtschaft, mit denen Bach in besonderer Dankbarkeit verbunden war, übernahmen Patenämter: Martha Catharina Lämmerhirt – die Witwe jenes Erfurter Onkels, der den jungen Eheleuten eine beachtliche Erbschaft vermacht hatte – und Johanna Dorothea Bach aus Ohrdruf (siehe Kap. 8), von der Johann Sebastian nach dem Tod seiner Eltern aufgenommen worden war. Mit einer weiteren Patenschaft des Pastors Georg Christian Eilmar wurden wohl freundschaftliche Kontakte aus der Mühlhäuser Zeit gefestigt.[311]

Als die Bachs im Dezember 1717 von Weimar nach Köthen wechselten, übernahm die knapp 9-jährige Catharina Dorothea vermutlich schon erste Verantwortung für ihre jüngeren Geschwister – Wilhelm Friedemann (7 Jahre), Carl Philipp Emanuel (3 Jahre) und Johann Gottfried Bernhard (2 Jahre).
Zweieinhalb Jahre später starb ihre Mutter – für Catharina Dorothea und ihre Geschwister der Tiefpunkt ihrer Kindheit. Nur gut, dass Tante Friedelena Margaretha Bach (siehe Kap. 11) noch zum Haushalt gehörte, nach dem plötzlichen Tod ihrer Schwester war sie wohl unentbehrlich geworden. Doch auch Catharina Dorothea wird nun zunehmend in die häuslichen Aufgaben einbezogen worden sein.

Mit 14 Jahren kam Catharina Dorothea mit ihrer Familie nach Leipzig, zu der seit eineinhalb Jahren Anna Magdalena (siehe Kap. 6) gehörte, die zweite Ehefrau Johann Sebastians. Über das Verhältnis Catharina Dorotheas zu ihrer gerade sieben Jahre älteren Stiefmutter lassen sich nur Vermutungen anstellen, vielleicht war

311 Bach-Dokumente, Bd. II, Nr. 42.

es eher ein geschwisterliches? Gut vorstellbar ist, dass die ehemalige Köthener Hofsängerin ihrer Stieftochter Gesangsunterricht erteilte, denn offenbar hatte diese dafür gute Anlagen. Bach erwähnte sie ausdrücklich in seinem berühmten Brief an Georg Erdmann vom 28. Oktober 1730, in dem er allen Kindern, also auch den Töchtern, bescheinigte, sie seien *gebohrne Musici*. Neben seiner Frau, die *gar einen sauberen Soprano singet,* nennt er – die Musikalität betreffend – jedoch nur die inzwischen 21-jährige Tochter, die *nicht schlimm einschläget.*[312] Das zwar eher verhaltene Lob drückt dennoch Bachs Stolz auf seine Tochter aus. Vielleicht wäre Catharina Dorothea gern Sängerin geworden? Doch Auftrittsmöglichkeiten für Mädchen oder Frauen gab es im bürgerlichen Leipzig zu dieser Zeit nur selten. Außerdem wurde die Familie immer größer, und Catharina Dorothea war wohl auch weiterhin im Haushalt unentbehrlich. Sie blieb unverheiratet.

Zu ihrem altersmäßig nahestehenden Bruder Wilhelm Friedemann hatte Catharina Dorothea offenbar ein gutes Verhältnis, und sie wählte ihn nach dem Tod des Vaters zu ihrem Kurator (Rechtsvertreter). Wilhelm Friedemann war im Herbst 1750 von Halle nach Leipzig gekommen und hielt sich hier bis Dezember auf, um die amtlichen Vorgänge zur Erbteilung zu regeln. Auch Catharina Dorothea musste mehrmals vor dem zuständigen Universitätsgericht erscheinen und Erbdokumente unterschreiben[313]. Da diese Schriftstücke jedoch nur in Abschrift überliefert sind, bleibt die Handschrift der ältesten Bach-Tochter bis heute unbekannt.

Zum Erbe der inzwischen knapp 42-jährigen Catharina Dorothea gehörte beispielsweise ein goldener Ring und ausgerechnet eine „Ehe-Schule“ – war es Zufall durch Auslosung der Bücher?

Bei der sonst einvernehmlichen Erbteilung kam es dennoch zu einem kleinen Konflikt, in den Catharina Dorothea verwickelt war. Ihr Bruder Wilhelm Friedemann hatte auch in ihrem Namen und dem seines in Hamburg lebenden Bruders Carl Philipp Emanuel Einspruch gegen die Schenkung von drei Tasteninstrumenten noch zu Lebzeiten des Vaters an dessen jüngsten Sohn Johann Christian erhoben. Die Einwände konnten jedoch entkräftet werden, da andere Familienangehörige die Rechtmäßigkeit der Schenkung bezeugten.[314] Gewiss war die Initiative zum Einspruch von Wilhelm Friedemann ausgegangen, der seine Geschwister – und

312 Bach-Dokumente, Bd. I, Nr. 23.
313 Bach-Dokumente, Bd. II, Nr. 627f., 630; Bd. V, S. 179; Blanken, S. 138f.
314 Bach-Dokumente, Bd. II, Nr. 628 (S. 504).

zwar nur die aus Bachs erster Ehe mit Maria Barbara – zur Unterstützung seines Anliegens mit aufführte, vielleicht sogar ungefragt?
Nach der Klärung der Erbangelegenheiten ist Catharina Dorothea über zwei Jahrzehnte lang nicht mehr in Leipzig nachweisbar. Wahrscheinlich ging sie kurz vor Weihnachten zusammen mit ihrem Bruder nach Halle und begann dort einen neuen Lebensabschnitt.[315] Nur zwei Monate später heiratete Wilhelm Friedemann die Hallenserin Dorothea Elisabeth, geb. Georgi (siehe Kap. 20). Mit ihrer Schwägerin wohnte Catharina Dorothea wohl viele Jahre zusammen, zuerst in der Großen Nikolaistraße, seit Anfang der 1760er Jahre in der Großen Klausstraße, im Bereich des heutigen Wilhelm-Friedemann-Bach-Hauses.[316] Offenbar kehrte sie erst nach Leipzig zurück, als ihr Bruder 1770 den Weggang aus Halle plante, um mit seiner Familie nach Braunschweig zu wechseln.

In Leipzig taucht Catharina Dorotheas Name erstmals wieder 1771 im Zusammenhang mit einer Einwohnererfassung auf.[317] Sie lebte nun mit ihren Halbschwestern Elisabeth Juliana Friederica Altnickol (siehe Kap. 17), Johanna Carolina (Kap. 18) und Regina Susanna Bach (Kap. 19) sowie zwei Nichten (Kap. 26 und 27) am Neukirchhof. Inwieweit Catharina Dorothea zum Familieneinkommen beitrug, ist unbekannt. Nur einmal findet sich eine Spur, als sie Anfang 1772 wie ihre beiden unverheirateten Schwestern und weitere fast 700 Bedürftige eine sehr kleine Unterstützung durch die Stadt Leipzig erhielt. Den drei Bach-Töchtern wurden zusammen 12 Groschen gezahlt. Die Ursache für diese geringe, aber viele Bedürftige betreffende Zahlung war eine Hungersnot aufgrund einer *fortwährenden Theurung*, wodurch die *Armuth alhier dermaaßen überhand genommen*.[318] Ob diese Auszahlung nur einmal oder über einen längeren Zeitraum hin erfolgte, geht aus dem überlieferten Dokument nicht hervor.
Am 14. Januar 1774 starb *Eine Jungfer 64. Jahr* [richtig: 65], *Catharina Dorothea, Herrn Johann Sebastian Bachs, Capellmeisters hinterlassene Tochter, am Neuen Kirchhofe*. Drei Tage später wurde sie auf dem Johannisfriedhof beerdigt.[319]

315 Hübner II, S. 250. Bei Spree, S. 57f., Überlegungen zu einem möglichen Aufenthalt Catharina Dorotheas in Halle bereits vor 1750.
316 Hübner VII, S. 103ff.
317 Szeskus, S. 137; Hübner III, S. 115f.
318 Hübner II, S. 253 (Zitat), siehe auch Szeskus, S. 137.
319 Bach-Dokumente, Bd. III, Nr. 783. Hier sind die Gebühren mit 1 Reichstaler, 22 Groschen angegeben. Im Begräbnisregister der Totengräber (Stadtarchiv Leipzig, Bd. 11) jedoch mit *grat Accid.* (ohne Accidentien).

17. Elisabeth Juliana Friederica Altnickol geb. Bach

* 1726 Leipzig, † 1781 Leipzig — J. S. Bachs und Anna Magdalenas Tochter

Unter den Bach-Töchtern nimmt Elisabeth Juliana Friederica eine besondere Stellung ein, denn nur sie war verheiratet und hatte Nachkommen. Bei ihrer Taufe am 5. April 1726 in der Leipziger Thomaskirche übernahmen die angesehenen Bürgerinnen Christiana Elisabeth Küstner (Ehefrau des Ratsherrn Gottfried Wilhelm Küstner) und Juliana Romanus (die Ehefrau des Stadtrichters Carl Friedrich Romanus) sowie der Jurist Johann Friedrich Falckner die Patenschaften.[320] Nebenbei bemerkt: Juliana Romanus war die Schwägerin des legendären

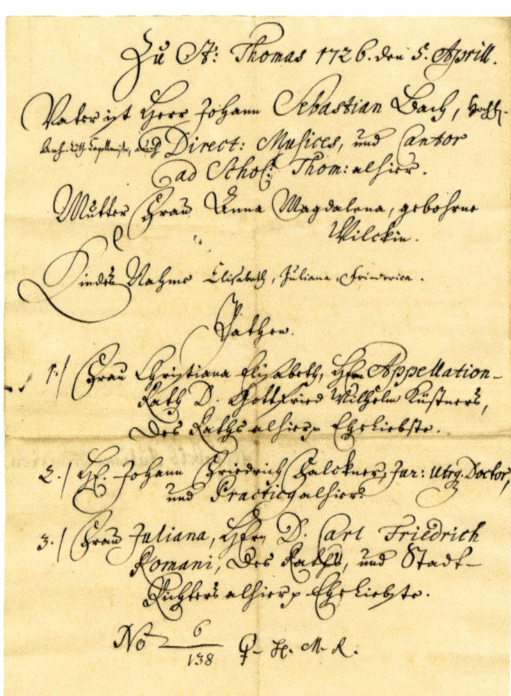

Zu St: Thomas 1726. den 5. Aprill.

Vater ist Herr Johann Sebastian Bach, Hochf. Anhalt-Cöthenischer Capellmeister, auch Direct: Musices, und Cantor ad Schol: Thom: alhier.

Mutter Frau Anna Magdalena, gebohrne Wilckin.

Kindes Nahme Elisabeth, Juliana Friderica.

Pathen.

1./ Frau Christiana Elisabeth, Hrn. Appellation-Raths D. Gottfried Wilhelm Küstners, des Raths alhier, Eheliebste.

2./ Hr. Johann Friedrich Falckner, Jur: Utrq. Doctor, und Practicus alhier.

3./ Frau Juliana, Herrn D. Carl Friedrich Romani, des Raths, und Stadt-Richters alhier, Eheliebste.

No 6/138

Taufzettel für Elisabeth Juliana Friederica Bach, 5. April 1726. In den Leipziger Taufeinträgen wurde stets auch die Mutter des Kindes genannt.

320 Bach-Dokumente, Bd. II, Nr. 204; Bd. V, S. 91.

Bürgermeisters Franz Conrad Romanus, der beim Kurfürsten in Ungnade gefallen war und über 40 Jahre lang auf der Festung Königstein gefangen gehalten wurde. Dessen Bruder Carl Friedrich dagegen praktizierte als Jurist und hatte für seine Amtsgeschäfte Räumlichkeiten im Bosischen Hause, direkt gegenüber der Thomasschule, angemietet.[321]

Über die Kindheit der Bach-Töchter ist kaum etwas überliefert. Nur aufgrund eines Zeugnisses, das Johann Sebastian seinem Schüler Bernhard Dietrich Ludewig ausstellte, ist eine Information zu dessen Hauslehrertätigkeit erhalten geblieben. Ludewig wohnte während seines Theologiestudiums vermutlich bei den Bachs, nahm beim Kantor Musikunterricht und übernahm im Gegenzug den Unterricht für die jüngeren Bach-Kinder. Als Ludewig 1737 eine Anstellung suchte, bescheinigte ihm Bach, dass er *Ihme* [...] *meine kleine Familie zu treufleißiger Information* [...] *untergeben* hatte.[322] Altersmäßig können damit nur der 13-jährige, zu dieser Zeit noch gesunde, später geistig behinderte Gottfried Heinrich und die knapp 11-jährige Elisabeth Juliana Friederica gemeint sein.

Als Johann Sebastian Bach seine Kaffeekantate „Schweigt stille, plaudert nicht" BWV 211 um das Jahr 1734 komponierte, war Elisabeth Juliana Friederica noch ein Kind. Eine gelegentlich vermutete Verbindung des in der Kantate auftretenden kaffeebegeisterten „Liesgens" mit Bachs namensverwandter Tochter ist daher kaum glaubhaft. Dennoch – zu Hause wurde sie auch gern „Liesgen" genannt.

Elisabeth Juliana Friederica war gerade erst 16 Jahre alt geworden, als sie am 19. April 1742 zum ersten Mal als Taufpatin in Erscheinung trat. Das Kind Juliana Christiana Böhme – die Tochter eines Unteroffiziers auf der Pleißenburg – empfing die Taufe in der Thomaskirche. Eine weitere Patenschaft folgte am 26. November 1747 bei Susanna Elisabeth Wauer, der Tochter eines Schloss-Soldaten. Welche Kontakte zu den Familien Böhme und Wauer bestanden, ist nicht bekannt.[323]

Am 20. Januar 1749 fand im Hause Bach ein einmaliges Ereignis statt, es wurde Hochzeit gefeiert. Die 22-jährige Elisabeth Juliana Friederica und der 29-jährige

321 Hübner VIII, S. 16.
322 Bach-Dokumente, Bd. I, Nr. 73 (Zitat), siehe auch Nr. 74.
323 Bach-Dokumente, Bd. II, Nr. 507 (Böhme), Nr. 560 (Wauer).

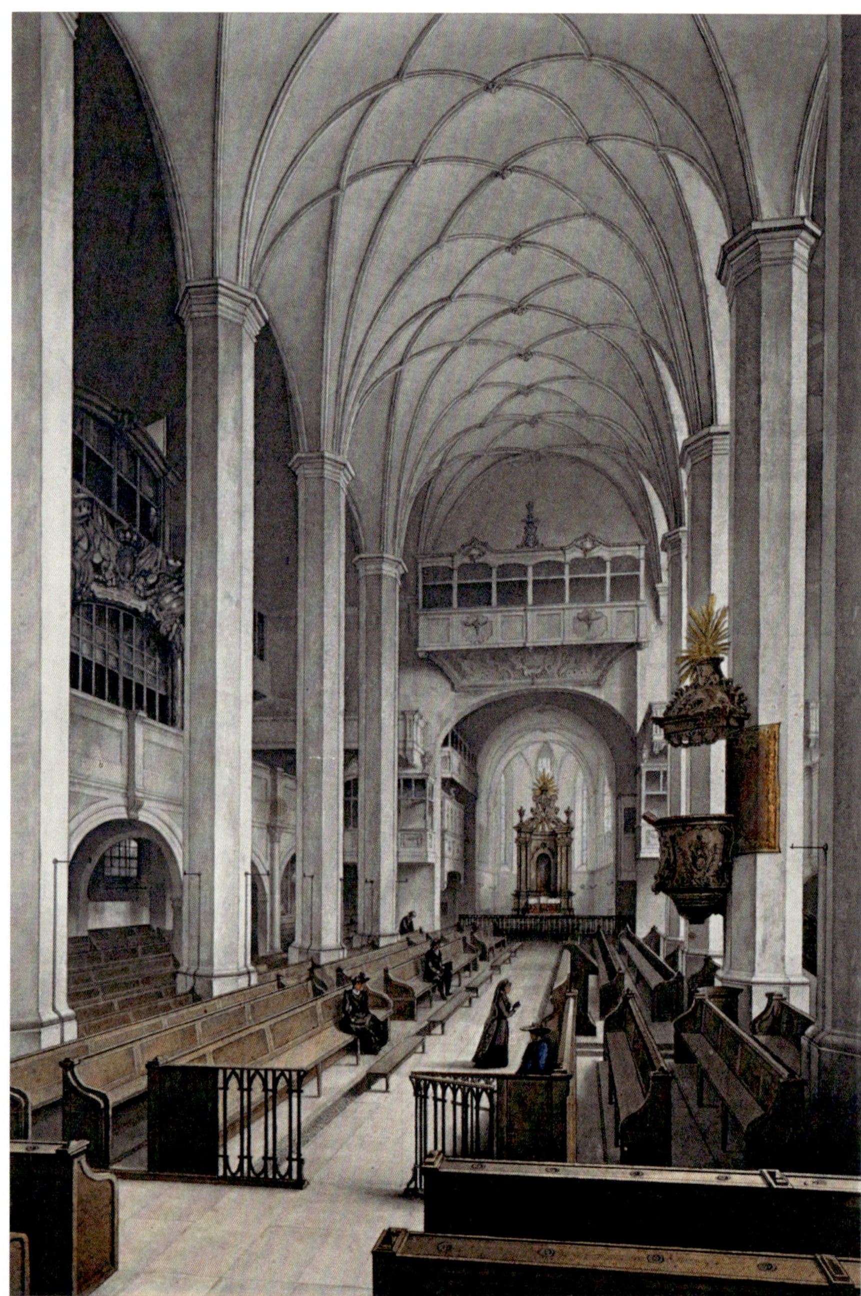

In der Thomaskirche wurde Elisabeth Juliana Friederica getauft und getraut. Der Innenraum der Kirche hatte sich seit den 1720er Jahren bis hin zur Umgestaltung Ende des 19. Jahrhunderts kaum verändert. Zeichnung von Hubert Kratz 1885.

ehemalige Bach-Schüler Johann Christoph Altnickol (1719 – 1759) heirateten in der Thomaskirche. Die Trauung fand in der zweitfeierlichsten Form statt, genannt *halbe Brautmesse,* wozu Glockengeläut, ein besonderer Kirchenschmuck, die Mitwirkung einiger Thomaner und mehrerer städtischer Musiker gehörten.[324] Die Orgel spielte – wenn nicht der Brautvater – wohl Johann Gottlieb Görner, Thomasorganist und Kollege Bachs. Bei der anschließenden Hochzeitsfeier wurde, wie üblich, unter den Gästen eine sogenannte *Hochzeit-Büchßen* herumgereicht, wobei die beachtliche Summe von 4 Talern, 1 Groschen und 5 Pfennigen zusammenkam.[325] Dieser Brauch gehörte zu einer der Einnahmequellen des städtischen Almosenamts.

Die Brautleute kannten sich schon mehrere Jahre vor ihrer Eheschließung, denn Johann Christoph hatte sich 1744 an der Leipziger Universität immatrikulieren lassen. Bald darauf nahm er Unterricht beim Thomaskantor und wohnte vielleicht auch in seinem Hause. Doch ein Jahr vor der Hochzeit – im Januar 1748 – verließ Altnickol Leipzig, um eine Anstellung als Organist in dem kleinen Ort Niederwiesa (heute Wieża, Polen) anzutreten. Vielleicht war diese Funktion nicht einträglich genug für eine Familiengründung oder ohnehin nur als Zwischenstation vorgesehen. Nachdem sich Altnickol noch im selben Jahr erfolgreich als Organist an der Wenzelskirche in Naumburg beworben hatte, stand der Familiengründung nichts mehr im Wege. Es folgten die Aufgebote sowohl in Leipzig als auch in Naumburg, und Altnickol versäumte nicht, sogar den Naumburger Stadtrat zur Hochzeit nach Leipzig einzuladen. Vermutlich handelte es sich dabei jedoch nur um eine Höflichkeitsfloskel, die schließlich ein Geldgeschenk von 6 Talern einbrachte.[326]

Gern hätte der Brautvater seinen Vetter Johann Elias aus Schweinfurt zu seiner *Tochter Ließgen Ehren Tage* eingeladen, doch musste er einräumen, es sei *freylich zu bedauern, daß die Entfernung unserer beyden Städte nicht erlaubet persöhnlichen Besuch einander abzustatten.*[327]

324 Bach-Dokumente, Bd. II, Nr. 579a. Stadtarchiv Leipzig, Akte Tit. VII.B.29, Bl. 65 (zu Brautmessen), für diesen Hinweis danke ich Andreas Glöckner, Leipzig.

325 Szeskus, S. 110.

326 Bach-Dokumente, Bd. I, Nr. 81 (Kommentar, betr. Altnickol); Bd. II, Nr. 578 (Aufgebot am 26. Dezember 1748 in Naumburg), Nr. 579a, Kommentar (Aufgebot am 5. Januar 1749 in Leipzig); Bd. II, Nr. 579 (Einladung und Geschenk).

327 Bach-Dokumente, Bd. I, Nr. 50 (Brief vom 2. November 1748 an Johann Elias Bach).

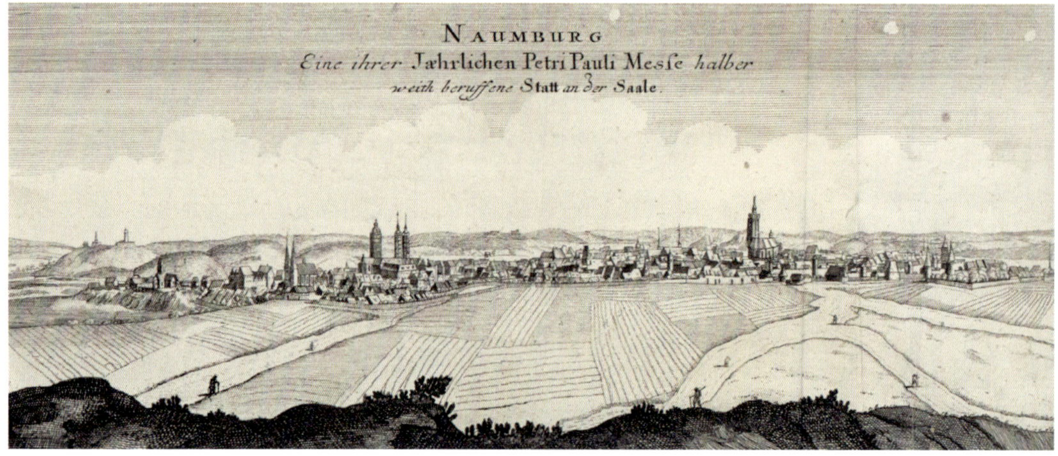

Nach ihrer Heirat im Januar 1749 ging Elisabeth Juliana Friederica nach Naumburg. Kupferstich von Gabriel Bodenehr, 1716.

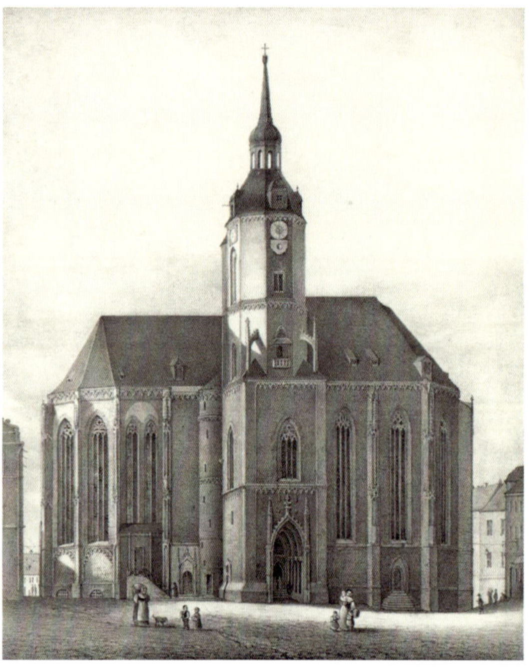

An der Naumburger Wenzelskirche war Elisabeth Juliana Friedericas Ehemann Johann Christoph Altnickol von 1748 an Organist. Die von Zacharias Hildebrandt neu erbaute Orgel hatte Johann Sebastian zusammen mit Gottfried Silbermann erst zwei Jahre zuvor geprüft. Lithographie von A. Brandt, um 1850

Wo die Altnickols in Naumburg wohnten, ist nicht überliefert. Noch im Jahr der Hochzeit kam ihr erstes Kind zur Welt, das den Namen des Großvaters erhielt. Doch es verstarb schon zwei Monate nach seiner Geburt, und im folgenden Jahr starb auch Johann Sebastian Bach in Leipzig. In seinen letzten Lebenstagen hatten ihn die Naumburger möglicherweise noch einmal besucht, zudem kamen sie im Herbst 1750 nach Leipzig. Die Abstimmung des Erbes und letzte Regelungen machten ihre Anwesenheit erforderlich. Johann Christoph trat nun in die Funktion des Kurators für seine Ehefrau. Da beide jedoch nicht bei allen juristischen Vorgängen vor Ort sein konnten, wurde noch ein Rechtsvertreter in Leipzig nötig. Diese Funktion übernahm der entfernte Verwandte Gottlob Siegmund Hesemann aus Weißenfels, der als Jurastudent in Leipzig weitere Funktionen bei der Erbteilung übernahm. Zu Elisabeth Juliana Friedericas Erbe gehörten beispielsweise mehrere theologische Bücher und ein wertvoller *Pocal mit Deckel*.[328]

Nach den Todesfällen kam bei den Altnickols endlich wieder eine positive Wende, denn es wurden noch zwei Töchter geboren, die das Erwachsenenalter erreichten:
Augusta Magdalena (1751–1809, siehe Kap. 26) und
Juliana Wilhelmina (1754–1818, siehe Kap. 27).
Doch fünf Jahre nach der Geburt der jüngsten Tochter starb Johann Christoph Altnickol im Alter von nur 39 Jahren. Am 25. Juli 1759 wurde er in Naumburg beerdigt. Sieben Monate später verlor Elisabeth Juliana Friederica auch noch ihre Mutter Anna Magdalena (siehe Kap. 6).

Mit ihren beiden Töchtern kehrte Elisabeth Juliana Friederica Anfang der 1760er Jahre – wahrscheinlich schon bald nach dem Tod der Mutter – zurück nach Leipzig und lebte nun zusammen mit ihren Schwestern in einer Wohngemeinschaft am Neukirchhof.[329] Fraglich ist allerdings die Situation ihres schwerbehinderten Bruders in dieser Zeit. Lebte er noch in Leipzig[330] oder verbrachte er seine letzten Lebensjahre in Naumburg? Bekannt ist nur, dass Gottfried Heinrich im Februar 1763 in Naumburg starb – zu einer Zeit, als sich Elisabeth Juliana Friederica offenbar schon wieder in Leipzig befand. Denkbar wäre, dass Anna Magdalena in ihren letzten Lebensjahren – ab 1757 vielleicht auch aus finanziellen Gründen – die

328 Bach-Dokumente, Bd. II, Nr. 628 (S. 503 betr. Zitat, S. 506f. Bücher); Blanken, S. 141 (Hesemann).

329 In einem Leipziger Dokument vom 5. Juli 1765 ist vermerkt, dass sich Elisabeth Juliana Friederica *seit 5. Jahren allhier* [Leipzig] *wohnhafft befindet,* siehe Szeskus, S. 156 (Anm. 40). Es ist aber nicht ausgeschlossen, dass die Zeitangabe ungenau mitgeteilt wurde und die Rückkehr nach Leipzig doch etwas später erfolgte.

330 Gottfried Heinrich ist zumindest bis 1753 in Leipzig nachweisbar, siehe Spree, S. 59.

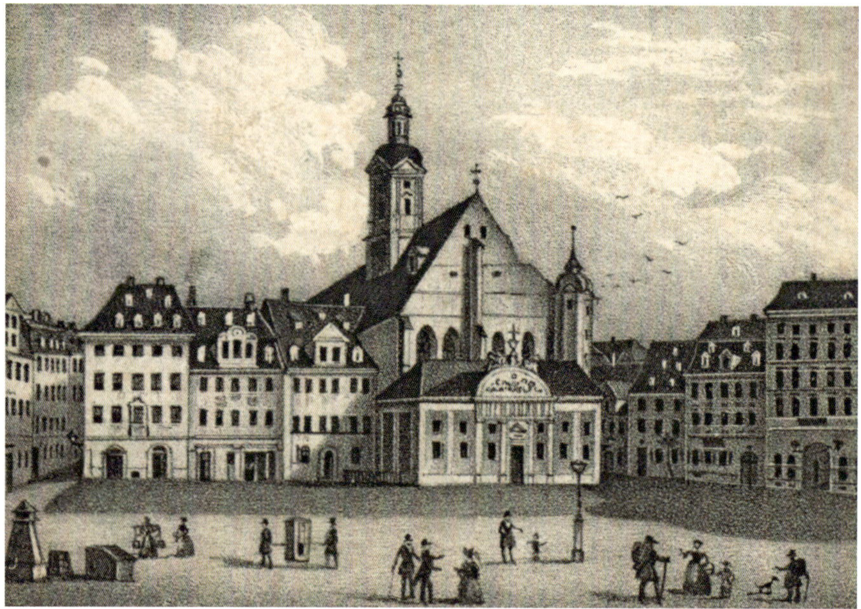

Am Leipziger Neukirchhof wohnten Elisabeth Juliana Friederica und ihre Schwestern. Die Neukirche – später Matthäikirche genannt – und die umgebenden Häuser sind nicht erhalten geblieben. Lithographie, 1840.

Pflege nicht mehr bewältigen konnte und Gottfried Heinrich bei seiner Schwester in Naumburg bessere Lebensbedingungen vorfand? Sein Zustand könnte Anfang der 1760er Jahre für eine Rückreise nach Leipzig in der Postkutsche bereits zu desolat gewesen sein. Möglicherweise wurde er deshalb in Naumburg in private Pflege gegeben.[331]

Ob Elisabeth Juliana Friederica bei ihrer Rückkehr nach Leipzig Hausrat aus Naumburg mitbrachte, ist unbekannt. Doch ihren wertvollsten Besitz ließ sie dort nicht zurück: die Notenhandschriften mit Werken ihres Vaters und Ehemanns.[332]
Für die verbliebenen Geschwister in Leipzig war Elisabeth Juliana Friedericas Rückkehr ein Gewinn, so konnten sie sich gegenseitig unterstützen, und es bestand die Aussicht auf eine Verbesserung der finanziellen Versorgung. Denn die

331 In den überlieferten Aufnahmelisten des Waisenhauses und der beiden Naumburger Hospitale ist Gottfried Heinrich nicht aufgeführt (nach freundlicher Auskunft von Anna Jungnickel, Stadtarchiv Naumburg). Spree (S. 60) vermutet, dass Gottfried Heinrich weiterhin in Leipzig blieb und während einer Reise 1763 in Naumburg verstorben sein könnte.

332 Wollny III, S. 91.

Witwe Altnickol hatte die Chance, das ehemals ihrer Mutter zugekommene, durch den Siebenjährigen Krieg aber ausgesetzte Graffsche Legat übernehmen zu können. Der langjährige Freund der Familie Bach, Friedrich Heinrich Graff, erfüllte diese Hoffnung und setzte Elisabeth Juliana Friederica als Nachfolgerin ihrer Mutter ein. Dies war aber erst 1765, zwei Jahre nach Ende des Siebenjährigen Krieges möglich. Zudem stand Graff zu seinem einst Anna Magdalena gegebenen Versprechen, ihren Töchtern die in den Kriegsjahren verlorengegangenen Einnahmen nachzuzahlen.[333] Als Legatsempfängerin musste sich Elisabeth Juliana Friederica nun wieder einen Rechtsvertreter suchen. Diese Funktion übernahm der Jurist Carl Ludwig Friedrich Schilling, der noch weitere vier Jahre lang für die Bach-Töchter tätig war.[334] Das Graffsche Legat bescherte den Frauen zweimal jährlich drei Taler, was schon eine spürbare finanzielle Hilfe bedeutete. Dagegen war die Lage Anfang der 1760er Jahre viel schwieriger gewesen. Wohl deshalb hatten sich die Schwestern damals entschlossen, etliche Musikalien aus ihrem Erbe zu veräußern. Dabei handelte es sich um Vokal- und Instrumentalwerke ihres Vaters, die von 1761 bis 1764 bei dem Verleger Johann Gottlob Immanuel Breitkopf zum Verkauf angeboten wurden.[335] Zahlreiche autographe Handschriften blieben jedoch vorerst in Familienbesitz.

Aufgrund ihres Rechtsstatus als Witwe, der über dem unverheirateter Frauen stand, wurde Elisabeth Juliana Friederica offiziell die Vorsteherin der Wohngemeinschaft am Neukirchhof. Aus einer Einwohnererfassung von November 1771, die auch die Tätigkeiten oder Stände der Personen vermerkt, geht hervor: *Fr. Altnikelin, Nähen* [Näherin], 2 *Kinder* und *bey sich,* 3. *Schwest.*[ern] *Carol. Bachin, Doroth. Bachin, Reg. Sus. Bachin,* im Hause von *Joh. Gottfr. Hubert, Tischler*[336] (zu den Schwestern siehe Kap. 16, 18, 19). Die Eintragungen geben auch Aufschluss über die Nachbarn: Im Hause wohnten noch die Familie des Hausbesitzers und Tischlers Johann Gottfried Hubert sowie die eines Krämers, eines Budenträgers, eines Zimmergesellen, eines Bedienten und ein Tagelöhner. Außerdem geht aus diesem Vermerk Elisabeth Juliana Friedericas Tätigkeit als Näherin hervor. Wahrscheinlich haben sich die Schwestern ebenfalls an den Näharbeiten beteiligt, um den Unterhalt der Wohngemeinschaft zu sichern.

333 Rothe, S. 391; Hübner II, S. 252f.
334 Wollny V, S. 41.
335 Bach-Dokumente, Bd. III, Nr. 711 und gegenüber S. 81.
336 Müller, Sp. 292; Hübner III, S. 115f.

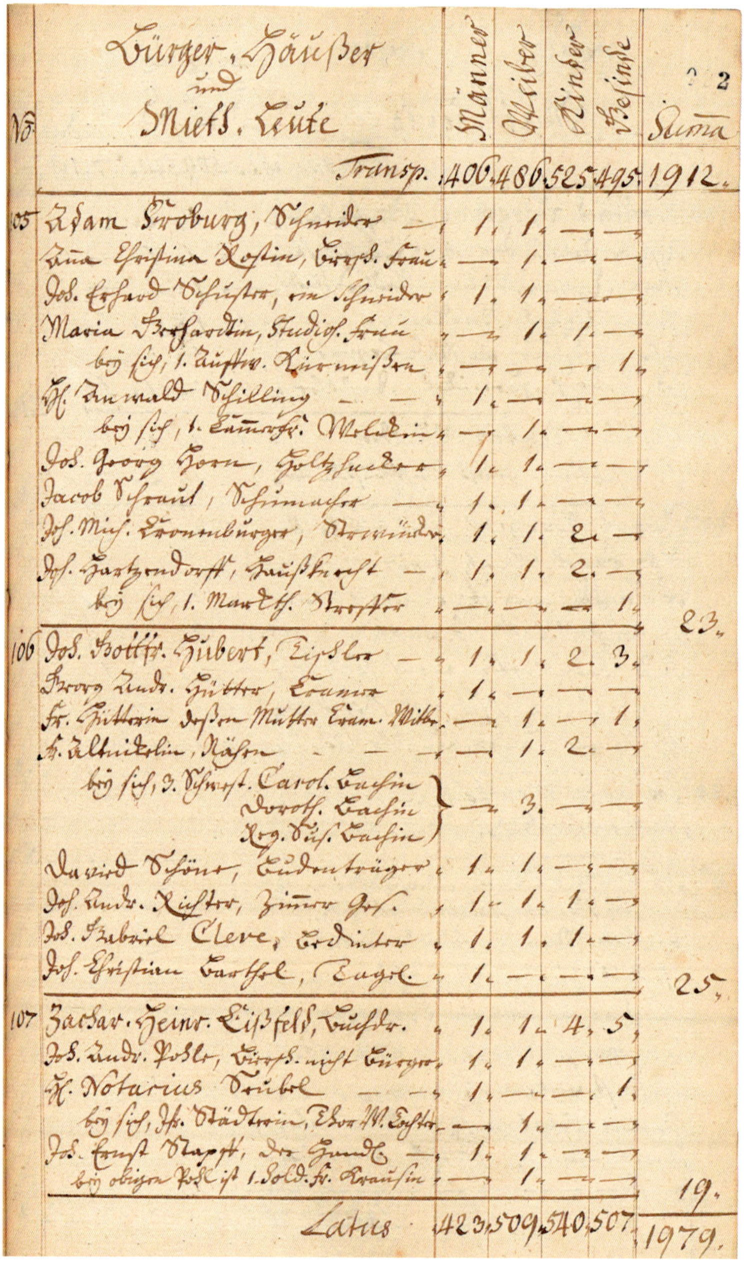

Dokument zur gemeinsamen Wohnung der vier Bach-Töchter und der beiden Kinder von Elisabeth Juliana Friederica am Neukirchhof (siehe im mittleren Eintrag). Die Erfassung von November 1771 nennt Hauseigentümer, Mieter – einige mit Gesinde – und deren Tätigkeiten.

Anfang der 1770er Jahre verschlechterten sich die Lebensbedingungen der Leipziger Bevölkerung aufgrund einer allgemeinen Teuerung dramatisch. Den Bach-Schwestern kam in dieser schwierigen Situation der in Hamburg lebende und gut situierte Bruder Carl Philipp Emanuel zu Hilfe. Er ließ regelmäßige Geldsendungen durch Verrechnungen seines Leipziger Geschäftspartners Johann Gottlob Immanuel Breitkopf an seine Halbschwester Elisabeth Juliana Friederica überbringen. Bis zu ihrem Tod erhielt sie auf diesem Wege größere Beträge: jährlich etwa 20 Taler oder mehr.[337]

Aus einem Brief Carl Philipp Emanuels an Breitkopf vom November 1778 geht zudem hervor, dass Elisabeth Juliana Friederica eine oder mehrere Zeichnungen ihres kürzlich in Rom verstorbenen Neffen Johann Sebastian Bach des Jüngeren besaß. Der jüngste Sohn Johanna Marias (siehe Kap. 21) und Carl Philipp Emanuels war ein begabter Zeichner, hatte von 1770 bis 1773 bei Adam Friedrich Oeser in Leipzig studiert und sicher auch Kontakt zu seinen Leipziger Tanten sowie seinen nur einige Jahre jüngeren Cousinen Augusta Magdalena und Juliana Wilhelmina Altnickol gehalten.[338]

Nach langjährigem Zusammenleben in der Wohngemeinschaft am Neukirchhof stellte sich 1777 endlich eine positive Veränderung ein. Die ältere Tochter Augusta Magdalena heiratete den Siegellackfabrikanten Ernst Friedrich Ahlefeldt. Das Ehepaar bezog nun eine komfortable Wohnung am Markt, während Elisabeth Juliana Friederica weiterhin bei der Familie am Neukirchhof blieb. Sie erlebte auch noch die Geburt zweier Enkeltöchter (1779 und 1780), von denen die älteste jedoch bald starb.

Von Elisabeth Juliana Friederica haben sich mehrfach Unterschriften erhalten, zumeist im Zusammenhang mit dem Graffschen Legat. Zum letzten Mal unterzeichnete sie am 3. Mai 1781 eine Quittung, drei Monate vor ihrem Tod.[339] Sie starb am 24. August 1781, nur acht Tage nach ihrer Schwester Johanna Carolina. Im Vermerk zu ihrer Beerdigung am 27. August auf dem Johannisfriedhof heißt es: *Eine Frau 54. Jahr* [richtig: 55], *Elisabeth Juliana Friderica geb. Bachin, Johann Christoph Altnickels, Organistens in Naumburg Witbe, am neuen Kirchhofe.* Für die

337 Bernhardt, S. 169; Suchalla, Bd. I, S. 250f., 279, 286 u. weitere.
338 Suchalla, Bd. I, S. 708f.; Hübner VI; Hübner X (J. S. Bach d. J.).
339 Hübner II, S. 253.

Beerdigungen beider Schwestern kam vermutlich ihr Halbbruder Carl Philipp Emanuel auf.[340]

Der Tod der Schwestern im Zeitabstand von nur einer Woche lässt als Ursache eine Infektionskrankheit vermuten. Auch unter der Leipziger Bevölkerung bestand der Verdacht einer Seuche. Der Leipziger Rat dementierte diesen zwar und ließ am 24. September 1781 in den Leipziger Zeitungen veröffentlichen, dass *dem hierwider fälschlich ausgestreueten Gerüchte, als herrscheten allhier ansteckende Krankheiten, öffentlich zu widersprechen, und, daß das nachtheilige Vorgeben einer Infection erdichtet sey.* Bemerkenswert ist in diesem Zusammenhang allerdings eine zwei Tage vor dieser Meldung erschienene Annonce, in der ein Medikament angeboten wurde, *da hier und da die rothe Ruhr herumgeht, wovon viele Menschen plötzlich sterben.*[341]

340 Stadtarchiv Leipzig, Leichenbücher der Leichenschreiberei, Bd. 30, Bl. 97 (Begräbniseintrag); Suchalla, Bd. II, S. 927f. Die von C. P. E. Bach 1781 angegebenen hohen Ausgaben beziehen sich wahrscheinlich nicht nur auf die Beerdigungskosten.

341 Hübner III, S. 124f.

18. Johanna Carolina Bach

*1737 Leipzig, †1781 Leipzig J. S. Bachs und Anna Magdalenas Tochter

Die zweitjüngste Tochter Anna Magdalenas (siehe Kap. 6) und Johann Sebastians war anscheinend eine fleißige Schreiberin, die über einen Zeitraum von fast 25 Jahren zahlreiche Quittungen verfasste und bereits mit etwa 16 Jahren ihre verwitwete Mutter beim Ausstellen oder Unterschreiben von Belegen unterstützte. Dass sich dabei etliche Fehler einschlichen, hing sicher mit einer nach dem Tod ihres Vaters frühzeitig reduzierten Schulausbildung zusammen – Johanna Carolina war zu dieser Zeit zwölf Jahre alt. Ungeachtet dieser schwierigen Bedingungen stellte sie sich offenbar geschickt an. Besonders häufig schrieb sie Quittungen zum Graffschen Legat aus, das zuerst ihre Mutter als Witwenlegat erhielt und später ihre Schwester, die Witwe Elisabeth Juliana Friederica Altnickol (siehe Kap. 17). Von dieser finanziellen Unterstützung profitierten jedoch alle im Haushalt lebenden Schwestern. Johanna Carolina unterzeichnete die Schriftstücke ganz nach den Erfordernissen nicht nur mit ihrem eigenen Namen, sondern auch mit dem ihrer Mutter und ihrer Schwestern. Die Schriftzüge der ersten, 1753 ausgestellten Quittungen zeigen kindliche Eigenschaften, später werden sie ausgeglichener – sie sind noch bis 1778 nachweisbar.[342]

Alle anderen Spuren Johanna Carolina betreffend sind schnell zusammengefasst. Zu ihrer Taufe am 30. Oktober 1737 versammelten sich in der Thomaskirche als Patinnen und Paten: Sophia Carolina Bose, eine Tochter aus der befreundeten Kaufmannsfamilie in der Nachbarschaft; der Diakon der Nikolaikirche Christian Weiß und Johanna Elisabeth Henrici, die Ehefrau von Bachs Textdichter Christian Friedrich Henrici, genannt Picander.[343]

Dreizehn Jahre lang lebte Johanna Carolina mit ihrer Familie in der Thomasschule, dann musste sie mit ihrer Mutter, ihrer jüngeren Schwester Regina

342 Wollny V, S. 39ff. (Schreiberin C).
343 Bach-Dokumente, Bd. II, Nr. 405; Bd. V, S. 97.

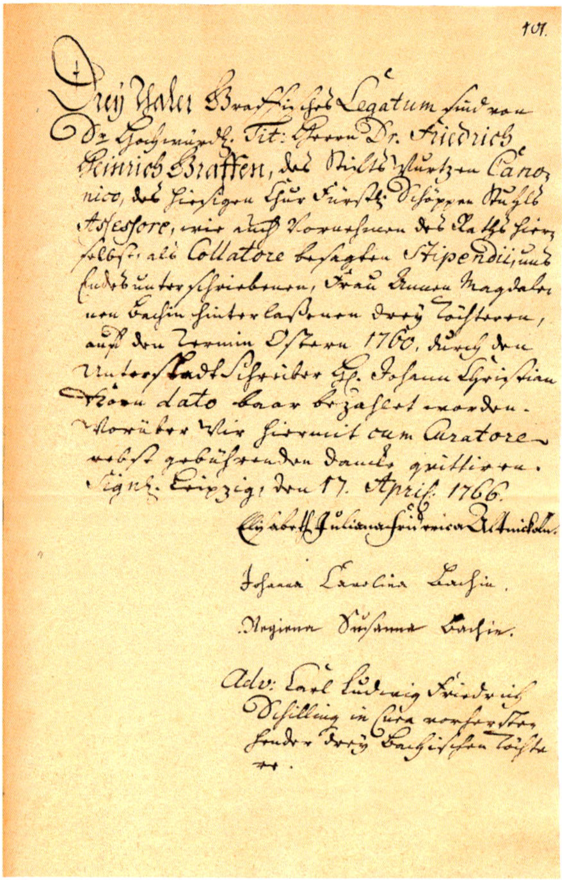

Quittung für eine Nachzahlung aus dem Graffschen Legat vom 17. April 1766. Neben *Johanna Carolina Bachin* unterzeichneten *Elisabeth Juliana Friederica Altnickolin* und *Regina Susanna Bachin*.

Susanna (siehe Kap. 19) und ihrem behinderten Bruder Gottfried Heinrich in eine Wohnung am Neukirchhof wechseln.

Nach Anna Magdalenas Tod im Februar 1760 kam die inzwischen verwitwete Schwester Elisabeth Juliana Friederica Altnickol mit ihren beiden Töchtern aus Naumburg zurück nach Leipzig und ein Jahrzehnt später auch ihre Halbschwester Catharina Dorothea (siehe Kap. 16) aus der Nachbarstadt Halle. Sie lebten und wirtschafteten zusammen und unterstützten sich auch finanziell. Johanna Carolina und ihre Schwester Regina Susanna erhielten als Hinterbliebene und unverheiratete Töchter weiterhin eine kleine Unterstützung durch die Universität, die zuerst aber geringer ausfiel als zu Lebzeiten der Mutter: monatlich 16 Groschen. Doch spätestens ab 1767 erfolgte eine Erhöhung auf 12 Groschen in der Woche (2 Taler im Monat). Gelegentlich gingen an die *Jgfr. Bachin* – womit sicher Johanna Carolina als die ältere der beiden unverheirateten Schwestern gemeint war – Oster- oder Weihnachtszulagen, bei besonderer Kälte zusätzliches Holzgeld oder Mittel aus einzelnen Privatspenden, beispielsweise im Januar 1768 12 Groschen aus der *Ackermannischen Spende*. Alle diese Zahlungen liefen über das sogenannte Universitätsalmosen. In der Notzeit der großen Teuerung kamen 1772 noch einmal einige Groschen durch die Stadt hinzu. Wie oft diese gezahlt wurden, ist jedoch ungewiss.[344]

Am 16. August 1781 verstarb *Eine Jungfer 44. Jahr, Johanna Carolina, Herrn Johann Sebastian Bachs, Capellmeisters hinterlassene Tochter, am neuen Kirchhofe*. Beerdigt wurde sie am 19. August auf dem Johannisfriedhof.[345] Vermutlich starb Johanna Carolina wie kurz darauf ihre Schwester Elisabeth Juliana Friederica an einer ansteckenden Krankheit.

344 Szeskus, S. 136f.; Hübner II, S. 251ff.
345 Bach-Dokumente, Bd. III, Nr. 850. An Gebühren wurden 2 Reichstaler gezahlt.

19. Regina Susanna Bach

* 1742 Leipzig, † 1809 Leipzig — J. S. Bachs und Anna Magdalenas Tochter

Regina Susanna – das 13. Kind Anna Magdalenas (siehe Kap. 6) – wurde am 22. Februar 1742 in der Leipziger Thomaskirche getauft. Mit der Wahl der Taufpaten festigten die Eltern ihre freundschaftlichen Beziehungen zu den Familien Bose und Graff, aus denen bereits mehrere Paten für ältere Bach-Kinder kamen. Patenschaften für Regina Susanna übernahmen die beiden Bose-Töchter aus der Nachbarschaft, Susanna Elisabeth und Anna Regina, sowie deren Verlobter, der Jurist Friedrich Heinrich Graff.[346]

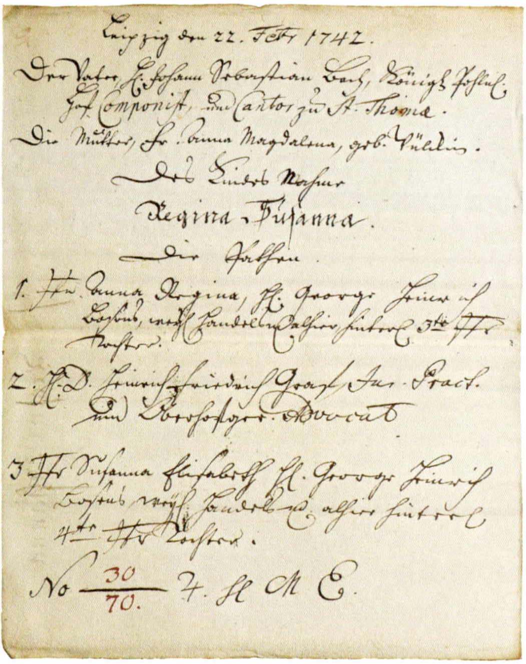

Taufzettel für Regina Susanna Bach, 22. Februar 1742.

346 Bach-Dokumente, Bd. II, Nr. 505; Bd. V, S. 98. Graffs gleichnamiger Vater war bereits 1724 Taufpate bei Gottfried Heinrich Bach.

Zu Hause in der Thomasschule wuchs Regina Susanna zusammen mit sechs Geschwistern auf, andere waren bereits vor ihrer Geburt verstorben, und zwei ältere Halbbrüder hatten ihr Elternhaus längst verlassen. Doch ab 1749 änderte sich die Situation: Regina Susannas Schwester Elisabeth Juliana Friederica (siehe Kap. 17) heiratete Anfang des Jahres und zog nach Naumburg, zudem verließ ihr Bruder Johann Christoph Friedrich das Haus zum Jahreswechsel 1749/50, um eine Anstellung in Bückeburg anzunehmen. Nach dem Tod des Vaters im Juli 1750 kam es zwangsläufig zu weiteren Veränderungen: Ihr Bruder Johann Christian wurde von seinem Halbbruder Carl Philipp Emanuel in Berlin aufgenommen, und ihre Halbschwester Catharina Dorothea (siehe Kap. 16) lebte nun wahrscheinlich bei ihrem Bruder Wilhelm Friedemann in Halle. Für die achtjährige Regina Susanna muss der Verlust ihres Vaters und der Wegzug mehrerer Geschwister ein schmerzlicher Einschnitt gewesen sein.
Hinzu kam Anfang des Jahres 1751 der Auszug aus der vertrauten Thomasschule und der Wechsel in eine kleinere Wohnung am Neukirchhof, wo nur noch vier Familienmitglieder zusammenlebten: die Mutter Anna Magdalena mit ihren Kindern Regina Susanna, Johanna Carolina (siehe Kap. 18) und zumindest in den ersten Jahren auch mit dem behinderten Bruder Gottfried Heinrich. Nach dem Tod der Mutter 1760 kehrte die inzwischen verwitwete Schwester Elisabeth Juliana Friederica mit ihren beiden Töchtern von Naumburg zurück nach Leipzig, und rund ein Jahrzehnt später kam auch Catharina Dorothea wieder in den gemeinsamen Haushalt der Schwestern am Neukirchhof.

Regina Susannas eigenhändige Unterschrift ist erstmals auf einem Dokument vom 20. Mai 1765 zu finden. Die Dreiundzwanzigjährige unterzeichnete zusammen mit ihren Schwestern die Quittung für eine Nachzahlung von 6 Talern aus dem Graffschen Legat.[347] In den Kriegsjahren waren einige Zahlungen ausgesetzt und nun aufgrund der guten Beziehungen zwischen den Familien Graff und Bach nachgezahlt worden. Zudem durfte die verwitwete Schwester das ehemals Graffsche Legat der Mutter übernehmen, sodass nach den schwierigen Jahren während des Siebenjährigen Krieges wohl eine finanzielle Entspannung eintrat – doch die Not kam nur wenige Jahre später zurück. Durch die große Teuerung 1771/72 und die Rückkehr der mittellosen Catharina Dorothea stand die Schwesterngemeinschaft erneut vor finanziellen Problemen.

347 Hübner II, S. 252.

Eine kleine Unterstützung durch die Stadt Leipzig von 12 Groschen für die drei unverheirateten Schwestern half wohl nur über die allergrößte Not hinweg.[348] Eine spürbarere Hilfe waren dagegen die Geldsendungen Carl Philipp Emanuel Bachs aus Hamburg (siehe S. 153).

Ab 1774 wurde die Bach-Altnickol-Wohngemeinschaft kleiner, denn ihre älteste Bewohnerin Catharina Dorothea war im Januar gestorben. Drei Jahre später verließ auch die ältere der beiden Altnickol-Töchter, Augusta Magdalena (siehe Kap. 26) die gemeinsame Wohnung, da sie heiratete. Und nach zwei Todesfällen im Sommer 1781 – Johanna Carolina und Elisabeth Juliana Friederica – verblieben nur noch Regina Susanna und ihre Nichte Juliana Wilhelmina Altnickol (siehe Kap. 27). Ob sie weiterhin zusammen am Neukirchhof wohnten, ist aber ungewiss. Vielleicht lebte Juliana Wilhelmina nun im Haushalt ihrer Schwester Augusta Magdalena Ahlefeldt am Markt, möglicherweise zusammen mit Regina Susanna? Denkbar wäre auch, dass Letztere ab 1792 zum Haushalt der inzwischen ebenfalls verheirateten, kinderlos gebliebenen Juliana Wilhelmina Prüfer gehörte.

Am 25. November 1781 erlebte die Leipziger Musikwelt ein denkwürdiges Ereignis. Erstmals fand in dem neu eröffneten Gewandhaussaal ein Konzert statt, wobei auch der Name Bach in Erinnerung kam. So konnten die Gäste in dem von Adam Friedrich Oeser gemalten Deckengemälde den Namenszug *Bach* finden, und unter Leitung von Johann Adam Hiller wurde u.a. eine Sinfonie von Johann Christian, dem Londoner Bach, aufgeführt.[349] Ob zu diesem Konzert Regina Susanna – die einzig noch lebende Bach-Tochter – bestenfalls als Ehrengast eingeladen worden wäre, darüber hat niemand berichtet. Vermutlich wurde sie vergessen.

Die finanzielle Situation Regina Susannas war nach 1781 offenbar dürftig. Besonders bemerkbar machte sich nun, dass die Zahlungen aus dem Witwenlegat der verstorbenen Elisabeth Juliana Friederica und deren zusätzliche Einnahmen als Näherin entfielen. An regelmäßigen Einkünften blieben Regina Susanna nur die Almosenzahlungen durch die Universität, die seit 1750 an die Hinterbliebenen

348 Szeskus, S. 137; Hübner II, S. 253. Die Zahlung ist im Januar 1772 nachweisbar. Ob es sich um eine einmalige oder regelmäßige monatliche Unterstützung handelte, ist ungewiss.

349 Bach-Dokumente, Bd. III, Nr. 854; Dörffel, S. 20.

Johann Sebastian Bachs gingen. Die Höhe der Auszahlungen richtete sich stets nach der Anzahl der empfangsberechtigten Personen, sodass Regina Susanna nur noch 6 Groschen in der Woche erhielt. Ab 1795 kamen zwar viermal jährlich 8 Groschen aus der Stiftung der wohlhabenden Leipzigerin Erdmuthe Sophia Frege hinzu,[350] doch änderte sich die Lage dadurch kaum.

Dann aber trat eine unerwartet positive Wendung ein. Der Leipziger Musikschriftsteller Johann Friedrich Rochlitz wurde auf die letzte noch lebende Bach-Tochter aufmerksam – auch deren Brüder waren inzwischen alle verstorben –, und er veröffentlichte im Mai 1800 in der von ihm herausgegeben Allgemeinen Musikalischen Zeitung folgenden Spendenaufruf: *Und diese Tochter, jezt im hohen Alter – diese Tochter darbt. Sehr wenige wissen es; denn sie kann – nein, sie soll, sie wird auch nicht betteln! Sie wird es nicht: denn gewiß hört man auf dies bittende Wort um ihre Unterstützung; gewiß giebt es noch gute Menschen, welche [...] auf eine anständige Veranlassung achten, den lezten Zweig eines so fruchtreichen Stammes nicht ohne Pflege eingehen zu lassen.*[351] Ob sich Regina Susanna tatsächlich in einer so großen Notlage befand oder ob der Verfasser die Situation etwas zuspitzte, um ein möglichst gutes Spendenergebnis zu erlangen, ist ungewiss. Jedenfalls zeigte der Aufruf Wirkung, und nach sieben Monaten konnte Rochlitz in seiner Zeitung ein Dankschreiben Regina Susannas veröffentlichen, aus dem hervorgeht, dass 96 Taler und 5 Groschen zusammengekommen waren. Zu den Spendern gehörten beispielsweise Christian Friedrich Carl Fasch (Gründer der Sing-Akademie zu Berlin), Carl Friedrich Zelter (der spätere Leiter der Sing-Akademie) und ein Herr Müller aus Leipzig (vermutlich Thomaskantor August Eberhard Müller).[352] Fast 100 Taler waren für Regina Susanna eine Summe, über die sie zuvor wohl noch nie verfügen konnte.

Im folgenden Jahr kam sogar noch einmal ein weit höherer Spendenerfolg zustande: Johann Andreas Streicher – Klavierbauer in Wien und Jugendfreund Friedrich Schillers – veranstaltete eine zweite Sammlung, die sogar rund 200 Taler erbrachte. Es spendeten u. a. Gottfried Freiherr van Swieten und Franz Joseph Maximilian von Lobkowitz. Beethoven wollte sich eigentlich auch beteiligen, hatte es aber offenbar wieder vergessen. Von dieser zweiten Sammlung berichtete die Allgemeine Musikalische Zeitung ebenfalls, zudem

350 Bernhardt, S. 169f.; Szeskus, S. 138; Hübner II, S. 251f., 254.

351 Bach-Dokumente, Bd. III, Nr. 1034.

352 Bach-Dokumente, Bd. III, Nr. 1044; Bernhardt, S. 170ff.

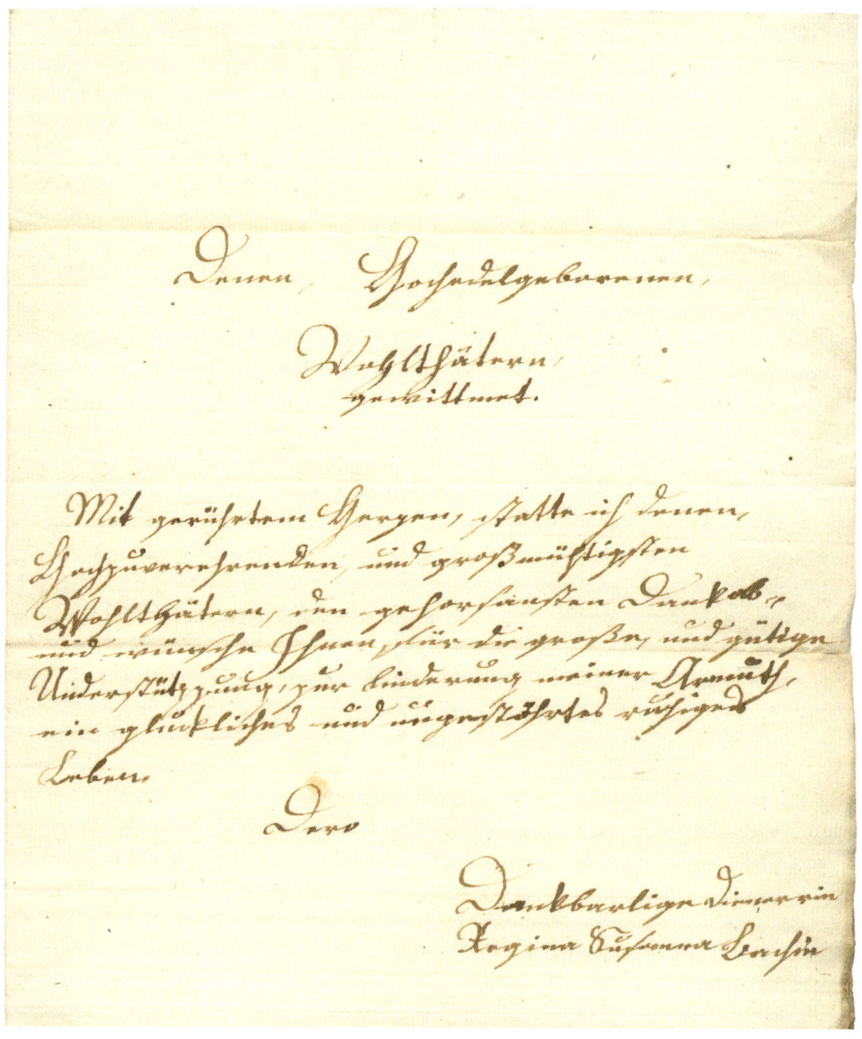

Denen Hochedelgeborenen
Wohlthätern
gewittmet.

Mit gerührtem Herzen, statte ich denen,
Hochzuverehrenden und großmühtigsten
Wohlthätern, den gehorsamsten Dank ab,
und zärtliche Thränen, für die großen, und gütigen
Unterstützung, zur Lindrung meiner Armuth,
ein glückliches und ungestörtes ruhiges
Leben.

Dero

Dankbarligste Dienerin
Regina Susanna Bachin

Regina Susannas eigenhändiges Dankschreiben für den Ertrag der zweiten Spendensammlung, Mai 1801.

erschien wiederum eine Danksagung von Regina Susanna. Diese und wohl auch die erste Danksagung hatte Rochlitz für den Druck etwas verändert. Nur von dem zweiten Dankschreiben blieb die im Mai 1801 entstandene Originalfassung Regina Susannas erhalten:

Denen Hochedelgeborenen Wohlthätern gewittmet. Mit gerührtem Herzen, statte ich denen, Hochzuverehrenden und großmühtigsten Wohlthätern, den gehorsamsten

Dank ab, und wünsche Ihnen für die große, und gütige Understützzung zur Linderung meiner Armuth ein glückliches und ungestöhrtes ruhiges Leben. Dero Dankbarlige Dienerrin Regina Susanna Bachin.[353]

Die Erinnerung an Regina Susanna zog weitere Kreise, so hatte der Zürcher Musikalienhändler Hans Georg Nägeli noch vor Beginn der Wiener Spendensammlung Kontakt mit der Leipziger Bach-Tochter aufgenommen. Als letzte direkte Bach-Erbin besaß sie zahlreiche Handschriften und weitere Musikalien aus den ehemaligen Beständen ihres Vaters. Nägeli beabsichtigte, den Status des allein rechtmäßigen Verlegers für Bachs Werke zu erlangen. Als Gegenleistung stellte er einen finanziellen Anteil für Regina Susanna in Aussicht, die jedoch das Ansinnen Nägelis – abgesehen von einigen Einzelverkäufen – im Frühjahr 1801 ablehnte.[354]

Und noch einmal erhielt Regina Susanna eine Zuwendung: Im Testament der Leipzigerin Rahel Carolina Friederica Kees wurde sie ebenso wie weitere neun unverheiratete Frauen 1803 mit 100 Talern bedacht.[355]

Für Regina Susanna ergab sich nun eine für ihre Verhältnisse so komfortable Situation, dass sie in eine der schönsten Leipziger Vorstadtstraßen, die Quergasse, umziehen konnte. In welchem Haus sie dort lebte, ist nicht bekannt. Vielleicht wurde sie in ihren letzten Lebensmonaten von ihrer Großnichte Christiana Johanna, geb. Ahlefeldt (siehe Kap. 31) betreut? Diese hatte im Mai 1809 geheiratet und wohnte ebenfalls in der Quergasse – in der Nähe oder zusammen mit ihrer Großtante?[356]

Am 14. Dezember 1809 starb Regina Susanna im Alter von 67 Jahren. Im Begräbnisbuch ist vermerkt: *Eine Jungfer* [...] *Regine Susanne, Herrn Johann Sebastian Bachs, Musicdirectors und Cantors an der Thomas Schule hinterlassene Tochter, auf der Quergasse st*[arb] *14. Dec. a. 11. Uhr.*[357] Bei ihrer Beerdigung am 17. Dezember auf dem Johannisfriedhof sangen wie ehemals bei den Begräbnissen ihrer Mutter und Schwestern einige Thomaner (eine sogenannte ¼ Schule). In einer Leipziger Zeitung war am Heiligabend 1809 zu lesen: *Sonntags* [17. Dezember]. *Eine Jungfer* [...] *Hrn. Joh. Sebastian Bachs, Musikdir. und Cantors an hiesiger Thomasschule*

353 Bernhardt, S. 173ff.
354 Gojowy, S. 71ff.
355 Hübner IX, S. 241f.
356 Hübner III, S. 134.
357 Bach-Dokumente, Bd. III, Nr. 1044 (Kommentar).

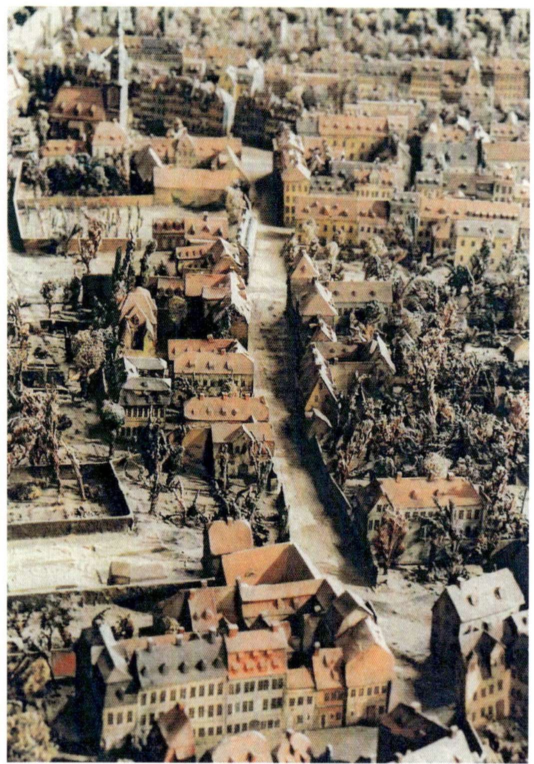

Die Quergasse in Leipzig, wo Regina Susanna zuletzt wohnte. Ausschnitt aus dem Stadtmodell von Johann Christoph Merzdorf, 1823.

Hinterl.[assene Tochter] *auf der Quergasse*. Ihr Name war dabei weniger von Interesse und wurde nicht genannt. Es war ein milder, windstiller Wintertag mit Temperaturen um 3 bis 4° C und morgendlichem Rauhreif, als sie zu Grabe getragen wurde.[358]

358 Stadtarchiv Leipzig, Leipzig. Ein Tageblatt für Einheimische und Auswärtige, 176. Stück, 24. Dezember 1809.

20. Dorothea Elisabeth Bach

geb. Georgi

*1721 Halle(Saale), †1791 Berlin

J. S. Bachs und Maria Barbaras Schwiegertochter
Ehefrau von Wilhelm Friedemann Bach

In der zu Preußen gehörigen Universitäts- und Salinenstadt Halle an der Saale kam Dorothea Elisabeth am 30. Juni 1721 zur Welt. Sie war die erste Tochter des Königlichen Steuereinnehmers und Pfänners Johann Gotthilf Georgi. Das Taufregister der Marktkirche Unser Lieben Frauen verzeichnet am 2. Juli zwei Patinnen und einen Paten:
Maria Elisabeth, geborene Rinckhammer – sie war die Witwe des Theologen Johann Christian Olearius, ein Verwandter des in Arnstadt wirkenden Theologen Johann Christoph Olearius – sowie zwei Angehörige der Familie Becker. Mit dem Vermerk zum Taufpaten und zugleich *Großvater des Kindes*, dem Licentiaten, Rats-Kämmerer und Pfänner *Andreas Becker* ist zumindest indirekt eine Information über die Mutter mitgeteilt, deren Namen im Taufregister nicht genannt ist – sie war demnach eine Tochter von Andreas Becker. Außerdem übernahm *Frau Dorothea Lucia, Herr Lic.*[entiat] *August Beckers Rathmann und Oberborn-Meisters, wie auch Vorsteher der l.*[ieb] *Fr*[auen] *Kirche und des Gymnas. Quaestoris und Vornehmer Pfänners Eheliebste* eine Patenschaft.[359]
August Becker – offenbar ein älterer Bruder von Dorothea Elisabeths Mutter und somit ein Onkel des Täuflings[360] – unterhielt langjährige gute Verbindungen zu Johann Sebastian Bach.
Dass die Hallenser Bach gern als Organist an der Marktkirche gesehen hätten, dieser jedoch Anfang 1714 absagte und dennoch zwei Jahre später zur Prüfung der neuen Orgel eingeladen wurde – bei all diesen Vorgängen hatte nicht zuletzt Becker seine Hand im Spiel. Davon zeugt eine umfangreiche Korrespondenz, die

359 Marienbibliothek Halle, Marktkirche Unser Lieben Frauen, Taufregister 1711–1721, S. 574.
360 Ein Hinweis darauf, dass Dorothea Elisabeths Mutter und August Becker Geschwister waren, findet sich im Taufeintrag betreffend Beckers gleichnamigem Sohn vom 15. August 1694. Als Taufpate und *Vater* [des Vaters] wird *Secretär Andreas Becker* genannt. Für diese Information danke ich Anke Fiebiger, Halle.

sogar auf ein freundschaftliches Verhältnis zwischen beiden schließen lässt.[361] Diese Kontakte spielten vermutlich noch eine Schlüsselrolle bei der späteren Verbindung Dorothea Elisabeths mit Wilhelm Friedemann Bach.

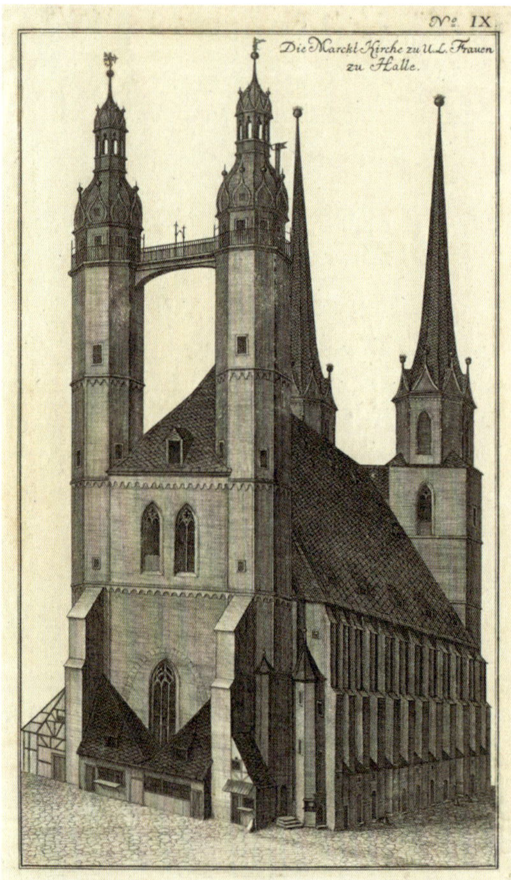

In der Marien- oder Marktkirche wurde Dorothea Elisabeth Georgi getauft. Ihr späterer Ehemann Wilhelm Friedemann Bach war hier 18 Jahre lang Organist und Musikdirektor. Kupferstich von Johann David Schleuen, 1755.

Die Georgis verfügten als angesehene Hallesche Pfänner (Besitzer von Solgut und Siedekothen zur Salzgewinnung) mit mehreren Immobilien über einen stattlichen Grundbesitz. So wuchs Dorothea Elisabeth in einem gutbürgerlichen und wohlsituierten Umfeld auf. Im Februar 1751 schloss die 29-Jährige die Ehe mit dem 40-jährigen Organisten der Marktkirche. Beide waren für damalige Verhältnisse im Alter schon ungewöhnlich weit fortgeschritten. Im Trauregister heißt es:

361 Bach-Dokumente, Bd. I, Nr. 2, 4, 5; Bd. II, Nr. 62–65, 70, 76, 78; Bd. V, S. 124f.

H[err] *Wilhelm Friedemann Bach, Director Musices und Organiste bey dieser Kirche, zu U. l. Fr.* [Unser Lieb Frauen], *u. Jgfr* [Jungfrau] *Dorothea Elisabeth, Herrn Johann Gotthilf Georgi, Königlichen Einnehmers bey der Accise Caße alhier ehleibl. älteste Tochter* [...] *Copulirt. Donnerstag 25ten Febr. hor.*[a] *4. in aedib.*[us] *privat. a Dom.*[inus] *Diac.*[on] *Litzmann. T.*[estis = Trauzeuge] *pater sponsae* [Vater der Braut].[362] Die Trauung fand demnach nachmittags 16 Uhr, wie beim gehobenen Bürgertum gern gehandhabt, zu Hause bei den Georgis statt.

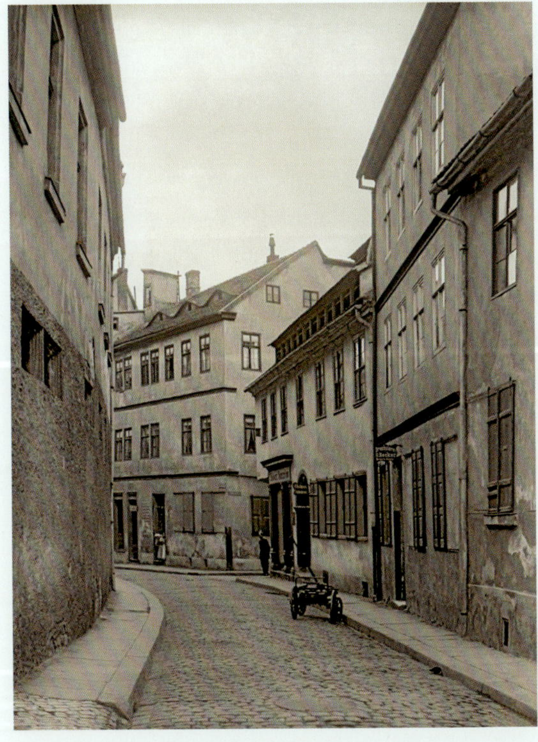

Die Große Nikolaistraße in Halle, um 1900. Auf der rechten Straßenseite in der Mitte ist das Eckhaus Nr. 8 zu sehen, davor Nr. 9. In einem der beiden Gebäude – vermutlich dem repräsentativeren Eckhaus – wohnten die Bachs bis Anfang der 1760er Jahre.

Zur Zeit der Eheschließung war Wilhelm Friedemann schon knapp fünf Jahre als Organist und Musikdirektor an der Marktkirche tätig. Jeden dritten Sonntag und an allen Feiertagen führte er in der Marktkirche eine Kantate auf, sein Orgelspiel muss phantastisch gewesen sein. Als Ehefrau des bedeutendsten Musikers der Stadt hatte Dorothea Elisabeth allen Grund, eine Zukunft mit guter Perspektive zu erwarten.

362 Marienbibliothek Halle, Marktkirche Unser Lieben Frauen, Trauregister 1735–1753, S. 556; siehe auch Falck, S. 33.

Wo die Bachs in den ersten gemeinsamen Jahren wohnten, ist fraglich, denn erst im Jahr 1759 sind sie als Mieter im Bereich der heutigen Großen Nikolaistraße 8/9 (nicht erhalten) nachweisbar.[363] Da die beiden Gebäude unter einer Grundstücksnummer zusammengefasst wurden, bleibt ungewiss, in welchem die Familie Bach wohnte – wahrscheinlich jedoch im repräsentativeren Eckhaus. Gut möglich, dass zur Ausstattung der Wohnung das Johann Sebastian Bach darstellende Gemälde von Elias Gottlob Haußmann aus dem Jahr 1746 gehörte (siehe S. 206f.).[364]
Dorothea Elisabeth und Wilhelm Friedemann hatten drei Kinder: Ihr ältester Sohn Wilhelm Adolf wurde 1752 geboren und verstarb noch im selben Jahr im Alter von zehn Monaten *am Jammern*. Der 1754 geborene Gotthilf Wilhelm starb 1756 mit 1½ Jahren *am Stickfluß*. Nachdem die Eltern ihre ersten beiden Kinder verloren hatten, kam im Februar 1757 ihre Tochter Friederica Sophia (siehe Kap. 24) zur Welt, die schließlich das Erwachsenenalter erreichte.
Während sich die Patenschaften beim zweiten Sohn auf den Verwandtenkreis beschränkten – Catharina Elisabeth Becker sowie Christian Friedrich und Johann Gotthilf Georgi –, wurden beim ersten und dritten Kind ausschließlich adelige Patinnen und Paten gewählt. Diese in Berlin, Dresden und andernorts lebenden Persönlichkeiten ließen sich alle vertreten,[365] vermutlich übernahmen sie die angefragten Patenschaften nur aus Höflichkeit.

Zu Dorothea Elisabeths Alltag gehörte wohl seit ihrer Eheschließung die Anwesenheit ihrer Schwägerin Catharina Dorothea Bach (siehe Kap. 16). Zum engeren Bekanntenkreis der Bachs zählten vielleicht auch die Nachbarn Gründler, die im selben Haus oder im Nebenhaus wohnten. Wilhelm Friedemann und der Kupferstecher sowie Maler Gottfried August Gründler verbanden immerhin mehrere Gemeinsamkeiten. Sie kannten sich schon aus der Leipziger Zeit als Kommilitonen und interessierten sich beide für Naturwissenschaften, speziell für Mathematik. Gottfried August Gründlers Schaffen ist noch heute in Halle zu bewundern: Er war es, der die berühmte Sammlung der Franckeschen Stiftung katalogisierte und die Schränke der Kunst- und Naturaliensammlung bemalte – dies jedoch noch, bevor Bach nach Halle kam.[366]

363 Serauky, S. 19; Hübner VII, S. 103ff.

364 Bach-Dokumente, Bd. IX, S. 41. Später gelangte das Bild in den Besitz von August Eberhard Müller, seit 1809 gehört es der Leipziger Thomasschule, heute im Stadtgeschichtlichen Museum Leipzig ausgestellt.

365 Bitter II, S. 215f.; Falck, S. 33f.

366 Hübner VII, S. 107ff.

Gute Kontakte bestanden gewiss auch zu der Familie des entfernten Verwandten Georg Michael Bach, Kantor an der Halleschen Ulrichskirche. Dessen Sohn Johann Christian, auch „Hallescher Clavier-Bach“ genannt, und andere Schüler Wilhelm Friedemanns, wie der spätere Dessauer Hofmusikdirektor Friedrich Wilhelm Rust, gingen bei den Bachs sicher ein und aus. Zudem war die Hallesche Verlegerfamilie Gebauer eng mit Wilhelm Friedemann verbunden – inwieweit freundschaftliche Beziehungen zwischen den beiden Frauen bestanden, ist allerdings unbekannt.[367]

Während der achtzehn Jahre dauernden Anstellung Wilhelm Friedemanns erlebten die Gottesdienstbesucher in der Marktkirche wunderbare Musik – oftmals eigene Werke, kombiniert mit denen Johann Sebastians. Den Hallensern wird dennoch nicht verborgen geblieben sein, dass es zwischen ihrem Musikdirektor und dessen Arbeitgebern zunehmend zu Spannungen kam. Wilhelm Friedemann hatte schließlich schon bei seinem Vater erlebt, dass dieser Auseinandersetzungen mit der Obrigkeit nicht scheute und solche wohl auch zu seinem künstlerischen Selbstverständnis gehörten. Doch Friedemanns Dienstverletzungen gingen darüber hinaus, so wurden ihm 1761 *Vergessenheit* und *ungebührliches Betragen* angelastet, auch sei er *ohne erhaltene permission öfter verreiset*.[368] Die Halleschen Vorgesetzten reagierten darauf zwar ärgerlich, offenbar aber immer noch moderat – sie schätzten ihn wohl als Künstler. Wilhelm Friedemanns Persönlichkeit scheint bereits von Jugend an eher verschlossen und manchmal abweisend gewesen zu sein, ein Jugendfreund bemerkte später einmal, er habe schon in seiner Leipziger Zeit gern *den etwas affektierten Elegant herausgekehrt*.[369] In der Halleschen Zeit müssen sich solche Eigenheiten noch verstärkt haben. Andererseits konnte er äußerst gewissenhaft sein, beispielsweise hatte er nach dem Tod seines Vaters die wesentlichen Vorbereitungen zur Erbteilung in Leipzig übernommen, offenbar zur Zufriedenheit der Geschwister und seiner Mutter. Allerdings ignorierte er dabei für etwa ein Vierteljahr seine Halleschen Dienstverpflichtungen, *ohne solches jemanden vom Collegio zu melden*.[370] Das Verhältnis zwischen Wilhelm Friedemann und seinen Arbeitgebern wurde jedenfalls zunehmend schwieriger.

367 Falck, S. 42 (Schüler); Kertscher/Wollny, S. 351ff. (Gebauer).
368 Falck, S. 37.
369 Bach-Dokumente, Bd. III, Nr. 902, Erinnerung von Jacob Stählin, betr. 1732.
370 Bach-Dokumente, Bd. II, Nr. 630.

Anfang der 1760er Jahre gab es jedoch Aussicht auf Veränderung: Wilhelm Friedemann wurde zum Kapellmeister an den Hof von Hessen-Darmstadt berufen. Allerdings zögerte Bach eine nur kleine Formalität so lange hinaus, dass die Anstellung schließlich nicht mehr zustande kam. Die Gründe für Bachs Unentschlossenheit sind bis heute nicht völlig geklärt.[371]

Im Mai 1764 spitze sich die Situation für die Familie dramatisch zu: Wilhelm Friedemann kündigte abrupt sein Dienstverhältnis ohne jegliche Vorankündigung. Wahrscheinlich spielten bei dieser spontanen Entscheidung neue Ärgernisse mit den Arbeitgebern und vielleicht auch die negativen Auswirkungen des Siebenjährigen Krieges auf Bachs Arbeitsumfeld eine Rolle. Möglicherweise hatte er zu dieser Zeit noch die Hoffnung, in Fulda eine neue Anstellung finden zu können.[372] Dorothea Elisabeth wird die Kündigung in Halle jedenfalls hart getroffen haben, denn nun folgte dauerhafte existentielle Unsicherheit.

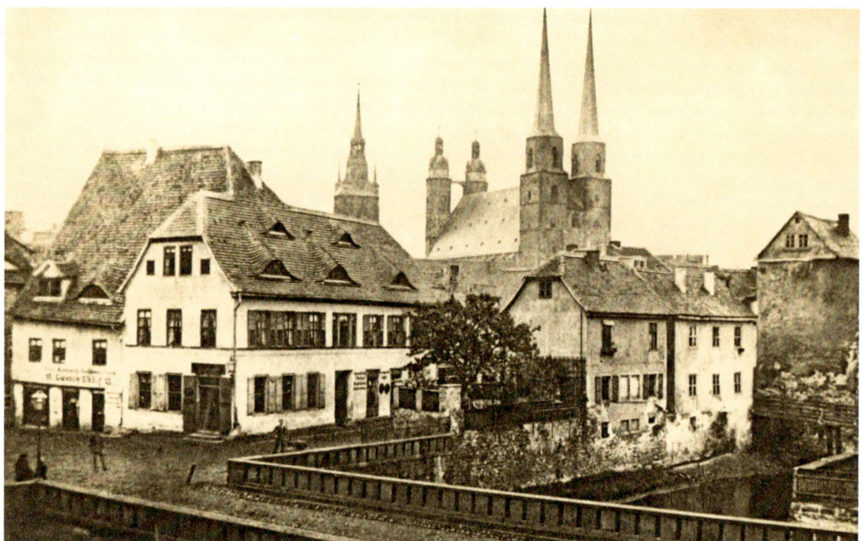

Das Wilhelm-Friedemann-Bach-Haus in Halle (Mitte links), Foto um 1885. Die Bachs hatten bis zu ihrem Weggang aus Halle auf diesem Areal eine Wohnung gemietet. Sie lag wahrscheinlich in dem zum heutigen Hallorenring hin gelegenen Teil des Hausensembles. Dieser wurde jedoch bereits 1834 abgerissen und neu erbaut.

371 Falck, S. 38ff., den Titel des Hofkapellmeisters von Hessen-Darmstadt durfte er jedoch führen.
372 Falck, S. 41.

Finanzielle Schwierigkeiten kündigten sich aber bereits zuvor an. Denn schon ein oder zwei Jahre vor Wilhelm Friedemanns Kündigung hatte die Familie ihre Wohnung in der Großen Nikolaistraße verlassen und war in eine bescheidenere am Claustor (heute Bereich Große Klausstraße 12/Hallorenring) umgezogen. Die neue Wohnung lag an einer der verkehrsreichsten Straßenkreuzungen unweit der Siedehütten. Das als *Clausbadstube* bekannte Haus wurde um 1765 folgendermaßen beschrieben: *Ein Hauß und Hoff nebst der daran haftenden Bade Stuben Gerechtigkeit und Gärtgen so gegenüber an der Stadtmauer lieget.*[373] Die heute teilweise noch erhaltene Bausubstanz befindet sich in dem zur Großen Klausstraße hin gelegenen Teil des Eckgebäudes vom Keller bis zum ersten Obergeschoss mit der Bohlenstube – das zweite Obergeschoss kam erst im 19. Jahrhundert hinzu. Der zum Mühlgraben hin liegende Gebäudeteil wurde jedoch 1834 abgerissen und durch einen Neubau entlang des heutigen Hallorenrings ersetzt. Der als „Wilhelm-Friedemann-Bach-Haus" bekannte Gebäudekomplex mit Museum besteht also aus historischer und im 19. Jahrhundert hinzugefügter Bausubstanz. Wo nun genau die Wohnung der Bachs lag, lässt sich nicht ermitteln. Die besten Räume samt der Bohlenstube konnten sie sich vermutlich nicht leisten. Außerdem liegt es nahe, dass der ebenfalls im Hause wohnende Besitzer, der Bader Johann Emanuel Bergner, diese selbst bewohnte.[374]

Nachdem Wilhelm Friedemann seine Anstellung aufgegeben hatte, unternahm er ausgedehnte Konzertreisen: zuerst nach Leipzig, dann in viele weitere Städte, so Wien und vermutlich sogar London und St. Petersburg.[375] Seine Ehefrau, seine Tochter Friederica Sophia und seine Schwester Catharina Dorothea Bach wohnten nun am Claustor wohl lange Zeit allein. In welchem Umfang Wilhelm Friedemann seine zurückgebliebene Familie weiterhin finanziell versorgen konnte, ist unbekannt. Regelmäßige Einnahmen bestanden vielleicht nur noch aus der Miete eines Hauses, das Dorothea Elisabeth von den Eltern geerbt hatte.

Im Laufe des Jahres 1770 kamen die Bachs zu dem Entschluss, Halle zu verlassen, und auch die Schwägerin Catharina Dorothea ging etwa zu dieser Zeit zurück nach Leipzig. Im Hinblick auf den Ortswechsel veräußerte Dorothea Elisabeth ihre noch verbliebene Immobilie, deren Wert für die Versteigerung im August

373 Serauky, S. 19; Hübner VII, S. 109ff. (Zit. S. 110).
374 Hübner VII, S. 111.
375 Wollny VI, S. 26.

immerhin auf beachtliche 630 Taler taxiert wurde. Wieviel sie dafür letztlich erhielt, ist unbekannt, aber gewiss wurde ein Teil der Einnahmen für den Umzug sowie für die Lebenshaltungskosten in der folgenden schwierigen Zeit verbraucht. Für Dorothea Elisabeth, ihre 13-jährige Tochter und nicht zuletzt für Wilhelm Friedemann folgten unstete Jahre, denn die Hoffnung auf eine neue Anstellung und eine Verbesserung der Lebensumstände wurde enttäuscht. Die Familie lebte nun einige Jahre in Braunschweig, von wo aus Wilhelm Friedemann wieder mehrere Reisen unternahm. Doch auch seine weiteren Bemühungen um eine neue Anstellung blieben erfolglos.[376]

1774 ließ sich die Familie schließlich in Berlin nieder, aber Wilhelm Friedemanns Hoffnungen auf einen erneuten Berufsstart erfüllten sich nicht. Die finanzielle Situation blieb äußerst schwierig, obwohl er in Musiker- und höfischen Kreisen anerkannt war, sogar als *einer der größten Orgelspieler Deutschlands* galt und gute Kontakte zu wohlhabenden Berlinern unterhielt.[377] Er unterrichtete allerdings nur ausgewählte Schülerinnen und Schüler, beispielsweise Sarah Levi, geb. Itzig, die Großtante von Felix Mendelssohn Bartholdy.[378] Gelegentlich konzertierte Wilhelm Friedemann an den Orgeln der großen Berliner Kirchen. Hier begeisterte er auch Prinzessin Anna Amalia, die Schwester des Preußischen Königs Friedrich II. Doch bald schlug ihre Begeisterung in strikte Ablehnung um, denn Wilhelm Friedemann hatte allzu offensichtlich gegen ihren Kompositionslehrer Johann Philipp Kirnberger intrigiert – wohl mit der Hoffnung auf dessen Nachfolge.[379]

Dorothea Elisabeths Leben bewegte sich offenbar viele Jahre im Spannungsfeld zwischen ersehnten Veränderungen und herben Enttäuschungen. 1779 gab es noch einmal einen Lichtblick, die Chance auf ein geregeltes Einkommen. Der 68-jährige Wilhelm Friedemann bewarb sich auf die freigewordene Organistenstelle an der Berliner Marienkirche, doch wiederum vergeblich. Es war nicht etwa sein Orgelspiel oder sein Alter, das zur Ablehnung geführt hätte, sondern sein *sonderbares Betragen* und sein *unanständiger Wandel*, wie aus den Dokumenten der Orgelprobe hervorgeht – vermutlich war Alkohol im Spiel. An der Ablehnung

376 Falck, S. 44ff.
377 Henzel, S. 112 (Zit. aus: Spenersche Zeitung 1774).
378 Falck, S. 51; Wollny II.
379 Falck, S. 52f.

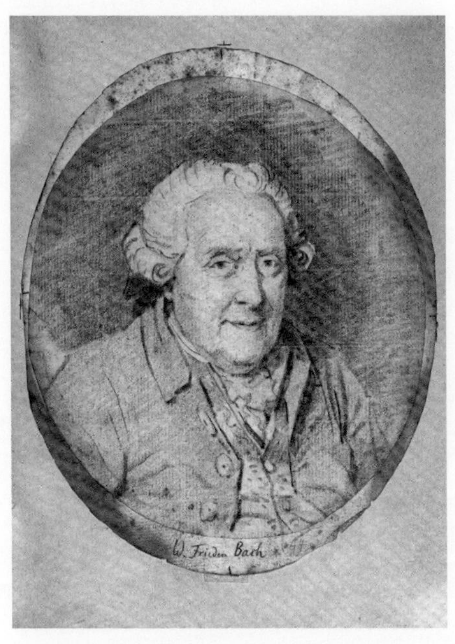

Wilhelm Friedemann Bach (1710 – 1784). Die Darstellung aus seinem letzten Lebensjahr galt als sehr treffend. Zeichnung von Paul Gülle, 1783.

konnten noch nicht einmal die Bemühungen des Kronprinzen Friedrich Wilhelm (des späteren König Friedrich Wilhelm II.) etwas ändern, der sich nachdrücklich für Wilhelm Friedemann eingesetzt hatte.[380]

Mehrfach wechselte die Familie ihre Wohnung, folgende sind nachweisbar: 1774 zuerst *in des Chirurgi Stehers Hause, dem Jägerhof gegenüber*, dann *bey Hl. Kriegs Rath Marpurg*; 1775 *auf der NeuStadt in der letzten Straße in der Fr: Wagnerin Hauße*; von Oktober 1776 bis September 1778 *bey der Laufbrücke* im Hause des *Comissair Dunckel 2 Treppen hoch*; im Februar 1779 *auf der Friedrich-Stadt in der Juncker-Straße bey dem Fabricant Richter* und in den letzten gemeinsamen Jahren im Einzugsbereich der Luisenstadtkirche.[381]

Ob Dorothea Elisabeth, die ja aus wohlhabendem Hause stammte, immer noch auf stabilere Lebensverhältnisse hoffte, ist fraglich. Spätestens nach der letzten abgelehnten Bewerbung ihres Ehemanns wird der 58-Jährigen ihr sozialer Abstieg klar geworden sein. Die Familie lebte nur noch von einigen Einnahmen aus Bachs Unterrichts- oder Konzerttätigkeit und wohl von verbliebenen Resten aus

380 Henzel, S. 107ff. Die Organistenstelle erhielt der Kirnberger-Schüler Johann Samuel Harsow.

381 Kertscher/Wollny, S. 356f.

Dorothea Elisabeths Erbe. Gegebenenfalls kam die Unterstützung wohlhabender Gönner hinzu. Beispielsweise erhielt Wilhelm Friedemann um 1780 Zahlungen aus einer Armenkasse, die der Leipziger Freimaurer Graf Gustav von Schlabrendorf gestiftet hatte.[382]

Eine weitere Zuspitzung der schwierigen Situation entstand gewiss, als die Tochter Friederica Sophia im November 1780 ein uneheliches Kind zur Welt brachte (siehe S. 205). Hinweise darauf, wie lange das Kind lebte und ob es zu Hause oder in einem Waisenhaus aufwuchs, konnten bislang nicht gefunden werden.

Nach 33 Ehejahren starb Wilhelm Friedemann am 1. Juli 1784. Zwei Jahre nach seinem Tod initiierte der spätere Thomaskantor Johann Adam Hiller im Berliner Dom ein Wohltätigkeitskonzert mit Händels „Messias" für die Hinterbliebenen verstorbener Musiker, darunter Dorothea Elisabeth Bach.[383]

In ihren letzten beiden Lebensjahren konnte die Witwe vielleicht neue familiäre Kontakte knüpfen: Der aus Bückeburg stammende Neffe Wilhelm Friedrich Ernst Bach – ein Sohn Lucia Elisabeths (siehe Kap. 22) und Johann Christoph Friedrichs – war 1789 als Cembalist und Musiklehrer an den königlichen Hof nach Berlin berufen worden. Inwieweit er Beziehungen zu seiner Tante sowie seiner zwei Jahre älteren Cousine unterhielt und ob er sie unterstützte, ist allerdings fraglich. Zuletzt hatte Dorothea Elisabeth wohl zusammen mit ihrer unverheirateten Tochter wieder in der Juncker-Straße, nun jedoch in *Tischler Meister Spindler seinem Hause*, gewohnt.

Dorothea Elisabeth Bach starb am 21. Juni 1791, kurz vor ihrem 70. Geburtstag, am *Hitzigen Fieber*. Wie im Sterbebuch der Jerusalemer Kirche vermerkt ist, musste für die Bestattung am 23. Juni keine Gebühr bezahlt werden – es war wohl ein Armenbegräbnis. Beerdigt wurde Dorothea Elisabeth auf dem *Hallischen Kirchhoff* in Berlin.[384]

382 Schulze VI, S. 26.
383 Bitter II, S. 267.
384 Miesner II, S. 147.

21. Johanna Maria Bach
geb. Dannemann

*1724 Berlin, †1795 Hamburg

J. S. Bachs und Maria Barbaras Schwiegertochter
Ehefrau von Carl Philipp Emanuel Bach

Mit der Gründung des Königreichs Preußen im Jahr 1701 durch Friedrich I. wurde Berlin Residenz- und Hauptstadt, die bald einen wirtschaftlichen und geistesgeschichtlichen Aufschwung erleben sollte. Etwa 70.000 Menschen, reichlich doppelt so viele wie in Leipzig, lebten hier zur Zeit der Geburt Johanna Marias. Getauft wurde sie am 12. Oktober 1724 in der Dorotheenstädtischen Kirche. Ihre Eltern – Anna Catharina, verwitwete Reichelt, geb. Nohse (Nohtzen) und der aus Lüneburg stammende Weinhändler David Friedrich Dannemann – hatten noch zwei Söhne.[385]

Johanna Maria Bach, geb. Dannemann (1724 – 1795). Der Schattenriss von Jacob von Döhren entstand 1776 in Hamburg.

385 Miesner I, S. 134; Miesner III, S. 159.

Johanna Maria war 15 Jahre alt, als Friedrich II. (genannt auch „der Große") die Regierung in Preußen übernahm. Er förderte nicht nur die weitere wirtschaftliche Entwicklung der Stadt mit inzwischen 100.000 Einwohnern, sondern auch deren Ruf als ein Zentrum der europäischen Aufklärung. Allerdings ging er ebenso ausgiebig militärischen Interessen nach. Bereits im Jahr seiner Thronbesteigung löste er den Ersten Schlesischen Krieg aus, dem weitere folgten. Dass ihm auch die Musik von existentieller Bedeutung war, gehört zu den Widersprüchen seiner Persönlichkeit. So hielt er mit der Hofkapelle fast täglich seine Abendmusiken ab, bei denen er selbst die Flöte spielte. Zu den hervorragenden Musikern seiner Hofkapelle zählte auch der Kammercembalist Carl Philipp Emanuel Bach. Anfang der 1740er Jahre erlangte dieser mit seinen Veröffentlichungen mehrerer berühmt gewordener Klaviersonaten weit über Berlin hinaus große Erfolge als Komponist.[386] Bach war ein angesehener Mann, als er mit knapp 30 Jahren die 19-jährige Johanna Maria heiratete. Getraut wurde das Paar Anfang 1744 in der Berliner Petrikirche.[387]

Johanna Maria brachte drei Kinder zur Welt:[388]
Johann August (1745 – 1789)
Anna Carolina Philippina (1747 – 1804, siehe Kap. 25)
Johann Sebastian (1748 – 1778)

In den ersten Berliner Jahren wohnte die Familie offenbar in den Stadtteilen Friedrichswerder und Dorotheenstadt, denn die Kinder wurden in den für diese Bereiche zuständigen Kirchen getauft.[389] Als der Leipziger Thomaskantor 1745 bei seinem Enkel Johann August und Anna Magdalena 1747 bei ihrer Enkelin Anna Carolina Philippina Patenämter übernahmen, waren die Großeltern möglicherweise aus Leipzig angereist, denn in den Taufeinträgen sind keine Paten-Vertretungen vermerkt. Beide Taufen wären auch gute Anlässe für erneute Treffen mit der befreundeten Familie Stahl in Berlin gewesen, denn aus letzterer kamen weitere Paten: der Hofrat und Mediziner Georg Ernst Stahl bei Anna Carolina Philippina; dessen Ehefrau Johanna Elisabeth Stahl sowie ein Schwager der

386 Beispielsweise mit den Sammlungen Preußische Sonaten 1742 und Württembergische Sonaten 1744.

387 Miesner I, S. 134. Das Kirchenbuch mit dem Traueintrag und die Kirche sind nicht erhalten geblieben.

388 Miesner I, S. 134. Johann Adam (im Taufvermerk) wird sonst Johann August genannt.

389 Die beiden Söhne in der Friedrichswerderschen Kirche, die Tochter in der Dorotheenstädtischen Kirche.

Stahls, Johann August Arends, bei Johann August.[390] Nachweisbar sind jedoch nur Besuche Johann Sebastians in Berlin 1741 (noch vor der Heirat seines Sohnes) und 1747 im Zusammenhang mit der Einladung König Friedrichs II.

Nach der Geburt des jüngsten Sohnes vermeldete der Großvater und Namensvetter seinem Verwandten und ehemaligen Haussekretär Johann Elias Bach, der inzwischen wieder in Schweinfurt lebte: *Mein Sohn in Berlin hat nun schon 2 männliche Erben,*[391] die einjährige Enkelin erwähnte er aber nicht. Sowohl der Großvater als auch Vater Carl Philipp Emanuel hofften darauf, dass die Söhne die Musikertradition der Familie weiterführen würden. Doch dieser Wunsch blieb unerfüllt, denn der Älteste wurde Advokat (Jurist), Johann Sebastian jedoch Zeichner.[392] Die Begabung für die bildende Kunst kam bei der Familie Bach schon mehrfach vor, besonders in einem entfernteren Familienzweig aus Meiningen. Ob Anna Carolina Philippina künstlerische Anlagen besaß oder ob sie eine musikalische Grundausbildung erhielt, ist ungewiss. Der Dichter Johann Heinrich Voß bemerkte jedenfalls später über die beiden älteren Bach-Kinder: *Bach hat eine Tochter und einen Sohn, die beide nicht musikalisch sind.*[393]

Nach dem Tod Johann Sebastians in Leipzig 1750 nahm die Berliner Familie den 15-jährigen Halbbruder Carl Philipp Emanuels, Johann Christian, auf, der hier etwa fünf Jahre blieb.[394] Ab 1756 – Johann Christian war bereits nach Italien gegangen – gab es einen neuen Mitbewohner: Christian Friedrich Carl Fasch war der Sohn des befreundeten Komponisten Johann Friedrich Fasch in Zerbst und zugleich ein junger Kollege Carl Philipp Emanuels in der Berliner Hofkapelle. Die Bachs konnten andererseits auch auf Faschs Gastfreundschaft zählen. Als der Siebenjährige Krieg 1758 Berlin bedrohlich nahekam, fanden sie alle zusammen für mehrere Monate Zuflucht in Zerbst.[395]
Nach Berlin zurückgekehrt, wurde Bachs Wohnung bald wieder ein beliebter gesellschaftlicher Treffpunkt. Spätestens Anfang der 1760er Jahre bezog die Familie

390 Bach-Dokumente, Bd. II, Nr. 540 (Taufe von Johann August am 10. Dezember 1745), Nr. 558 (Taufe von Anna Carolina Philippina am 11. September 1747).
391 Bach-Dokumente, Bd. I, Nr. 49 (S. 118, Brief vom 6. Oktober 1748).
392 Fröhlich; Hübner VI.
393 Suchalla, Bd. I, S. 381 (Brief vom 2./3. April 1774 an den Theologen Ernst Theodor Johann Brückner).
394 Bach-Dokumente, Bd. III, Nr. 676.
395 Suchalla, Bd. I, S. 61f.

eine Wohnung in der Friedrichstraße im Hause des Verlegers Georg Ludwig Winter, wozu auch ein von den zahlreichen Besuchern gern genutzter Garten gehörte. Zum Kreis der Freunde und Gäste gehörten beispielsweise die Literaten Johann Wilhelm Ludwig Gleim, Gotthold Ephraim Lessing, Musikerkollegen Johann Friedrich Agricola, die Brüder Carl Heinrich und Johann Gottlieb Graun sowie die Dichterin Anna Louisa Karsch. Diese richtete ihren Dank für die hervorragende Bewirtung direkt an Johanna Maria Bach: *Daß gestern wie Ihr wißt mein ganzes Herz durchdrang, so daß die hefftigkeit vom feurigen Vergnügen, mitt Geist vom Wein vermengt mir in den Kopf gestiegen* [...] *Noch lange wird der Tisch mir in Gedanken stehen, dich seh ich auff und ab uns zu bewirten gehen.*[396]

Als die Familie Bach 1768 nach Hamburg zog, erwartete sie eine pulsierende Handelsstadt mit knapp 90.000 Einwohnern und weltoffener Atmosphäre. Carl Philipp Emanuels exponierte Stellung als städtischer Musikdirektor und Kantor am Johanneum brachte wieder viele Besucher ins Haus. Die erste Wohnung in der Böhmkenstraße unweit der Michaeliskirche erwies sich offenbar als unzureichend, so wechselte die Familie 1769 in das Manardische Haus in der

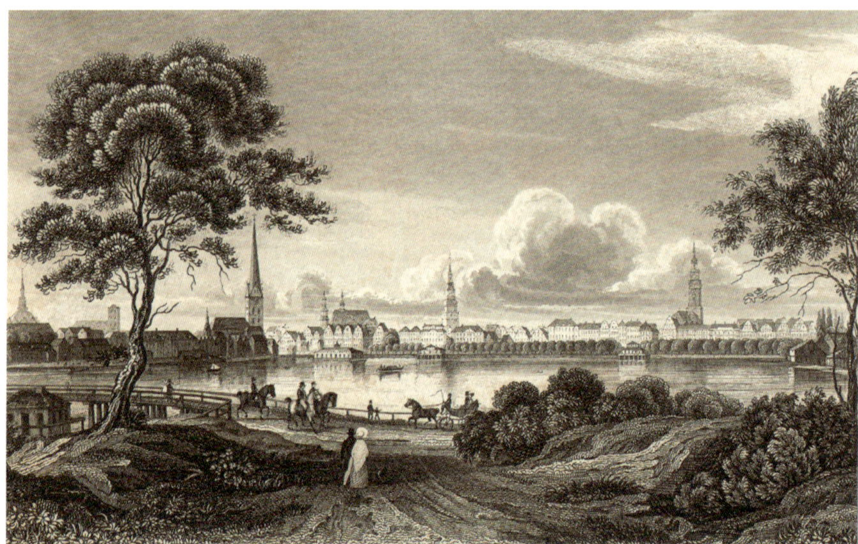

In Hamburg lebte Johanna Maria Bach mit ihrer Familie 27 Jahre lang. Stahlstich von F. Hirchenhein, 19. Jh.

396 Berg, S. 41ff., 66 (Zitat).

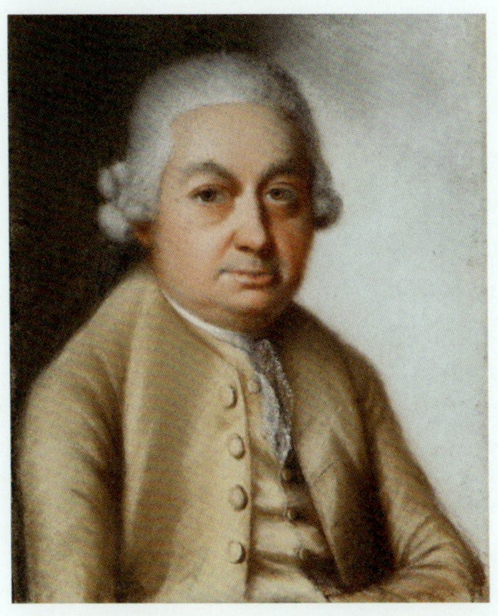

Carl Philipp Emanuel Bach (1714–1788), der Ehemann Johanna Marias, war in Hamburg städtischer Musikdirektor. Pastellzeichnung, um 1773.

Neustädter Fuhlentwiete.[397] Der jüngste Sohn Johann Sebastian studierte schon bald an der Leipziger Kunstakademie bei Adam Friedrich Oeser, doch der ältere Johann August kehrte nach seinem Studium als Doktor der Rechte aus Rinteln zurück zur Familie nach Hamburg. Anna Carolina Philippina, die ebenso wie ihre Brüder unverheiratet blieb, erlernte die Geschäftsführung des Musikalienhandels und beteiligte sich an den Arbeiten im Büro ihres Vaters. Eindrücke über das gastfreundliche Haus hinterließ beispielsweise der englische Musikgelehrte Charles Burney 1773, der von überwältigenden musikalischen Hauskonzerten im Beisein der Familienmitglieder berichtete, zudem beeindruckte ihn ein *schönes grosses Musikzimmer, welches mit mehr als hundert und funfzig Bildnissen von grossen Tonkünstlern, theils gemahlt, theils in Kupfer gestochen, ausgeziert war.* Dazu zählte auch das zweite, 1748 von Elias Gottlob Haußmann geschaffene Gemälde mit der Darstellung Johann Sebastian Bachs (siehe S. 87), das in dem später verfassten Nachlassverzeichnis ausdrücklich genannt wird.[398]

Der Dichter Johann Heinrich Voß bemerkte nach einem Besuch im April 1774 etwas süffisant: *Bach hat eine gesprächige Frau, eine zwar unschöne doch wohl conditionirte*

397 Suchalla, Bd. I, S. 612 (Anmerkungen).
398 Bach-Dokumente, Bd. III, Nr. 778 (Burney); Miesner VII, S. 161ff. (Bildnissammlung). Das Bach-Porträt von 1748 befindet sich heute im Bach-Museum Leipzig.

Tochter [...] einen Sohn, der Licentiat ist, guten Wein und gut Bier.[399] Im Reisetagebuch der Schriftstellerin Sophie Becker vom Oktober 1785 mischte sich ein noch abschätzigerer Unterton ein. Bach habe *eine Frau, die vollends eine sehr böse Sieben sein soll und der man dies wahrlich auf der Stirne liest. Sein noch lebender Sohn* [Johann August] *und eine Tochter sind ganz unbedeutende Geschöpfe.*[400] Gab es für solch harte Urteile Gründe oder wirkten die künstlerisch weniger begabten Familienmitglieder aus Sicht einiger Gäste einfach nur zu bemüht und zu bodenständig? Dafür spricht vielleicht die etwas freundlichere Bemerkung Sophie Beckers, die sie einige Tage später in ihr Tagebuch eintrug: *Die Frau Bach, eine sehr geschäftige Frau Martha* [in Anspielung auf die biblische Martha], *welche sich alle mögliche Mühe gibt, ihren Gästen so viel Essen einzupfropfen, als nur immer Raum hat, war sehr freundlich* [...] *wobei auch* [...] *Bachs Tochter und Sohn von der Gesellschaft waren.*[401]
Die Familie wechselte im November 1776 noch einmal die Wohnung und zog an die Bleichenbrücke. Etwa zu dieser Zeit entstanden die Schattenrisse der fünf Familienmitglieder, darunter die einzig bekannte bildliche Darstellung von Johanna Maria Bach.[402]

Eine traurige Nachricht erreichte die Bachs im Herbst 1778: Der jüngste Sohn Johann Sebastian war nach längerer Krankheit und zwischenzeitlicher Hoffnung auf Genesung während eines Studienaufenthaltes in Rom knapp 30-jährig gestorben. Zahlreiche seiner Zeichnungen bewahrte die Familie sorgsam in ihrer Bildersammlung auf, die später im Nachlassverzeichnis Carl Philipp Emanuels aufgeführt wurden.[403]
Am 14. Dezember 1788 verstarb Carl Philipp Emanuel Bach. Seine Witwe führte die Organisation der Kirchenmusik noch etwa ein Jahr kommissarisch weiter, bis der Nachfolger das Amt übernahm. Zuerst unterzeichnete Johanna Maria die Rechnungen noch mit *sel.*[igen] *C. P. E. Bachs Erben*, doch bald setzte sie ihren eigenen Namen ein. Für alle diese Arbeiten, an denen ihre Tochter Anna Carolina Philippina wesentlichen Anteil hatte, erhielt die Witwe im Interimszeitraum weiterhin das Gehalt ihres verstorbenen Ehemanns.[404]

399 Suchalla, Bd. I, S. 383.
400 Gerhard, S. 430.
401 Gerhard, S. 433f.; siehe auch Suchalla, Bd. II, S. 1119.
402 Suchalla, Bd. I, S. 612 (Bleichenbrücke); Hübner VI, S. 23. Die Silhouetten schuf Jacob von Döhren 1776.
403 Hübner VI, S. 28ff.; Hübner X, S. 210; Miesner VII, S. 163ff. (Nachlassverzeichnis).
404 Zahn, S. 146ff.; Suchalla, Bd. II, beispielsweise S. 1288f., 1308f., 1319.

Nur vier Monate nach dem Tod Carl Philipp Emanuels folgte ein weiterer Schicksalsschlag – Johann August starb mit 43 Jahren. In der Zeit zwischen den beiden Todesfällen hatten offenbar auch Mutter und Tochter schwerwiegende gesundheitliche Probleme. Darüber berichtete Anna Carolina Philippina im Februar 1789 im Namen ihrer Mutter an den Leipziger Verleger J. G. I. Breitkopf: *Die Musikalien meines seel. Mannes werden allerdings verkauft, und wenn nicht die Krankheiten, womit ich und die Meinen zu kämpfen gehabt haben, es verhindert hätten, so wäre schon ein Catalogus aufgesetzt worden. Jetzt denken wir an dies Geschäfte zu gehen.*[405] Die beiden Frauen verwalteten nun den umfangreichen musikalischen Nachlass in großer Verantwortung, erarbeiteten das 1790 im Druck erschienene Nachlassverzeichnis (mit über 140 Seiten) und führten den Musikalienhandel weiter.[406] Davon zeugen beispielsweise die Korrespondenzen mit dem Geschäftspartner Breitkopf, mit der Musikaliensammlerin und ehemaligen Schülerin Wilhelm Friedemann Bachs, Sara Levy, in Berlin oder mit dem Schweriner Organisten Johann Jacob Heinrich Westphal. Bereits 1789 waren einige Musikalien verkauft worden, die wertvolleren, im Nachlassverzeichnis aufgeführten Bestände verblieben jedoch zumeist bei den Erbinnen.[407]

Johanna Maria starb im Juli 1795. Anfang August erschien in einer Hamburgischen Zeitung die Todesnachricht, verfasst von Anna Carolina Philippina, dem einzig noch lebenden Familienmitglied: *In der Nacht vom 19ten auf den 20sten dieses Monats entriß mir Gott meine geliebte Mutter* [...] *an den Folgen eines Schlagflusses im 71sten Jahre* [...] *Diesen für mich höchstschmerzlichen Verlust mache ich hierdurch allen meinen auswärtigen Freunden bekannt.*[408] Beerdigt wurde Johanna Maria am 22. Juli in der Krypta der Michaeliskirche. Die Grabplatte des noch heute erhaltenen Familiengrabes trägt die Aufschrift *Ruhe Kammer Carl Philipp Emanuel Bach Chori Musici Directoris* [...] *und Seine Frau und Kinder.*[409] Die Namen der Ehefrau und der hier bestatteten Kinder sind nicht aufgeführt.

405 Suchalla, Bd. II, S. 1292, Brief vom 14. Februar 1789.
406 Bach-Dokumente, Bd. III, Nr. 957, Gesamtes Nachlassverzeichnis: Miesner V, S. 103ff.; Miesner VI, S. 81ff.; Miesner VII, S. 161ff.
407 Kulukundis, S. 146ff.; Schmid, S. 479ff. (betr. Westphal).
408 Bach-Dokumente, Bd. III, Nr. 991; Suchalla, Bd. II, S. 1293.
409 Miesner IV, S. 164.

22. Lucia Elisabeth Bach
geb. Münchhausen

*1732 Bückeburg, † 1803 Bückeburg J. S. Bachs und Anna Magdalenas Schwiegertochter
Ehefrau von Johann Christoph Friedrich Bach

Seit schon mehreren Generationen kamen aus der Familie Münchhausen Musiker, die am Hof der Grafschaft Schaumburg-Lippe und in der kleinen Residenzstadt Bückeburg tätig waren. Lucia Elisabeths Vater Ludolph Andreas hatte als Violinist der Hofkapelle, Stadtmusiker und Hoforganist sogar verschiedene musikalische Funktionen inne. Ihre Mutter Anna Lucie, geb. Held, war die Tochter des Bückeburger Bürgermeisters.[410] Am 25. Januar 1732 wurde Lucia Elisabeth in der Stadtkirche getauft, zu ihrer einzigen Patin, der namensgleichen Lucia Elisabeth Kater(n), sind keine näheren Angaben mitgeteilt. Die Münchhausens wohnten im eigenen Haus in der Langen Straße unweit der Stadtkirche. Als Lucia Elisabeth acht Jahre alt war, verlor sie ihre Mutter.[411]

Eine erste musikalische Ausbildung erhielt Lucia Elisabeth sicher durch ihren Vater, dann nahm sie eine Gesangsausbildung bei dem Leiter der Bückeburger Hofkapelle, dem Italiener Giovanni Battista Serini. Graf Wilhelm Friedrich Ernst zu Schaumburg-Lippe finanzierte ihre Ausbildung mit beachtlichen 160 Talern im Jahr. Als Schülerin Serinis boten sich für Lucia Elisabeth zahlreiche Gelegenheiten, um bei der Hofmusik Erfahrungen zu sammeln. Bereits seit 1752 – noch in ihrer Ausbildungszeit – erhielt sie jährlich 100 Taler für ihre Singedienste.[412] Die Hofmusik war wohl auch die Gelegenheit, bei der sich die junge Sängerin und der gleichaltrige Cembalist Johann Christoph Friedrich Bach kennenlernten. Der Sohn des Leipziger Thomaskantors war 1750 nach Bückeburg gekommen, um in die musikalischen Dienste des Grafen zu treten.

410 Colson, Teil 2.
411 Leisinger II, S. 424 (Taufe), S. 437ff. (Haus ehemals Nr. 67, später Nr. 72, heute befindet sich an dieser Stelle ein Kaufhaus), S. 528 (Sterbejahr der Mutter).
412 Leisinger II, S. 35, 465ff.

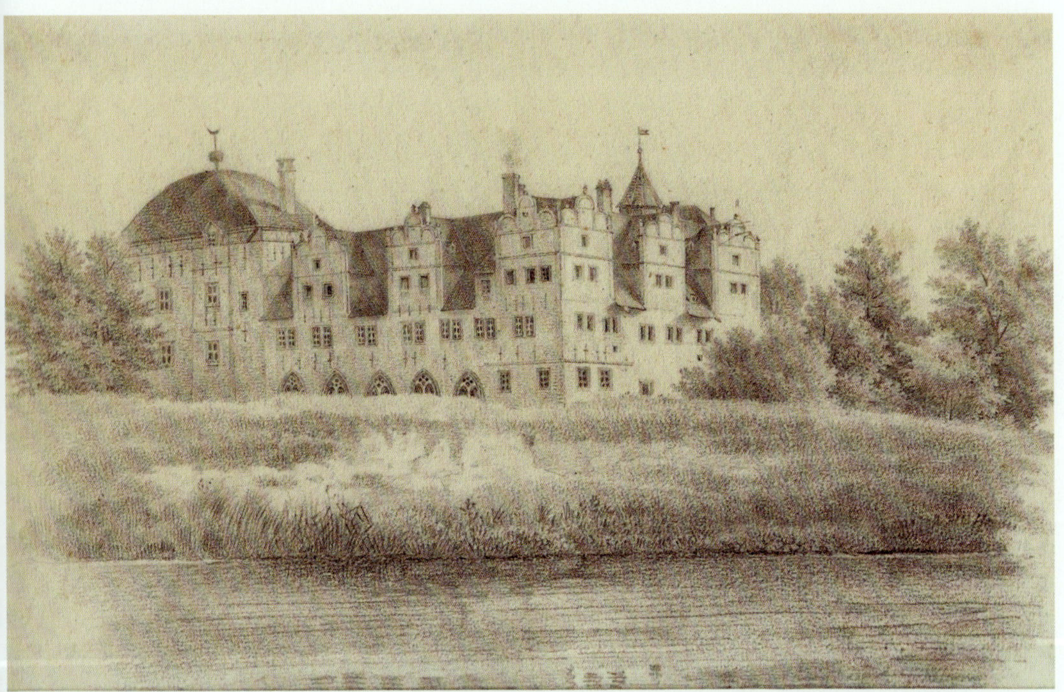

Im Schloss Bückeburg trat Lucia Elisabeth jahrzehntelang als Sängerin auf. Ihr Ehemann Johann Christoph Friedrich leitete dort die Hofkapelle. Zeichnung undatiert.

Im Frühjahr 1751 ereignete sich am Bückeburger Hof eine bemerkenswerte Begegnung: Der preußische König Friedrich II. besuchte mit einem Teil seines Hofstaates die kleine Residenz. Unter den mitreisenden Musikern befand sich auch der Halbbruder Johann Christoph Friedrich Bachs, Carl Philipp Emanuel, der in Berlin ebenfalls Kammercembalist war.[413] Für die Brüder war das Treffen gewiss ein höchstwillkommenes und erfreuliches Ereignis. Vielleicht ahnte Lucia Elisabeth zu dieser Zeit schon, dass Carl Philipp Emanuel ihr zukünftiger Schwager werden könnte – die Hochzeit fand allerdings erst knapp vier Jahre später statt.

Der Traueintrag vom 8. Januar 1755 ist – wie in den Bückeburger Kirchenbüchern üblich – sparsam gehalten: *H. Johan Christoph Bach Hoff Musicus mit Jfr Lucia Elisabet Münchhausen.*[414] Über die Hochzeitsfeier oder anwesende Gäste sind keine

413 Leisinger I, S. 17.
414 Leisinger II, S. 423.

Informationen bekannt. So bleibt es auch fraglich, ob die inzwischen 53-jährige Witwe Anna Magdalena Bach oder einige Geschwister Johann Christoph Friedrichs angereist sind, denn im Winter war eine so weite Reise mit großen Strapazen verbunden. Mit ihrer Schwiegermutter Anna Magdalena hätte Lucia Elisabeth gewiss viele Gemeinsamkeiten austauschen können, allein schon aufgrund ihrer Erfahrungen als Sängerin im höfischen Umfeld.

Nur wenige Tage nach ihrer Hochzeit beendete Lucia Elisabeth ihre Gesangsausbildung und erhielt zugleich eine Anstellung als Hofsängerin mit einem Gehalt von weiterhin 100 Talern jährlich, das sie regelmäßig bis an ihr Lebensende bezog.[415] Die Vermutung, dass Lucia Elisabeth Altistin war, beruht auf einigen von ihrem Ehemann eindrucksvoll komponierten Alt-Arien. Im Laufe ihres Lebens wirkte Lucia Elisabeth bei zahlreichen Opern- und Kantatenaufführungen sowie bei Kammermusiken mit. Wie lange sie diese Funktion aktiv ausübte, ist nicht überliefert.

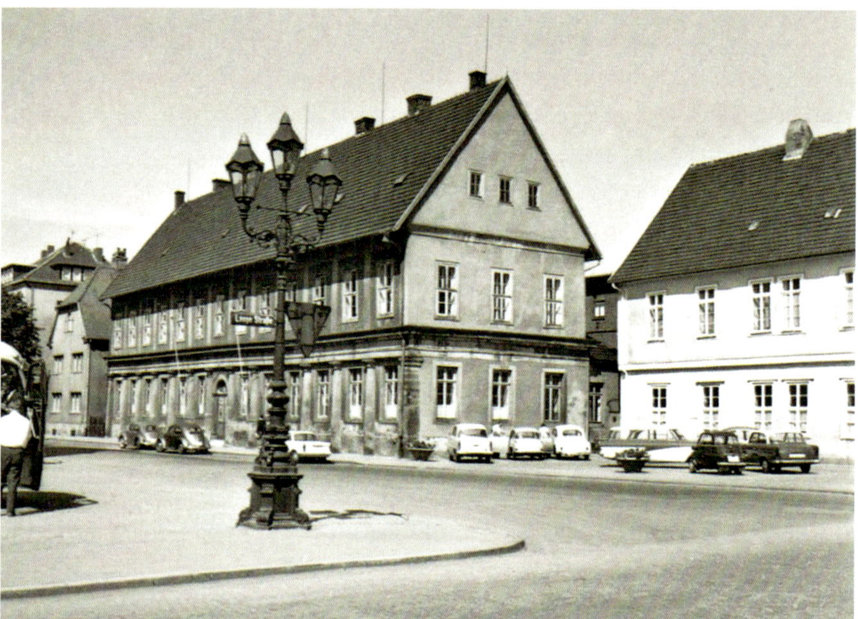

Im Bückeburger Renthaus (linke Bildhälfte) wohnte die Familie Bach von 1755 bis 1778, zuerst im Erdgeschoss, später im Obergeschoss. Foto um 1960.

415 Leisinger II, S. 465ff.

Lucia Elisabeth und Johann Christoph Friedrich wohnten mietfrei in einer Dienstwohnung im Erdgeschoss des Renthauses am Markt (heute Stadthaus). Als 1763 eine größere Wohnung im Obergeschoss frei wurde, konnten die Bachs wechseln und sich dadurch verbessern. Als Eigentum besaßen sie einen von allen Abgaben befreiten Garten vor dem Mindener oder Unteren Tor – ein ehedem großzügiges Hochzeitsgeschenk des Grafen.[416]

Ein reichliches Jahr nach ihrer Heirat veränderte sich die Situation der Bückeburger Hofmusik. Lucia Elisabeths ehemaliger Lehrer Serini und der bisherige Konzertmeister Angelo Colonna gingen im Sommer 1756 zurück nach Italien, während die am Hof verbliebenen Musiker bald darauf die Auswirkungen des Siebenjährigen Krieges zu spüren bekamen. Graf Wilhelm Friedrich Ernst hielt sich in den folgenden Jahren häufiger auf seinem Gut in Nienstedten bei Hamburg auf. Nur wenige Hofbedienstete nahm er mit, darunter Johann Christoph Friedrich und zeitweise auch Lucia Elisabeth. Für die Bachs muss diese Situation schwierig gewesen sein, wohl deshalb hielt Johann Christoph Friedrich Ausschau nach einer neuen Anstellung. Er bewarb sich im Mai 1758 als Organist an der evangelisch-lutherischen Trinitatiskirche in Altona bei Hamburg. Obwohl er das Probespiel erfolgreich bestand und gewählt wurde, durfte er die Stelle nicht antreten, da der Graf auf ihn nicht verzichten wollte. Langfristig gesehen, war dieser Umstand für Lucia Elisabeth jedoch eher von Vorteil, denn im bürgerlichen Altona oder an der Oper in Hamburg hätte sie als Ehefrau des Altonaer Organisten vermutlich nicht auftreten können. Immerhin bewirkte Bachs Absicht, dass der Graf die Arbeitsbedingungen seines 26-jährigen Cembalisten verbesserte und ihn im Februar 1759 offiziell zum Konzertmeister berief – eigentlich hätte ihm jedoch der Titel Hofkapellmeister zugestanden. Verbunden war mit der Beförderung immerhin eine ansehnliche Gehaltserhöhung. Bach verdiente nun mit 400 Talern mehr als doppelt so viel wie der Durchschnitt der Hofmusiker, hinzu kam das Einkommen seiner Frau von 100 Talern im Jahr.[417]

Lucia Elisabeth und Johann Christoph Friedrich hatten neun Kinder, von denen jedoch nur drei das Erwachsenenalter erreichten:[418]

416 Leisinger II, S. 36, 435f.
417 Leisinger II, S. 39, 470 (Nienstedten), S. 41, 58 (Altona), S. 57 (Beförderung), S. 466 (Einkommen).
418 Leisinger II, S. 424ff.

Anna Philippina Friederica (1755 – 1804, siehe Kap. 28)
Wilhelm Friedrich Ernst (1759 – 1845)
Ludolph Anton (1761 – 1763)
Christina Louisa (1762 – 1852, siehe Kap. 29)
Carolina Wilhelmina (1765 – vor 1771)
Eleonore Charlotte Ernestine (1767 – 1779)
Friedrich August (1769 – 1772)
Ludolph Emanuel (1771 – 1772)
Dorothea Charlotte Magdalena (1772 – 1793)

Bei all den Taufeinträgen wurde der Vater, jedoch nicht die Mutter genannt. Zudem fällt auf, dass zumeist nur eine Patenschaft vermerkt ist, was in Bückeburg offenbar üblich war. Die Paten kamen aus dem Kreis der Verwandtschaft Münchhausen oder der Hofmusiker. Beim erstgeborenen Sohn übernahm sogar Graf Wilhelm Friedrich Ernst die Patenschaft, dessen drei Vornamen das Kind erhielt. Gab es unter den ersten vier Kindern nur einen Todesfall (1763), so reihten sich seit Anfang der 1770er Jahre die traurigen Ereignisse. Schon vor 1771 starb eine Tochter, 1772 zwei Söhne an *Auszehrung* und *Schwäche* bzw. *Brustkrankheit* sowie 1779 eine weitere Tochter an *Brustgeschwür*. Und noch einmal trauerten die inzwischen 61-jährigen Eltern um eines ihrer Kinder – die jüngste Tochter starb im November 1793 mit 21 Jahren. Der Begräbnisvermerk enthält folgende ungewöhnlich ausführliche Information: *war immer kränkl. – ein zurück tretendes Friesel* [Ausschlag] *warf sie nieder und binnen 4 Tagen war sie* [nicht] *mehr*. Auch die Familienbibel, die einst Anna Magdalena Bach ihrem Sohn Johann Christoph Friedrich zum Abschied aus Leipzig geschenkt hatte und in die später mehrere biographische Mitteilungen eingetragen wurden, enthält zu der Verstorbenen einen zusätzlichen Vermerk: *Gott geb Sie uns zur zeitlichen und ewigen Freude gegen 11 Uhr* [verstorben].[419]
Die drei erwachsen gewordenen Kinder waren alle musikalisch begabt, was nicht zuletzt deren Onkel Carl Philipp Emanuel Bach der Nachwelt überlieferte. In der einst von Johann Sebastian verfassten und später von dessen Enkelin Anna Carolina Philippina Bach (siehe Kap. 25) kopierten Genealogie fügte Carl Philipp Emanuel hinzu, Johann Christoph Friedrich habe *eine musicalische Frau u. Kinder, welche musicalisch sind*.[420]

419 Leisinger II, S. 428 (1779), 429f. (1772), 431 (1793).
420 Bach-Dokumente, Bd. I, Nr. 184 (S. 267).

Doch nur Wilhelm Friedrich Ernst, der später am Berliner Hof wirkte und der letzte komponierende Nachfahre des Leipziger Thomaskantors war, erlangte öffentliche Bekanntheit. Die beiden Töchter Anna Philippina Friederica und Christina Louisa konnten keine professionellen Musikerinnen werden, versuchten aber dennoch, ihr Potential zu nutzen.

Obwohl das Leben der Bachs materiell relativ gut abgesichert war, blieb die Abhängigkeit vom Wohlwollen der Dienstherren bestehen. So kam es zu periodisch wiederkehrenden Gehaltsreduzierungen, die für weniger begüterte Musikerfamilien allerdings weit bedrohlicher waren. Dennoch bekam auch die Familie Bach gelegentlich Einschränkungen zu spüren, wie eine Bitte Johann Christoph Friedrichs an den Grafen zeigt. Darin bat er seinen Dienstherrn, die zuvor gekürzte Menge des ihm ursprünglich zustehenden Brennholzes wieder aufzustocken. Am 26. April 1771 schrieb Bach:
daß vor einigen Jahren das mir huldreichst zugeteilte Holtz bis auf 12 Klaffter eingeschränckt worden. Ich habe den Versuch gemacht, meine Oeconomie so einzurichten, daß ich mit diesen 12 Klafftern auskommen möchte; allein ich habe dabey die Unbequemlichkeit, daß ich nur einen Ofen hitzen kann, und meine Arbeiten in dem nemlichen Zimmer, wo meine gantze Familie versamlet ist, verrichten muß; Ew. Durchl. werden aber selbst gnädigst zu beurteilen geruhen, daß die composition der Music bey dem Geräusch verschiedener Gegenstände nicht den gewünschten Erfolg haben könne, und dahero ergehet an Ew. Durchl. meine untertänigste Bitte, Höchstdieselben wollen mir die 3 abgekürzten Klafftern Holtz wieder zuzulegen, die hohe Gnaden haben. Ich ersterbe in tiefster Ehrfurcht […] treu untertänigster Knecht Johann Christoph Friedrich Bach.[421]
Nicht nur Bachs Arbeitsbedingungen, sondern das Leben der ganzen Familie war von dieser Situation betroffen. Dass der Graf die Holzration wieder erhöhte, lag jedoch nicht zuletzt in seinem eigenen Interesse.

In den schwierigen, von den gehäuften Todesfällen der Kinder überschatteten 1770er Jahren erlebten die Bachs jedoch auch einen neuen, erfrischenden geistigen Einfluss. Im Mai 1771 kam der knapp 27-jährige Johann Gottfried Herder nach Bückeburg, um hier als Oberprediger zu wirken. Johann Christoph Friedrich vertonte mehrere seiner Texte, und die am Hofe bereits begonnene Abkehr

421 Leisinger II, S. 76.

vom italienischen Musikgeschmack hin zum Stil der Empfindsamkeit wurde dadurch noch befördert.

Lucia Elisabeth kam im privaten Umfeld wahrscheinlich auch mit Herder in Kontakt, gewiss aber konnte sie die neue musikalische Entwicklung als Hofsängerin mitgestalten, beispielsweise in den Oratorien „Die Kindheit Jesu“ und „Die Auferweckung des Lazarus“.

Diese von Herder inspirierten Bückeburger Jahre endeten mit dem Tod der musikbegeisterten, erst 32-jährigen Gräfin Marie Barbara Eleonore im Jahr 1776. Der verwitwete Graf zog sich nun vom repräsentativen Hofleben zurück, und auch Herder verließ Bückeburg, um eine neue Anstellung in Weimar anzutreten. Besiegelt wurde das Ende der bisherigen Verhältnisse schließlich 1777 durch den Tod des Grafen Wilhelm Friedrich Ernst.

Mit dem neuen regierenden Grafen Philipp Ernst traten auch für die Bachs Veränderungen ein. Bereits im Dezember 1777 erhielten sie die Anweisung, ihre langjährige Wohnung im Renthaus bis spätestens Ostern des nächsten Jahres zu verlassen. Nach einer etwa zweijährigen Unterkunft im Hause eines Küchenmeisters konnten sie 1780/81 in das Elternhaus Lucia Elisabeths ziehen, deren Vater 1778 verstorben war. Doch um Hausbesitzer werden zu können, war der kostspielige Erwerb des Bürgerrechtes Voraussetzung. Vielleicht trug dieser Umstand, verbunden mit größeren Bauarbeiten am Haus, dazu bei, dass Bach 300 Taler Schulden aufnahm.

Zum Haus in der Langen Straße gehörten Nebengebäude, eine Scheune, das Recht zum Bierbrauen, große Wiesenflächen sowie Gartenland (5 ¼ Morgen = mehr als 1,3 Hektar), und wie bisher waren mindestens eine, zeitweise sogar zwei Mägde im Haushalt angestellt.

Der einst vom Grafen geschenkte Garten blieb etwa noch ein Jahr in Bachs Besitz, dann wurde er von Graf Philipp Ernst – immerhin gegen eine Entschädigung – zurückgefordert.[422]

Die musikalischen Dienste der Hofkapelle waren nach der Regierungsübernahme durch Graf Philipp Ernst vorerst weniger gefragt. Das kam Lucia Elisabeths Ehemann wohl ganz gelegen, denn nun konnte ein vielleicht schon länger geplantes Unternehmen realisiert werden. Johann Christoph Friedrichs Antrag auf einen dreimonatigen Urlaub wurde genehmigt, sodass er im Frühsommer 1778

422 Leisinger II, S. 444 (Schuldenaufnahme im November 1781), S. 437f. (Haus und Grundstücke), S. 442f. (Mägde), S. 95, 98 (Entschädigung für den Garten: 130 Taler).

zusammen mit seinem gerade 19 Jahre alt gewordenen Sohn Wilhelm Friedrich Ernst nach London reiste. Hier lebte Johann Christoph Friedrichs jüngerer Bruder Johann Christian Bach als bekannter Opernkomponist, Konzertunternehmer und Musikmeister der englischen Königin. Mehrere Monate lang blieb der Bückeburger Bach in der Metropole und ließ sich musikalisch von seinem Bruder inspirieren. Wilhelm Friedrich Ernst dehnte den Aufenthalt und den Unterricht bei seinem Onkel sogar bis zu dessen Tod Anfang 1782 aus (siehe S. 197f.).[423]
Während der Reisezeit ihres Mannes blieb Lucia Elisabeth mit ihren drei jüngeren Töchtern zurück in Bückeburg – die älteste, Anna Philippina Friederica, hatte bereits 1776 geheiratet.

Im Laufe der Regentschaft Graf Philipp Ernsts, besonders nach seiner Heirat 1780, spielte die Hofmusik wieder eine zunehmende Rolle. Gräfin Juliane, die nach dem Tod ihres Ehemanns 1787 die Regierungsgeschäfte in Vertretung für ihren minderjährigen Sohn übernahm, war eine begeisterte Musikliebhaberin. Doch nach einigen Jahren wurde Johann Christoph Friedrich mit einer vollkommen ungewohnten und sicher für die ganze Familie schwierigen Situation konfrontiert. Als langjähriger unangefochtener Leiter der Hofkapelle stand er ab 1793 einem jungen, genialischen Musiker aus Böhmen gegenüber, der große Begeisterung in der Stadt und am Hofe auslöste. Die eher unkonventionelle Gräfin Juliane ließ sich von dem mitreißenden Franz Christoph Neubauer so beeindrucken, dass sie ihm ihre Hofkapelle zur Verfügung stellte und Johann Christoph Friedrich dabei vollkommen überging. Neubauer nutzte diese Chance, während der schwer getroffene Bach in dieser Konkurrenzsituation seine besten Sinfonien komponierte, so 1794 die erhalten gebliebene Sinfonie in B-Dur. Vielleicht hatten all die Aufregungen Anteil an der zunehmenden Verschlechterung von Bachs Gesundheitszustand und seinem Tod am 26. Januar 1795. Noch im selben Jahr starb auch sein Rivale Neubauer, wohl aufgrund der Folgen eines Alkoholexzesses. Für Lucia Elisabeth gab es nun kurzzeitig die Hoffnung auf die Übertragung der Hofkapell-Leitung an ihren Sohn. Wilhelm Friedrich Ernst war zu dieser Zeit am Berliner Hof angestellt. Seine Bewerbung traf jedoch zu spät ein, sodass er nicht mehr berücksichtigt werden konnte.[424]

423 Leisinger II, S. 327.
424 Leisinger II, S. 281 (Todesanzeige Bach), 295f. (Konflikt mit Neubauer), S. 282f. (Bewerbung Wilhelm Friedrich Ernst).

Nach dem Tod Johann Christoph Friedrichs erhielt Lucia Elisabeth für ein halbes Jahr das Gehalt ihres verstorbenen Mannes und ihre stets weiterlaufende Bezahlung als Hofsängerin. Zudem erinnerte die Witwe ihre Dienstherrin Gräfin Juliane, dass ihr noch zu Lebzeiten von Graf Wilhelm Friedrich Ernst eine Pension in Aussicht gestellt worden sei. So erhielt Lucia Elisabeth ab Sommer 1795 noch einmal 50 Taler zusätzlich, also jährlich 150 Taler.[425] Die finanzielle Versorgung der Hinterbliebenen war damit gesichert, zumal die Witwe zusammen mit ihrer inzwischen 32-jährigen Tochter Christina Louisa im eigenen Hause lebte.

Eine aufregende Situation entstand, als es Ende Januar 1796 in unmittelbarer Nähe des Bachschen Hauses brannte. Wie der Bückeburger Zeitgenosse Carl Gottlieb Horstig bemerkte, standen ein Gebäude und eine Scheune direkt nebenan bereits *in lichten Flammen. Grade zwischen beyden stand das Hintergebäude der Frau Conzertmeisterin Bach*. Er scheute sich nicht, in das *gefahrvollste Haus* hineinzugehen und fand hier eine *Menge rüstiger Hände* [...] *beschäftigt, Tische, Stühle und Schränke in Sicherheit zu bringen. Die Bach war außer sich vor Schreck, nur ihre älteste Tochter rief voll Entschlossenheit: Lassen sie es brennen, Mutter, Gott hat mir ein geräumiges Haus gegeben, worin ich sie aufnehmen kann*. Doch bald konnte vermeldet werden, *daß alles, sogar der Schatz von Noten und Musikalien schon außer Gefahr gesetzt wäre*.[426] Bei der ältesten Tochter handelte es sich um Anna Philippina Friederica, derzeit schon Witwe. Christina Louisa, die mit im Haus wohnte, wird in diesem Bericht nicht ausdrücklich erwähnt. Das Gebäude blieb jedoch vom Brand verschont und wurde erst 1890 abgerissen.

Zum Ende ihrer Lebenszeit war Lucia Elisabeth schwerkrank und auf Pflege durch ihre Tochter Christina Louisa angewiesen. Das Bachsche Haus in der Langen Straße wurde zwar bereits einen Monat vor dem Tod Lucia Elisabeths verkauft, doch konnte sie ihre letzten Wochen wohl noch in der alten Umgebung verbringen. *In der Wohnung der Frau Concert Meisterin Bach* verfasste diese am Tage ihres Todes ein Testament, in dem sie das Erbe für ihre drei Kinder regelte.[427]

425 Leisinger II, S. 120f., 469f.
426 Leisinger II, S. 284.
427 Leisinger II, S. 435 (Hausverkauf), S. 308f. (Testament).

Lucia Elisabeth starb im Alter von 71 Jahren am 1. Oktober 1803, ebenso wie einst ihr Ehemann, am *Brustfieber.* Am 7. Oktober wurde sie neben ihm auf dem zu Bückeburg gehörigen Jetenburger Friedhof beerdigt. Mit einem erst 28 Jahre später gesetzten Grabstein und dessen Inschrift *F. u. L. Bach. 1831* wollte vermutlich der inzwischen 72-jährige Sohn Wilhelm Friedrich Ernst an seine Eltern erinnern.[428] Heute befindet sich über der Ruhestätte von Lucia Elisabeth und Johann Christoph Friedrich Bach eine neuere Grabplatte.

428 Leisinger II, S. 423f.

23. Cecilia Bach

geb. Grassi

* Italien, † 1791 London

J. S. Bachs und Anna Magdalenas Schwiegertochter
Ehefrau von Johann Christian Bach

Cecilia war nach ihrer Schwiegermutter Anna Magdalena (siehe Kap. 6) und vermutlich deren Schwester Johanna Christina (siehe Kap. 14) sowie ihrer Schwägerin Lucia Elisabeth (siehe Kap. 22) die vierte professionelle Sängerin in der Familie, doch konnten sich diese Frauen nie persönlich kennenlernen. Wann und wo Cecilia geboren wurde, darüber gibt es nur Spekulationen. Nach nicht gesicherten Mitteilungen der Schriftstellerin Elise Polko, die dem Freundeskreis Mendelssohns angehörte, soll Cecilia aus einer Mailänder Musikerfamilie mit einer deutschen Mutter und einem italienischen Vater, der Gesangslehrer war, stammen.[429] Davon ausgehend, wäre es möglich, dass sich Cecilia und der in Mailand lebende Johann Christian Bach – der jüngste Sohn Anna Magdalenas und Johann Sebastians – hier schon einmal begegneten. Doch in den meisten anderen Veröffentlichungen wird ihr Geburtsort mit Neapel angegeben.

Dokumentarisch nachweisbar ist Cecilia erstmals 1760 aufgrund eines Auftritts in Venedig in der Oper „Adriano in Siria" von Baldassare Galuppi. Für die Rolle der „Sabina" (Sopran) wurde sie angekündigt als *La Sign. Cecilia Grassi di Napoli.*[430] Ob dies ein Hinweis auf ihren Geburtsort ist oder ob sie sich zuvor in Neapel nur aufgehalten hatte, ist wiederum fraglich. Auch in anderen Städten hatte sie Engagements, beispielsweise in Turin oder Palermo. Von einem Auftritt in der Oper „Il Trionfo di Clelia" von Christoph Willibald Gluck 1763 in Bologna ist überliefert, sie habe mit *reiner, angenehmer Stimme* gesungen.[431] Am häufigsten trat Cecilia jedoch in Venedig auf, wo sie in der ersten Hälfte der 1760er Jahre ihren Wohnsitz hatte. Von hier aus knüpfte Grassi durch britische

429 Gärtner, S. 350.
430 Roe, S. 135.
431 Nach Carl Ditters von Dittersdorf, der Gluck auf der Italienreise begleitete, siehe Gärtner, S. 349f.

Geschäftsleute erste Verbindungen nach London. So eröffnete der Engländer Henry Constantine Jennings bereits 1762 in ihrem Namen ein Konto bei der Londoner Bank Drummonds – vier Jahre, bevor sie selbst nach England ging.[432] Jennings und andere Geschäftsleute, die Bankgeschäfte für sie erledigten, hatten sich alle zeitweise in Venedig aufgehalten. Vielleicht plante Cecilia schon zu dieser Zeit eine spätere Karriere in England? Als schließlich 1766 italienische Sängerinnen und Sänger für die Londoner Oper gesucht wurden, gehörte sie zu den neu engagierten.

Etwa im Herbst 1766 traf Cecilia in London ein, wo sich Johann Christian Bach seit 1762 als Komponist, Cembalist und Musikmeister der englischen Königin Charlotte einen Namen gemacht hatte. Wahrscheinlich hatten Cecilia und Johann Christian zumindest schon voneinander gehört. In London war sie als Primadonna am King's Theatre vorgesehen, und am 1. November 1766 trat sie dort erstmals in dem Pasticcio „Thrakabarne Gran Mogul" auf, einem zusammengestellten Stück mit Werken verschiedener Komponisten. Dann folgte schon eine erste Pause, und auch ihr nächster Auftritt Ende Dezember konnte ihrem vorauseilenden Ruhm offenbar nicht gerecht werden. Der Musikkritiker Charles Burney urteilte über ihre *Mittelmäßigkeit, unattraktives Aussehen und ein unbeseeltes Spiel.* Andererseits bescheinigte er ihr *Genauigkeit der Intonation* sowie eine *klagende Süße der Stimme und eine Unschuld des Ausdrucks, die allen jenen Zuschauern ein großes Vergnügen bereitete, die keine Überraschung erwarteten oder wünschten.*[433] Zielte Burney mit diesen Bemerkungen nur auf eine Indisposition ihrer Stimme oder auch auf eine weniger extravagante Ausstrahlung, als von einer Primadonna zu erwarten gewesen wäre? Der Hauptgrund für ihren ausbleibenden Erfolg waren vermutlich gravierende gesundheitliche Probleme, denn es folgten vorerst keine weiteren Auftritte. Im Sommer 1767 kehrte Cecilia nach Italien zurück. Eineinhalb Jahre später – im Januar 1769 – ist sie wieder als erfolgreiche Sängerin in Neapel nachweisbar. Offenbar kamen nun auch Pläne für eine Rückkehr nach England auf.

Cecilia lebte vermutlich spätestens seit Anfang 1770 wieder in London, denn bereits im Frühjahr trat sie mehrfach erfolgreich am King's Theatre auf, beispielsweise im Oratorium „Gioas" von Johann Christian Bach oder in der Oper „Orfeo"

432 Roe, S. 138ff.
433 Gärtner, S. 349.

von Christoph Willibald Gluck, die Bach bearbeitet und mit mehreren eigenen Stücken ergänzt hatte. Doch schon bald nach ihrem Auftritt in der Bach-Oper „Endimione" 1772 endete ihre Zeit am Opernhaus.

Ab 1773 stand Cecilia hauptsächlich in den berühmten Bach-Abel-Konzerten auf dem Podium. Diese ersten bürgerlichen Abonnements-Konzerte in England waren 1765 von Bach und seinem Freund, dem Gambisten und Komponisten Carl Friedrich Abel, begründet worden. Abel stammte aus Köthen, sein Vater war einst Mitglied der Hofkapelle unter Johann Sebastian Bach gewesen. Die Londoner Bach-Abel-Konzerte gehörten zu den beliebtesten und anfangs auch finanziell erfolgreichsten privaten Musikunternehmungen. Nachdem die Konzerte an unterschiedlichen Spielorten stattgefunden hatten (so im Carlisle House oder Almack's), wechselten sie 1775 in die prächtige Hanover Square Concert Hall, an deren Errichtung sich Bach finanziell beteiligt, aber letztlich auch überfordert hatte.

Cecilia unterhielt nicht nur künstlerisch, sondern auch persönlich enge Kontakte zu dem legendären Künstlerkreis. Neben Bach und Abel gehörte ihm beispielsweise der Maler Thomas Gainsborough an, der das berühmte Portrait des Londoner Bach schuf. Über den Künstlerkreis gab es zahlreiche Gerüchte, die zumeist aus Informationen Abels an seinen mehr als dreißig Jahre jüngeren Vertrauten Henry Angelo stammten. Dieser schrieb seine Memoiren erst ein halbes Jahrhundert später auf, wobei sich zahlreiche offensichtliche Fehler einschlichen. So sind auch dessen Hinweise auf ein lang anhaltendes Verhältnis zwischen Abel und Cecilia über deren Heirat mit Bach hinaus, wenn zwar nicht völlig auszuschließen, so doch durchaus fraglich. Möglicherweise beflügelte Abels besondere Hinwendung zum Alkohol auch seine Phantasie in Mitteilungen über Cecilia. Gut vorstellbar ist allerdings, dass ein unkonventioneller Lebensstil des Künstlerkreises Anlass zu Spekulationen gab. Johann Christian lebte rund ein Jahrzehnt lang in einer Wohngemeinschaft mit Abel, und auch danach blieb die enge künstlerische Zusammenarbeit der Freunde bestehen.

Zur Persönlichkeit Cecilias bemerkte Angelo, sie sei, *obgleich keine Schönheit, so doch ein witziger Kopf.*[434] Weitere Informationen lieferte Charlotte Papendiek, die Cecilia als eine gutmütige Frau mit *well-regulated conduct* – also angenehmem Auftreten – charakterisierte. Zudem sei die Grassi bereit gewesen, ihr Vermögen auch für die Interessen Johann Christians einzusetzen, womit sich Papendiek

434 Gärtner, S. 351.

wohl nicht zuletzt auf die Kosten für die Londoner Veröffentlichungen Bachscher Werke bezog.[435] Die von Papendiek gelieferten Aufzeichnungen sind allerdings, ebenso wie die Abels, erst in den 1830er Jahren entstanden.[436]

An eine offizielle Verbindung Cecilias mit Johann Christian war Anfang der 1770er Jahre noch nicht zu denken. Im September 1772 reiste Bach nach Mannheim, um dort die Aufführung seiner Oper „Temiscole“ vorzubereiten. Dort soll er Heiratsabsichten mit der Sängerin Elisabeth Augusta Wendling gehabt haben, was allerdings nicht ganz geklärt ist.[437] Ab 1773 schließlich mehrten sich die Anzeichen für eine nähere Beziehung zwischen Cecilia und Johann Christian. So gab Bach Anfang des Jahres seine Wohngemeinschaft mit Abel auf, wohnte aber noch nicht mit Cecilia zusammen. Zumindest bis April 1776 lebten *Mrs. Grassi* in der Greek Street (Soho) und Johann Christian in der Newman Street. Cecilias frühere Wohnungen befanden sich an der Ecke Panton Street/Leicester Fields Street in der Nähe des King's Theatre (1770) und drei Jahre später in derselben Gegend in der Lisle Street.[438]
Im Juli 1773 unternahmen Johann Christian und Cecilia eine gemeinsame Konzertreise nach Blandford (Dorset), und auch im Herbst traten beide, beispielsweise beim Salisbury-Festival, auf. In den folgenden Jahren arbeiteten sie weiterhin eng zusammen, und bezeichnenderweise komponierte Bach für sie die Kantaten „Amor vincitore“ (1774) und „Cefalo e Procri“ (1776), gewidmet *Sig*[no]*ra Grassi*.[439]

Die Trauung von Cecilia und Johann Christian wird zwischen der zweiten Hälfte des Jahres 1776 und Frühjahr 1778 stattgefunden haben. Da kein Traueintrag bekannt ist, bleibt nicht nur die Frage nach dem Datum und dem Ort, sondern auch die nach dem Ritus der Eheschließung unbeantwortet. Johann Christian war in seinen Mailänder Jahren zur katholischen Konfession übergetreten – sehr zum Ärgernis seines Bruders Carl Philipp Emanuel Bach –, und als Italienerin war auch Cecilia katholisch. Doch in England und besonders am Königshof

435 Kassler, S. 46.

436 Die noch unverheiratete Charlotte, geb. Albert, begegnete Johann Christian Bach wohl erstmals kurz vor dessen Tod, sie war zu dieser Zeit 16 Jahre alt. Die Mitteilungen über die Bachs erhielt sie vermutlich durch ihren am Hofe tätigen Vater Friedrich Albert und ihren späteren Ehemann Christopher Papendiek, Musiker am königlichen Hof.

437 Roe, S. 144f. Nach einer Mitteilung von Mozarts Mutter in einem Brief aus Mannheim, 20. November 1777.

438 Roe, S. 146; Gärtner, S. 352.

439 Roe, S. 137, 145f.

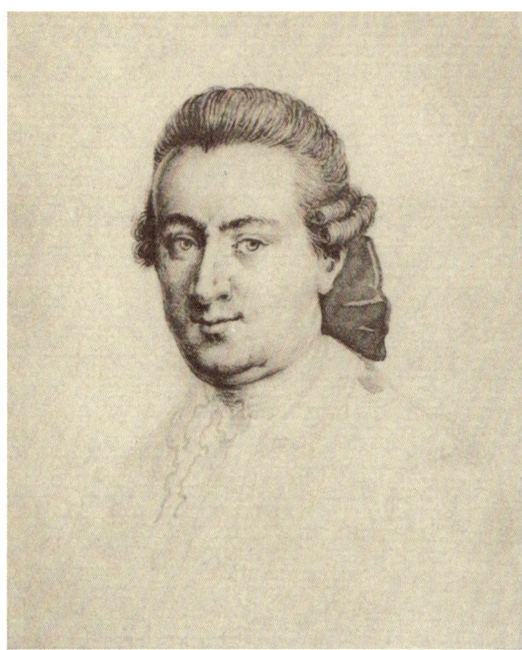

Johann Christian Bach (1735 – 1782), unsignierte Bleistiftzeichnung

dominierte die anglikanische Konfession, katholische Eheschließungen waren verboten. Illegale Trauungen fanden gelegentlich in Botschaftskapellen statt, wo die Traueinträge zumeist nicht aufbewahrt wurden.[440] Es ist aber äußerst fraglich, ob Cecilia und Johann Christian – mit ihrer Nähe zum Königshaus – die Ehe auf eine solche Weise schlossen. Vielleicht erhielten sie eine Sondergenehmigung, oder sie reisten für diesen Anlass in ein anderes Land?

Cecilia hatte ihre Karriere inzwischen beendet, offenbar entsprach ihre Stimme nicht mehr den Erwartungen. Ein Besucher eines ihrer letzten Konzerte um 1776 äußerte, die Grassi habe eine etwas drückende Stimme in Tenorlage, was zwar ungewöhnlich, aber eher unangenehm sei.[441] Sie sang nun wohl nur noch gelegentlich zu kleineren Anlässen. So berichtete Papendiek von einer Segelboot-Fahrt auf der Themse in Begleitung des Schiffes der königlichen Familie, bei der das Ehepaar Bach und eine Schülerin musizierten. Letztere sang *im Duett mit Mrs. Bach, deren Stimme wundervoll über dem Wasser klang.*[442]

440 Roe, S. 144.
441 Roe, S. 138.
442 Kassler, S. 58; Gärtner, S. 407.

Cecilia unterhielt wie ihr Ehemann gute Verbindungen zum Königshaus, möglicherweise erteilte sie dort auch Gesangsunterricht.
Im Frühjahr 1778 wird Cecilia in einer Tagebucheintragung einer Dame aus London noch einmal erwähnt als *Alte* Sängerin, die nach Burneys Meinung *keine Kinder mehr haben wird.*[443] Demnach wäre sie bereits über die 40 Jahre hinaus gewesen, ihr Ehemann war derzeit 42 Jahre alt – tatsächlich blieb das Paar kinderlos. Spätestens 1779 erwarben die Bachs ein elegantes Haus in der New Cavendish Street Nr. 3. Das Gebäude gehörte zu den Neubauten, die um 1775 rund um den Portland Place entstanden waren.[444]

Im Sommer 1778 lernte Cecilia endlich einmal Verwandtschaft kennen. Zu Besuch kamen Johann Christians Bruder Johann Christoph Friedrich Bach und dessen gerade 19 Jahre alt gewordener Sohn Wilhelm Friedrich Ernst aus Bückeburg (siehe S. 189). Für die Gäste muss die Lebenswelt dieser Metropole ziemlich fremd und zugleich höchst anregend gewesen sein. Sie erlebten hier ganz andere Verhältnisse, in denen neben glänzenden Erfolgen Konkurrenz und Niederlagen gegenwärtig waren, anders als im beschaulichen Bückeburg. Johann Christoph Friedrich kehrte nach seinem knapp dreimonatigen Besuch mit nachhaltigen musikalischen Einflüssen zurück nach Bückeburg, doch sein Sohn blieb noch länger in London. Johann Christian unterrichtete – sofern er sich in London aufhielt – seinen Neffen und führte diesen in das großstädtische Musikleben ein. Fast drei Jahre lang lebte Wilhelm Friedrich Ernst im Haushalt seiner Tante und seines Onkels.[445]

Während dieser Zeit reiste Johann Christian zweimal nach Paris (1778 und 1779), um die Aufführung seiner Oper „Amadis de Gaule" vorzubereiten. Dass ihn Cecilia zeitweise begleitete und die Premiere der Oper im Dezember 1779 in Paris miterlebte, wäre durchaus denkbar, lässt sich aber nicht belegen.[446] Nachdem Johann Christian Anfang 1780 nach London zurückgekommen war, verschlechterte sich sein Gesundheitszustand zunehmend. Die in Paris erlebten Enttäuschungen trugen wohl zu seiner schlechten Verfassung bei. Seine Oper hatte nicht den erhofften Erfolg gebracht, und sie war künstlerisch entstellt worden. Hinzu kamen

443 Roe, S. 146 (aus: Thraliana, The Diary of Mrs. Hester Lynch Thrale 1776–1809).
444 Roe, S. 150; Kassler, S. 26 (Nach Papendiek wohnten die Bachs in Richmond).
445 Leisinger II, S. 327 (Neuer Nekrolog der Deutschen, Teil 2, Weimar 1847).
446 Roe, S. 147, 160.

die bereits seit einigen Jahren absehbaren schweren finanziellen Probleme, auch die Bach-Abel-Konzerte hatten ihre Attraktivität verloren. Für Cecilia muss diese Situation bedrückend gewesen sein. Am 14. November 1781 verfasste ihr Ehemann sein Testament, in dem er seiner *lieben Frau Cecilia Bach* sein Vermögen vererbte. Am 1. Januar 1782 starb Johann Christian wohl in seinem Haus in der New Cavendish Street. Die irrtümlich verbreitete Meinung, die Bachs hätten zuletzt in Paddington – einem Dorf nahe London – gelebt, basiert auf einer offenbar fehlerhaften Mitteilung von Charlotte Papendiek.[447]

Das Begräbnis Johann Christians fand ungewöhnlich spät, erst am 6. Januar statt. Es soll von nur vier Männern aus dem Bekanntenkreis begleitet worden sein – ohne Bachs Künstlerfreunde. Zumindest Cecilias Abwesenheit ist erklärbar, denn in London war es noch bis ins 19. Jahrhundert hinein üblich, dass Frauen Beerdigungen fernblieben.[448]
Die erdrückende Schuldenlast betrug rund 4.000 Pfund, und schon kurz nach Johann Christians Tod sollen die Gläubiger in das Trauerhaus eingedrungen sein. Später beschlagnahmten dann die Behörden die Wertsachen, sogar persönliche Gegenstände des noch im Hause lebenden Neffen wurden konfisziert.[449]
Cecilia versuchte nun, mit der Weiterführung der Bach-Abel-Konzerte Einnahmen zu erlangen. Schon zwei Tage nach der Beerdigung Johann Christians erschien eine Anzeige mit der Ankündigung von Benefizveranstaltungen. Doch die Zusammenarbeit mit Abel wurde zunehmend schwierig, und die Konzerte fanden teilweise gar nicht mehr statt.
Bachs Testament wurde schon bald durch den Rechtsanwalt Augustine Greenland bestätigt, und am 22. Februar erschien eine Anzeige in der Zeitung, dass sich alle Personen mit Forderungen oder Verpflichtungen gegenüber der Witwe melden sollten. Ausdrücklich wurde auch darum gebeten, ausgeliehene Manuskripte und andere Musikalien zurückzubringen. Cecilia hatte einen wohlwollenden Rechtsanwalt zur Seite, denn Greenland war ein Freund und Logenbruder Johann Christians gewesen. Durch die Rückgabe der Manuskripte erhoffte sich Cecilia die Zusammenführung der verstreuten Werke und eine Einnahmequelle. Die geerbten Schulden waren jedoch so groß, dass der Witwe nichts anderes übrig blieb

447 Roe, S. 147, 150.
448 Roe, S. 148. Nach Information von Papendiek war einer der Teilnehmer an der Beerdigung ihr zukünftiger Ehemann.
449 Leisinger II, S. 327 (Neuer Nekrolog der Deutschen, Teil 2, Weimar 1847).

als sich von ihrem Haus und dem gesamten, bislang noch luxuriös ausgestatteten Besitz zu trennen. An mehreren Tagen im März und April fanden Auktionen statt, bei denen zahlreiche Objekte versteigert wurden, darunter vornehme moderne Möbel, ein Cembalo, ein Pianoforte und andere Instrumente, mehrere goldene Uhren, Schnupftabakdosen, Porzellan und Seidenvorhänge. Außerdem waren darunter Werke von Künstlern aus Bachs Freundeskreis, wie Giovanni Battista Cipriani, Thomas Gainsborough oder Francesco Bartolozzi. Angeboten wurden auch Brilliant- und andere Ringe und nicht zuletzt zahlreiche Musikalien.[450] In welcher Höhe die Schulden getilgt werden konnten, ist nicht bekannt – doch die Einnahmen reichten längst nicht aus.

Ein weiterer Versuch des Schuldenabbaus war ein Benefizabend im King's Theatre am 27. Mai 1782, der die Lage aber auch nicht wesentlich verbesserte. Aus der Anzeige für den Kartenverkauf geht hervor, dass Cecilia inzwischen bei der Familie des Malers Johann Joseph Zoffany wohnte, mit der sie schon lange befreundet war.

Ungeachtet der für Cecilia bitteren Konsequenzen aus den Veräußerungen ihres Besitzes konnte sie auf Schuldenabbau aus eigenen Kräften nicht mehr hoffen. Nach der Erinnerung von Papendiek habe Königin Charlotte den Rest der Schulden übernommen, für Cecilia eine lebenslange Pension von 200 Pfund jährlich und weitere finanzielle Mittel für ihre Rückkehr nach Italien – zusammen mit einer weiteren Person und einem Kutscher – in Höhe von 100 Pfund freigegeben. Eine Zeitungsmitteilung vom 1. Juli 1782 nennt die niedrigeren Summen von 80 Pfund jährlicher Pension und 50 Pfund Reisegeld. Aus dieser Pressenotiz geht auch hervor, dass Cecilia London frühestens Ende Juni verließ.[451] Vermutlich plante sie bereits zu dieser Zeit, später wieder zurückzukehren.

Bald nach ihrer Abreise wurden in London mehrere Werke Johann Christian Bachs im Druck veröffentlicht – bezeichnenderweise blieben die Besitzer der Manuskripte anonym.[452] Der Witwe waren demnach wieder einmal Einnahmen verloren gegangen.

Wer die zweite Person war, die Cecilia zumindest zu Beginn der Reise begleitet haben soll, ist ungewiss. Infrage käme die Tochter ihres Rechtsanwaltes, Emma Jane Greenland – Malerin, Sängerin und eine enge Vertraute Cecilias, die etwa

450 Roe, S. 149ff.
451 Kassler, S. 64f., 346; Roe, S. 153. Die Zeitungsmeldung bezieht sich auf den 28. Juni 1782.
452 Roe, S. 153.

zur selben Zeit für einen Studienaufenthalt nach Italien ging.[453] Denkbar wäre jedoch auch, dass Cecilia zusammen mit ihrem Neffen Wilhelm Friedrich Ernst zuerst nach Frankreich reiste – denn dieser konzertierte nach seiner Londoner Zeit erfolgreich in Paris,[454] und auch Cecilia hatte dort noch eine wichtige Angelegenheit zu klären. In ihrem Gepäck befand sich jedenfalls die autographe, heute verschollene Partitur der Oper „Amadis de Gaule".
Die misslichen Umstände der Aufführung dieser Oper 1779/80 in Paris, die Cecilia vielleicht selbst miterlebte, hatten Johann Christian wohl bis an sein Lebensende beschäftigt. Zudem stand noch ein Vorhaben aus, das er einst seinem wichtigsten Förderer in Paris – Monsieur Lefèvre de Caumartin – in Aussicht gestellt hatte: den Druck der Opernpartitur mit einer Widmung an seinen Gönner. Nun nahm sich Cecilia dieser Sache an und organisierte in Paris die Herausgabe des Werkes. In dem von ihr verfassten Vorwort weist sie mit Nachdruck auf die ursprüngliche Fassung des einst verstümmelt aufgeführten Werkes hin. In einer der ersten Druckexemplare unterzeichnete Cecilia mit *V.*[euve = Witwe] *Bach* – ihre einzig erhaltene Handschrift:[455]

An Monsieur de Caumartin
Staatsrat Vorsteher der Kaufleute
Monsieur
Unter Ihrer Schirmherrschaft wurde dieses Werk komponiert. Sie haben sich in Ihrer Güte dazu bereiterklärt, es zu unterstützen und sein Widmungsträger zu sein: Der Autor wurde beim Verlassen Frankreichs Opfer einer langen Krankheit, die ihn ins Grab führte, dennoch vergaß er nie die Dankbarkeit, die er Ihnen schuldete, noch seine selbstverständliche Pflicht, den Beweis dafür zu erbringen. Heute, Monsieur, ist es seine Witwe, die sich an Sie wendet, um diese Pflicht zu erfüllen – die er bei seinem Tod bedauerte nicht selbst erfüllen zu können – und die Ihnen sein Werk anbietet, nicht wie es aufgeführt wurde, sondern wie der Komponist es ursprünglich schrieb. Ihr gnädiger Empfang wird ein Segen für sie [die Witwe] *sein, da er* [der Empfang] *ein Beweis für Ihre Freundlichkeit ist, die Sie einst dem Ehemann erwiesen, den sie nun verloren hat.*
Mit Hochachtung, Monsieur, Ihre demütigste und gehorsamste Dienerin
W[itwe] *Bach.*

453 Roe, S. 155f.
454 Leisinger II, S. 327 (Neuer Nekrolog der Deutschen, Teil 2, Weimar 1847).
455 Roe, S. 158ff. Für die Übersetzung aus dem Französischen danke ich Florence Hübner, Bonn.

A Monsieur De Caumartin
Conseiller d'Etat Prevost des Marchands

Monsieur

C'est Sous vos Auspices que cet Ouvrage a eté composé, vous avez daigné le protéger, et en agreér l'hommage : L'auteur, en quittant la france a eté attaqué, d'une longue maladie, qui l'a conduit au Tombeau mais il n'a jamais oublié la Reconnoissance, qu'il vous devoit, ni l'obligation qu'il s'etoit imposeé de vous en offrir le temoignage ; Aujourd'huy Monsieur c'est Sa Veuve qui vient remplir un Devoir dont il a regretté en Mourrant, de n'avoir pû S'acquitter lui même, et qui vous offre son Ouvrage, non comme il a eté répresenté, mais tel que le Compositeur l'avoit d'abord Ecrit, L'accueil que vous voulez bien lui faire, est un Bienfait pour elle, puisqu'il, est une preuve des Bontés, dont vous honories l'Epoux qu'elle a perdû

Je Suis avec Respect

Monsieur

Votre tres humble Ettres
Obeissante Servante
V. Bach —

Das Widmungsexemplar der Erstausgabe von Johann Christian Bachs Oper „Amadis de Gaule" erschien 1782/83 in Paris. Die Zueignung an den Gönner Lefèvre de Caumartin verfasste Cecilia nach dem Tod ihres Ehemanns. In späteren Ausgaben desselben Pariser Verlags wurde ihr Vorwort gestrichen.

Die Partitur mit der Widmung erschien frühestens Ende 1782, vermutlich erst 1783 in dem Pariser Verlag Sieber. Es war üblich, dass die Verantwortung und die Finanzierung der ersten Druckausgaben, die sonst im Zusammenhang mit aktuellen Aufführungen standen, von den Autoren übernommen und die Rechte erst danach an den Verlag verkauft wurden. Die Kosten für den Druck beglich Cecilia vielleicht mit Restbeständen eines von ihrem Ehemann einst in Paris angelegten Kontos. Denkbar ist auch die Beteiligung ihres Neffen Wilhelm Friedrich Ernst an den Druckkosten. Cecilia wird bewusst gewesen sein, dass es kaum Chancen auf die Aufführung der französischsprachigen Oper außerhalb Frankreichs gab, ebenso wenig auf eine nochmalige Pariser Aufführung in ursprünglicher Form. Dennoch realisierte sie dieses Projekt zielstrebig – mit einem Vorwort, das Johann Christian Gerechtigkeit widerfahren lassen sollte und geschickt formuliert dennoch Kritik am Opernhaus übte. Obwohl der deutsche Verleger Johann Georg Sieber ein Freund Johann Christians gewesen war, erforderten seine Verlagsgeschäfte ein gutes Einvernehmen mit der Oper. Wohl aus diesem Grund ist das Vorwort in den Nachauflagen, die nicht mehr unter Cecilias Aufsicht standen, gestrichen worden.[456]

Nachdem Cecilia ihr Vorhaben in Paris abgeschlossen hatte, reiste sie wohl nach Italien. Wie lange und wo sie sich dort aufhielt, ist unbekannt. Nach London kehrte sie vermutlich im April 1784 für kurze Zeit zurück, um sich dann ab Mitte 1786 hier dauerhaft niederzulassen.[457] Ungewiss ist, wo sie in der Zwischenzeit lebte und ob sie nochmals Reisen unternahm. Während ihrer letzten Londoner Jahre kümmerte sich Cecilia um die Bewahrung des noch erhaltenen musikalischen Nachlasses von Johann Christian. So gelangte ein bedeutender Teil an die Königliche Bibliothek, wo die Musikalien am besten aufbewahrt werden konnten. Zu dem Bestand gehörten beispielsweise Kirchenmusik und Opern, die alle neu gebunden und mit der Jahreszahl 1788 versehen wurden. Einige kirchenmusikalische Werke aus Johann Christians Mailänder Zeit erhielt Emma Jane Greenland, die inzwischen aus Italien zurückgekehrt war. Die Witwe Cecilia war offensichtlich bestrebt, die unveröffentlichten Manuskripte ihres verstorbenen Ehemanns zusammenzuhalten und in verantwortliche Hände zu geben.[458]

456 Roe, S. 166ff.

457 Roe, S. 154. Die Anwesenheit Cecilias erschließt sich aus regelmäßigen Zahlungen aus der königlichen Kasse auf ihr Londoner Konto.

458 Roe, S. 155f.

Am 2. Februar 1791 starb Cecilia in London. In der Zeitung „The Star“ erschien am 4. Februar folgende Todesanzeige: *Wednesday, at Mr Mecelli's, in the Haymarket, Mrs Bach, relict of Mr Bach, the celebrated composer.*[459] Mit *Mr Mecelli* ist wahrscheinlich der Sänger Leopoldo de Micheli gemeint, der am Haymarket Nr. 61 wohnte und ein langjähriger Künstlerfreund der Bachs war. Seinen Lebensunterhalt verdiente er im fortgeschrittenen Alter mit Kopierarbeiten für das King's Theatre und wohl durch Mieteinnahmen. Die Erinnerungen an Cecilias künstlerische Leistungen waren allem Anschein nach längst vergessen, war sie den Londonern bestenfalls noch als die Witwe Johann Christians bekannt. Beerdigt wurde Cecilia auf dem Friedhof von Saint Pancras, wo sich auch das Grab ihres Ehemanns befand.[460] Das Gelände des ehemaligen Friedhofs ist heute als Saint Pancras Gardens bekannt.

459 Kassler, S. 347 (Fußnote 437); Roe, S. 154.
460 Roe, S. 154. Die Bach-Gräber sind nicht erhalten geblieben.

24. Friederica Sophia Schmidt (Schwarzschultz?), geb. Bach

* 1757 Halle (Saale), † um 1801 Züllichau?

J. S. Bachs und Maria Barbaras Enkelin
Tochter von Dorothea Elisabeth und W. F. Bach

Friederica Sophia wurde am 7. Februar 1757 als drittes Kind von Dorothea Elisabeth (siehe Kap. 20) und Wilhelm Friedemann Bach geboren und acht Tage später in der Halleschen Marktkirche getauft. Bemerkenswert sind ihre durchweg fürstlichen Taufpaten: Carl Georg Leberecht von Anhalt-Köthen, Prinzessin Maria Magdalena Benedicta von Anhalt-Köthen sowie Bernhardine Christiane von Schwarzburg-Rudolstadt, die mit dem Köthener Fürstenhaus verwandt war.[461] Vielleicht erhoffte sich Wilhelm Friedemann mit den angefragten Patenschaften eine Auffrischung der Beziehungen, verbunden mit musikalischen Aufträgen? Die Verbindung zum Köthener Fürstenhaus basierte wohl noch immer auf dem langjährig guten Verhältnis Johann Sebastian Bachs zu seinem Arbeitgeber. Die prominenten Paten erschienen jedoch nicht zur Taufe, und sicher hatten die Eltern selbst die Patenvertretungen aus dem Halleschen Umfeld besorgt. Ob die fürstlichen Taufpaten jemals Kontakt zu Friederica Sophia aufnahmen, ist äußerst fraglich und eher unwahrscheinlich.

Friederica Sophia wuchs als Einzelkind auf, denn die beiden älteren Brüder waren bereits vor ihrer Geburt verstorben. Die Bachs wohnten in der Großen Nikolaistraße (siehe Abb. S. 167),[462] unweit vom Geburtshaus Georg Friedrich Händels entfernt. Als Friederica Sophia fünf oder sechs Jahre alt war, zog die Familie in eine andere, kleinere Wohnung am Claustor (im Bereich des heutigen Wilhelm- Friedemann-Bach-Hauses). Hier lebte sie in den nächsten Jahren zusammen mit ihrer Mutter und wohl mit ihrer Tante Catharina Dorothea Bach (siehe Kap. 16),[463] während ihr Vater häufig auf ausgedehnte Konzertreisen ging.

461 Falck, S. 34.
462 Das Haus (nicht erhalten) befand sich auf dem Areal der heutigen Großen Nikolaistraße 8/9.
463 Hübner VII, S. 103ff.

Im Alter von 13 Jahren musste Friederica Sophia ihre Heimatstadt verlassen, denn die Familie ging – nun ohne die Tante – nach Braunschweig. Wilhelm Friedemann erhoffte dort eine neue Anstellung, die jedoch nicht zustande kam. Auch weitere Bewerbungen blieben erfolglos, schließlich ließen sich die Bachs 1774 in Berlin nieder. Friederica Sophia kam als 17-Jährige in eine Großstadt mit rund 135.000 Einwohnern, wie sie solche zuvor nicht erlebt hatte. Unbekannt ist, ob sie hier zum Einkommen der Familie beitragen konnte. Ebenso unbeantwortet bleibt die Frage nach ihrer Schulbildung oder ob sie eine musikalische Grundausbildung erhalten hatte. Gewiss jedoch werden langjährige finanzielle und häusliche Unsicherheiten auch für sie eine Belastung gewesen sein.

In eine äußerst schwierige Lage kam Friederica Sophia mit 23 Jahren. Sie brachte in der Charité ein uneheliches Kind zur Welt. In den Taufeinträgen des dortigen Geburtshauses ist 1780 vermerkt worden: *Unehelich ein Sohn, Joh: Ludewig Entret, gebohren den 5ten 9br.*[November] *von Friedrica Soph: Bachin, eines Musicus Tochter, aus Halle gebürtig, und ist auf Ludewig Entret, ein Bedienter* [Bediensteter] *den 12ten eg.* [evangelisch.] *Luth. getauft worden.*[464]
Im Armenhaus, dem sogenannten Maison de Charité, entbanden fast ausschließlich unverheiratete Frauen. Etwa 170 solcher Geburten sind im Jahr 1780 registriert worden, und es war gängige Praxis, dass die unehelich geborenen Kinder die Nachnamen ihrer Väter erhielten. Für die in der Charité zur Welt gekommenen Kinder fanden etwa einmal wöchentlich Sammeltaufen statt, so wurden zusammen mit Johann Ludewig drei weitere Neugeborene getauft. Taufpaten sind in den vorhandenen Einträgen nicht vermerkt. Johann Ludewig gehörte vermutlich nicht zu den kurz nach der Geburt verstorbenen Kindern, denn in den Sterberegistern der Charité ist sein Name nicht genannt.[465] Welches Lebensschicksal diesen Urenkel Johann Sebastian Bachs erwartete, liegt völlig im Dunkeln. Lebte er bei seiner Mutter oder im Großen Friedrichs-Waisenhaus? Aufnahme- und Insassenlisten sind nicht mehr erhalten,[466] so lassen sich auf alle diese Fragen keine Antworten finden.

464 Landeskirchliches Archiv in Berlin, Kirchenbücher Alt-Berlin (Charité), Bd. 6204/1 (A 2503), S. 25; Kock/Siegel, S. 289 (Anm. 465).

465 Landeskirchliches Archiv in Berlin, Kirchenbücher Alt-Berlin (Charité), Bd. 6350/1 (Nov./Dez. 1780).

466 Nach Mitteilung des Landesarchivs Berlin.

Friederica Sophia betreffend, sind erst aus späterer Zeit – nach dem Tod ihres Vaters 1784 und ihrer Mutter 1791 – weitere Dokumente überliefert. Am 10. Februar 1793 heirateten *Johann Schmidt Mousq.*[Musketier] *von Cap*[itains] *v. Penne Compagnie, aus Homburg, eines Müllers hinterlaßener Sohn. 32 Jahr alt. 8 Jahr im Dienst. reform. mit Jfr.* [Jungfrau!] *Sophia Friederica Bach aus Halle, eines Organisten hinterlaßenen Tochter* [...] *luth.*[467] Da der Ehemann ein aus Hessen stammender Soldat war, fand die Trauung in der Berliner Garnisonskirche statt. Für Friederica Sophia müssen diese Februartage aufregend gewesen sein, denn nur fünf Tage vor ihrer Trauung und zwei Tage vor ihrem 36. Geburtstag wurde am 5. Februar 1793 ihre Tochter Sophie Dorothea geboren. Die Taufe fand für damalige Verhältnisse ungewöhnlich spät, aber aufgrund der Situation nachvollziehbar erst am 10. März, ebenfalls in der Garnisonskirche statt.
Vier Jahre später, am 30. März 1797, kam die zweite Tochter Sophie Friederike zur Welt. Sie wurde drei Tage nach ihrer Geburt getauft, und dem Eintrag im Kirchenbuch nach war ihr Vater noch immer Soldat. Obwohl er der evangelisch-reformierten Konfession angehörte, wurden die Töchter evangelisch-lutherisch getauft. Ungewöhnlich ist in beiden Taufvermerken, dass der Nachname der Mutter nicht mit Schmidt, sondern noch immer mit Bach angegeben wurde.
Zu den gesellschaftlichen Kontakten geben vielleicht die Paten der Töchter Hinweise, im Taufregister *Zeugen der Taufe* genannt: Während 1793 ein Soldat, eine Frau Rasch und drei *Mamsells* aufgeführt sind, erscheinen 1797 nur die Namen, jedoch ohne Bezeichnung der Berufe oder Stände.[468]

Die Lebensverhältnisse der Schmidts waren offenbar dürftig. Noch bevor Friederica Sophia zum zweiten Mal schwanger geworden war, hatte die *arme Soldatenfrau* am 7. Februar 1796 – ihrem 39. Geburtstag – den Verkauf der von ihrer Mutter geerbten Halleschen Solengüter-Anteile für 25 Taler in der Zeitung annonciert.[469]
Sollte Friederica Sophia im Zusammenhang mit einer Notlage auch das Gemälde mit der Darstellung ihres Großvaters Johann Sebastian verkauft haben? Vorausgesetzt, dass sie das 1746 von Elias Gottlob Haußmann gemalte Bild nach dem Tod ihrer Mutter erbte,[470] hätte sich im Winter 1792/93 eine plausible

467 Miesner II, S. 147. Die Namenfolge der Braut wurde verwechselt.
468 Miesner II, S. 148.
469 Serauky, S. 18.
470 Bach-Dokumente, Bd. IX, S. 40f.

Situation für dessen Veräußerung ergeben. Friederica Sophia war schwanger und stand kurz vor der Heirat mit Johann Schmidt. Zur selben Zeit konzertierte in Berlin August Eberhard Müller, der spätere Thomaskantor und erste nachweisbare Besitzer des Gemäldes. Mit einem solchem Verkauf hätte Friederica Sophia das für sie bis dahin lebensbegleitende Bild einem achtsamen und würdigen Nachfolger übergeben.

Zum weiteren Lebensweg Friederica Sophias gibt es viele Fragezeichen. Schon bald nach der Geburt ihrer zweiten Tochter lernte sie einen in der Textilbranche tätigen Mann aus Züllichau (zu Preußen gehörig, heute Sulechów in Polen) kennen, von dem nur der Nachname Schwarzschultz bekannt ist. Ihre gemeinsame Tochter Karolina Beata (siehe Kap. 30) wurde um 1798/99 wohl in Züllichau geboren. Da die dortigen Kirchenbücher durch Kriegseinwirkung vernichtet wurden, lässt sich weder diese Taufe noch die Trauung der Eltern nachweisen. In der Überlieferung der Familie Schwarzschultz wird zwar von einer Eheschließung bald nach der Geburt des Kindes ausgegangen,[471] dennoch ist eine offizielle Verbindung nicht gesichert. Dass das Kind den Nachnamen des Vaters trug, war – wie das Beispiel der in der Charité geborenen Kinder zeigt – kein Indiz für die Heirat der Eltern. Außerdem stand einer Wiederverheiratung Friederica Sophias die vermutlich noch gültige Ehe mit Schmidt entgegen, denn in den Berliner Regimentslisten wurde Johann Schmidt bis 1801 als verheiratet mit zwei Töchtern geführt – vorausgesetzt, es handelte sich nicht um einen anderen Soldaten gleichen Namens mit ebenfalls zwei Töchtern. Als der genannte Schmidt im Oktober 1805 seine zweite Ehe einging, wurde er als *Witwer seit 5 Jahren* bezeichnet.[472] Friederica Sophia wäre demnach um 1801 verstorben. Aus den Regimentslisten ist jedoch nicht zu ersehen, ob und wann Friederica Sophia von Berlin nach Züllichau ging und ihre beiden ehelichen Töchter mitgenommen oder in Berlin zurückgelassen hatte.

Friederica Sophia hatte in all den schwierigen Jahren und bei ihrem mutmaßlichen Weggang von Berlin nach Züllichau stets einen wertvollen Schatz behütet: Erinnerungen an ihren Vater und ihren Großvater. Dazu gehörten eine Pastellzeichnung mit dem Porträt Wilhelm Friedemann Bachs, dessen Noten-Übungsheft mit dem liebevoll-lobenden Vermerk Johann Sebastians: *du bist*

471 Wolff II, S. 127. Schreibweise auch Schwartzschultz.
472 Miesner III, S. 157f. (Traubuch der Garnisonskirche).

mein gutes Jüngelchen, weitere Notenhandschriften, einige Medaillen und ein angeblich von Friederica Sophia verfasstes Tagebuch, unter anderem mit Erinnerungen an ihren Vater. Diese wertvollen Dokumente wurden in der Familie Schwarzschultz über mehrere Generationen sorgsam aufbewahrt und sind erst Mitte des 20. Jahrhunderts verloren gegangen.[473] So wird manches Rätsel um Friederica Sophia ungelöst bleiben.

473 Wolff II, S. 130 (nach Mitteilung von Lydia Emma Augusta du Chateau, geb. Friedemann).

25. Anna Carolina Philippina Bach

* 1747 Berlin, † 1804 Hamburg

J. S. Bachs und Maria Barbaras Enkelin
Tochter von Johanna Maria und C. P. E. Bach

Im Mai 1747 unternahm Thomaskantor Johann Sebastian Bach von Leipzig aus eine Reise nach Potsdam, wohin ihn der musikinteressierte Preußische König Friedrich II. – wohl durch den Kontakt seines Cembalisten Carl Philipp Emanuel Bach – eingeladen hatte.[474] Nach mehrtägigem Aufenthalt und der Teilnahme an den berühmten Abendmusiken besuchte Johann Sebastian seine Familie in Berlin – seine Schwiegertochter Johanna Maria (siehe Kap. 21) war zu dieser Zeit im sechsten Monat schwanger. Geboren wurde Anna Carolina Philippina am 4. September 1747 und sieben Tage später in der Dorotheenstädtischen Kirche

Anna Carolina Philippina Bach (1747 – 1804). Schattenriss von Jacob von Döhren, 1776.

474 Bach-Dokumente, Bd. II, Nr. 554.

getauft. Der relativ späte Tauftermin kam vielleicht aus Rücksicht auf die Anreise ihrer Großmutter aus Leipzig zustande, denn Anna Magdalena (siehe Kap. 6) war Taufpatin. Im Taufregister steht sie von insgesamt fünf Taufpaten an erster Stelle, ohne dass eine Vertretung für sie vermerkt wurde. Dennoch ist es nicht sicher, ob sie die Reise antrat und ob Bach noch einmal mitkam. Weitere Taufpaten waren der mit Johann Sebastian befreundete Mediziner und Hofrat Georg Ernst Stahl, zwei unverheiratete Frauen – darunter eine Markgräfliche Kammerfrau – und aus der Verwandtschaft mütterlicherseits ein nicht näher bezeichneter *Herr Dannemann*, der sich vertreten ließ.[475]

Nur wenige Wochen nach Anna Carolina Philippinas erstem Geburtstag wurde ihr Bruder Johann Sebastian (1748 – 1778) geboren, der später ein begabter Zeichner wurde. Zusammen mit dem älteren Bruder Johann August (1745 – 1789) waren die drei Geschwister altersmäßig eng beieinander. Bereits als Kind erlebte Anna Carolina Philippina aufgrund der zahlreichen Besuche eine gastfreundliche Atmosphäre im Elternhaus. Im Alter von drei Jahren lernte sie ihren Onkel Johann Christian Bach kennen, der nach dem Tod seines Vaters Johann Sebastian in Leipzig für einige Jahre mit zur Berliner Familie gehörte.[476] Sechs Jahre später war es ein junger Kollege Carl Philipp Emanuels, Christian Friedrich Carl Fasch, der nun mit im Haushalt lebte. Die behütete Kindheit Anna Carolina Philippinas wurde jedoch unterbrochen, als 1758 der Siebenjährige Krieg (1756–1763) auch für die Berliner Bevölkerung zur Bedrohung wurde. Wer konnte, floh vor einrückenden russischen Truppen, so auch die Familie Bach. Sie fand für einige Monate zusammen mit Christian Friedrich Carl Fasch Zuflucht bei dessen Vater, dem befreundeten Komponisten Johann Friedrich Fasch, in Zerbst.[477] Die elfjährige Anna Carolina wurde hier nicht nur mit einer für sie fremden Umgebung konfrontiert, sondern auch mit der Krankheit und dem Tod des Gastgebers Johann Friedrich Fasch, der Anfang Dezember starb. Noch im selben Monat kehrten die Bachs zurück nach Berlin.

Im Jahr 1768 begann für die 21-jährige Anna Carolina Philippina ein neuer Lebensabschnitt, denn die Familie wechselte nach Hamburg, wo Carl Philipp Emanuel eine Anstellung als städtischer Musikdirektor antrat. Spätestens seit

475 Bach-Dokumente, Bd. II, Nr. 558.
476 Bach-Dokumente, Bd. III, Nr. 676.
477 Suchalla, Bd. I, S. 61f.

dieser Zeit arbeitete die Tochter aktiv im Büro ihres Vaters mit. In seinem Auftrag verfasste sie zahlreiche Schreiben, stellte Rechnungen aus und unterhielt Kontakte mit Geschäftspartnern und Musikern. Carl Philipp Emanuels Kompositionen wurden inzwischen europaweit vertrieben, womit eine intensive Geschäftstätigkeit einherging. Von Anna Carolina Philippina stammt auch die 1774/75 gefertigte Abschrift der berühmten Genealogie, die einst Johann Sebastian Bach verfasst hatte. Carl Philipp Emanuel fügte der Abschrift schließlich noch einige Bemerkungen hinzu. Diese Handschrift von Tochter und Vater gilt heute als eines der wichtigsten Dokumente zur Bach-Familie.[478]

Anna Carolina Philippina entwickelte sich offenbar zu einer guten Geschäftsfrau, und sie blieb unverheiratet. Der Dichter Johann Heinrich Voß bemerkte 1774 über ihre äußere Erscheinung, sie sei *unschön* – doch fügte er hinzu *wohl conditionirt*, was sich vermutlich auf ihre geistigen Fähigkeiten bezog. Zudem zitierte Voß hier eine Äußerung des Verlegers Carl Friedrich Cramer: *sie ist nicht empfindsam*.[479] Was immer damit gemeint sein mag – vielleicht deuten all diese Bemerkungen darauf hin, dass sich Anna Carolina selbstbewusst in die Gespräche einmischte und damit die Herren etwas konsternierte?

Nach dem Tod ihres Vaters im Dezember 1788 übernahm Anna Carolina Philippina zusammen mit ihrer Mutter die Geschäftsführung des Musikalienhandels und die Erarbeitung des Verzeichnisses seines Nachlasses, in dem Werke Carl Philipp Emanuels, Johann Sebastians und anderer Komponisten sowie die große Bildersammlung aufgeführt sind.[480] Für die weitere Geschäftstätigkeit kamen Anna Carolina Philippina langjährige Erfahrungen und Kontakte mit Verlegern sowie Sammlern zugute. So sind allein schon 37 Briefe in ihrer Handschrift aus den Jahren 1790 bis 1804 an den Musikaliensammler und Schweriner Organisten Johann Jacob Heinrich Westphal erhalten geblieben.[481] Zu Lebzeiten ihrer Mutter verfasste Anna Carolina Philippina zahlreiche Briefe in deren Namen, später führte sie die Korrespondenz selbstständig. Außerdem beauftragte sie Kopisten für die Herstellung von bestellten Musikalien. Anna Carolina Philippina hatte insgesamt einen hervorragenden Einblick in organisatorische und finanzielle

478 Bach-Dokumente, Bd. I, Nr. 184. Das Original von J. S. Bach (1735) ist nicht erhalten.
479 Suchalla, Bd. I, S. 383.
480 Gesamtes Nachlassverzeichnis siehe: Miesner V, S. 103ff.; Miesner VI, S. 81ff.; Miesner VII, S. 161ff. Siehe auch Enßlin, Bd. 2, S. 727 (unter Anna Carolina Philppina Bach).
481 Schmid, S. 479ff.; Suchalla, Bd. II, Namenregister.

Anna Carolina Philippina Bach schrieb diesen Brief am 27. März 1804 an den Musikaliensammler und Organisten Johann Jacob Heinrich Westphal. Neben geschäftlichen Angelegenheiten beklagte sie die Auswirkungen der Napoleonischen Kriege und ihren schlechten Gesundheitszustand.

Abläufe. Sie konnte auch Fragen des Hamburger Rates zu den Tätigkeiten und Einkünften ihres verstorbenen Vaters detailliert beantworten.[482]

Nachdem ihre Mutter verstorben war, veröffentlichte Anna Carolina Philippina am 1. August 1795 in der „Staats- und Gelehrten Zeitung des Hamburgischen unpartheyischen Correspondenten" neben der Todesanzeige ihre offizielle Übernahme der Geschäftsleitung: *Der bisher von meiner sel. Mutter geführte Handel mit Musikalien meines sel. Vaters und Großvaters wird inskünftige von mir mit der äußersten Aufmerksamkeit fortgesetzt werden.*[483] Zu ihren vielfältigen Kontakten zählte auch eine Begegnung mit Joseph Haydn. Als dieser 1795 auf der Rückreise von London über Hamburg kam, wollte er endlich den von ihm verehrten Carl Philipp Emanuel Bach persönlich kennenlernen, doch er traf nur noch dessen Tochter an.[484]

Anna Carolina Philippina zog nach dem Tod der Mutter mehrmals um. Laut den Hamburger Adressbüchern wohnte sie 1796 in der Straße *Hohe Bleichen*, 1798 am *Valentinskamp* und dann an der *Großen Drehbahn*.[485] Ihre letzte Lebenszeit wurde – wie einst die ihrer Großmutter Anna Magdalena Bach – durch Kriegsgeschehen beeinflusst. Über die Auswirkungen der Napoleonischen Kriege und die aktuelle gesellschaftliche Situation beklagte sich Anna Carolina Philippina in einem Brief an Westphal vom 27. März 1804, in dem sie die *räuberischen Franzosen* und *die böse Elbscherre* (die Blockierung der Elbemündung durch die Engländer) erwähnte. Außerdem berichtete sie über ihre persönliche Situation: *Ich habe diesen ungesunden Winter in beständigem Kränkeln zugebracht, und jetzt steht mir auf Himmelfahrt ein abermaliges Umziehen nach der Ulric-Straße, No. 97. bevor. Der Himmel wird helfen!*[486] Vier Monate später, am 2. August 1804, verstarb Anna Carolina Philippina. Sie wurde im Familiengrab in der Krypta der Hamburger Michaeliskirche bestattet. Im folgenden Jahr fand eine Auktion in Hamburg statt, bei der ein großer Teil der im Nachlassverzeichnis aufgeführten Bestände veräußert wurde. Zu den wichtigsten Erwerbern zählte Georg Poelchau, dessen Sammlung später an die Königliche Bibliothek zu Berlin ging und den Grundbestand der dortigen Bach-Sammlung bildete.[487]

482 Miesner I, S. 14ff.; Suchalla, Bd. II, S. 1305ff.
483 Bach-Dokumente, Bd. III, Nr. 991; Suchalla, Bd. II, S. 1293.
484 Suchalla, Bd. II, S. 1103.
485 Miesner I, S. 50.
486 Schmid, S. 524.
487 Miesner IV, S. 164f. (Grabstätte); Kulukundis, S. 145ff. (Nachlass).

26. Augusta Magdalena Ahlefeldt
geb. Altnickol

*1751 Naumburg, † 1809 Leipzig

J. S. Bachs und Anna Magdalenas Enkelin
Tochter von Elisabeth Juliana Friederica und J. C. Altnickol

Mit der Geburt Augusta Magdalenas am 30. Mai 1751 begann für die Eltern Elisabeth Juliana Friederica, geb. Bach (siehe Kap. 17) und Johann Christoph Altnickol (1719 – 1759) ein neuer hoffnungsvoller Lebensabschnitt, war doch ihr erstgeborener Sohn Johann Sebastian nur wenige Monate alt geworden. Getauft wurde die Tochter am 2. Juni in der Naumburger Wenzelskirche, an der ihr Vater eine Anstellung als Organist hatte. Augusta Magdalenas Großmutter Anna Magdalena Bach (siehe Kap. 6) aus Leipzig übernahm ein Patenamt, kam aber nicht nach Naumburg, sondern ließ sich durch Dorothea Wilhelmina Sonnenkalb – die Ehefrau des Gold- und Silberwaren-Fabrikanten sowie Kaufmanns Friedrich Wilhelm Sonnenkalb – vertreten. Weitere Paten aus dem Umfeld der Kaufleute waren die Tochter eines Handelsmanns aus Naumburg und ein Händler aus Lauban (heute zu Polen gehörig). Dessen Vertretung übernahm Johann Gottfried Müthel, einer der letzten Schüler Johann Sebastian Bachs, der nun Unterricht bei Altnickol nahm.[488]

Als Augusta Magdalena drei Jahre alt war, wurde ihre Schwester Juliana Wilhelmina (siehe Kap. 27) geboren. Fünf Jahre später (1759) verloren die Kinder ihren Vater und 1760 ihre Großmutter in Leipzig. Die verwitwete Elisabeth Juliana Friederica und ihre beiden Mädchen verließen Naumburg Anfang der 1760er Jahre und kehrten zurück nach Leipzig, wo sie rund eineinhalb Jahrzehnte zusammen mit den unverheirateten Bach-Töchtern Johanna Carolina (siehe Kap. 18), Regina Susanna (siehe Kap. 19) und etwa drei Jahre lang mit der später hinzugekommenen Catharina Dorothea (siehe Kap. 16) am Neukirchhof lebten.

488 Bach-Dokumente, Bd. III, Nr. 640 (Taufe), Nr. 777 (S. 250, zu Müthel).

Mit der Hochzeit Augusta Magdalenas kam schließlich Bewegung in die langjährig bestehende Wohngemeinschaft. Am 25. November 1777 heirateten *Der Ehrbare und Wohlgeachte Ernst Friedrich Ahlefeld, Siegellack Fabricante alhier und Jungfer Augusta Magdalena, Herrn Johann Christoph Altnickels, Organistens in Naumburg hinterl. ehel. Tochter* in der Thomaskirche. Die Trauung wurde musikalisch von einigen Thomanern, einer sogenannten „Viertel Schule", ausgestaltet.[489]

Aufgrund der Eheschließung verbesserte sich die wirtschaftliche Situation Augusta Magdalenas wesentlich. Der aus Gadebusch stammende Ernst Friedrich Ahlefeldt fertigte und vertrieb Siegellack, der unter anderem während der Leipziger Handelsmessen in Kochs Hof am Markt verkauft wurde. Die Ahlefeldts wohnten in einem

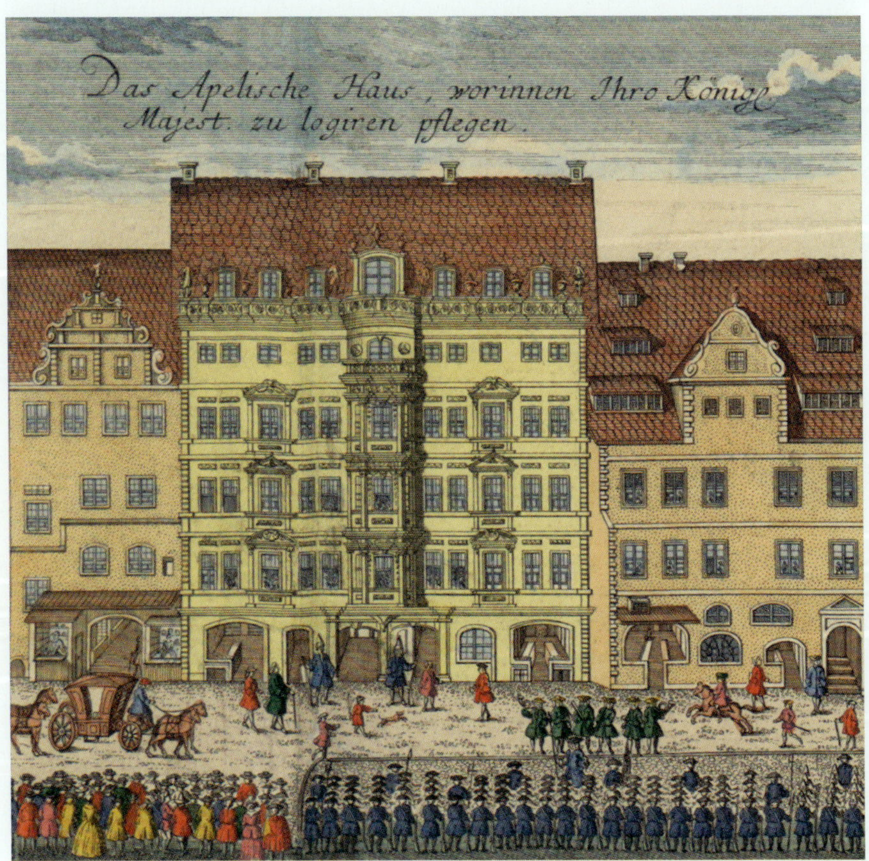

Apels Haus (Bildmitte) am Leipziger Markt, wo die Ahlefeldts wohnten. Kupferstich von Joachim Ernst Scheffler, um 1749.

489 Hübner III, S. 119.

der prächtigsten Bürgerhäuser der Stadt, in Apels Haus, auch Königshaus oder Thomésches Haus genannt (heute Markt 17).[490] Dieses Gebäude besaß eine besondere Bedeutung für Leipzigs Musikwelt. Denn bevor 1781 im Bibliotheksflügel des ehemaligen Gewandhauses ein neu eingerichteter Konzertsaal eröffnet werden konnte, fanden die Konzerte mit der „Musikübenden Gesellschaft" in einem größeren Raum des Thoméschen Hauses statt. Vermutlich gehörten die Ahlefeldts zu den Zuhörern dieser musikalischen Ereignisse, beispielsweise als am 30. November 1780 das „Gloria" ihres in London lebenden Onkels Johann Christian Bach aufgeführt wurde.[491]
Von Augusta Magdalenas und Ernst Friedrichs vier Töchtern starben drei im Kindesalter:[492]

Jacobina Sophia Henriette (* und † 1779)
Christiana Johanna (1780 – 1816, siehe Kap. 31)
Carolina Friederica (1782 – 1787)
Jacobina Henriette (1787 – 1791)

Die Taufpaten kamen teilweise aus dem Kreis der Geschäftswelt, neben Kaufleuten auch Steuereinnehmer und Buchhalter bzw. deren Angehörige. Zu einigen Familien bestand offenbar eine besondere Verbindung: Der Landaccise-Obereinnehmer Carl Heinrich Baudis übernahm die Patenschaft bei Jacobina Sophia Henriette, seine Tochter Carolina Henriette Baudis bei Carolina Friederica und Jacobina Henriette.
Als Taufpatinnen und -paten sind weiterhin aufgeführt: Johanna Elisabeth Zürn, geb. Ringelsdörfer (Ehefrau des Handelsmanns Adam Heinrich Zürn), ein Sohn der Zürns sowie eine weitere Verwandte Ringelsdörfer (Christina, Tochter von Peter Imanuel Ringelsdörfer). Mit der Patin Carolina Friederica Janke kommt die Familie des derzeit bereits verstorbenen Professors der Chirurgie Johann Gottfried Janke ins Blickfeld der Kontakte.[493] Schließlich bestanden auch noch Verbindungen zum Thomaskantorat: Der Bach-Schüler und Thomaskantor Johann Friedrich Doles übernahm 1782 eine Patenschaft bei Carolina Friederica.[494]

490 Suchalla, Bd. II, S. 1524 (Register).
491 Dörffel, S. 14.
492 Müller, Sp. 292.
493 Kirchliches Archiv Leipzig, Taufbuch St. Thomas 1771–1780, Bl. 283v (Jacobina Sophia Henriette), Bl. 340v (Christiana Johanna); Taufbuch St. Thomas 1781–1791, Bl. 53 (Carolina Friederica); Taufbuch St. Nicolai 1781–1787, S. 522 (Jacobina Henriette).
494 Hübner III, S. 126f.

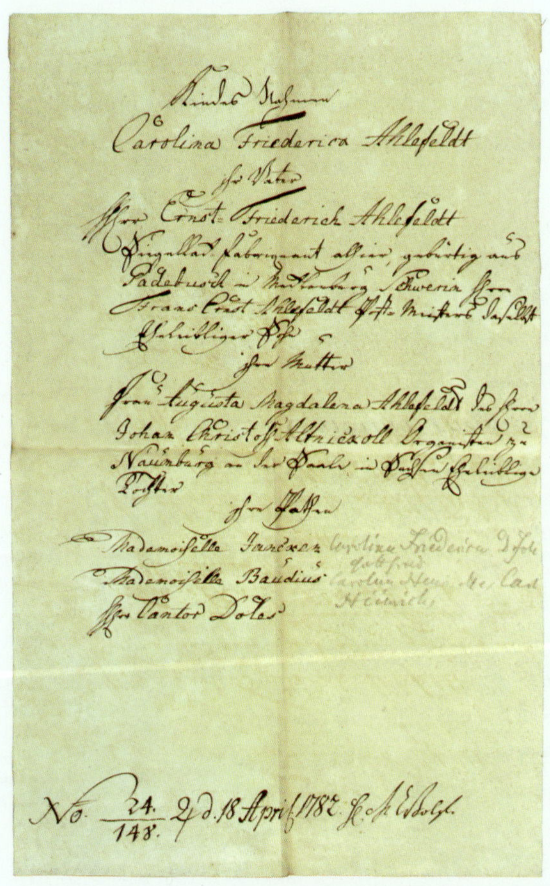
Kindes Nahmen
Carolina Friederica Ahlefeldt
ihr Vater
Herr Ernst Friederich Ahlefeldt
Siegellack Fabricant allhier, gebürtig aus
Gadebusch in Mecklenburg Schwerin, Herrn
Franz Ernst Ahlefeldt Post Meisters daselbst
ehelicher Sohn
ihre Mutter
Frau Augusta Magdalena Ahlefeldt des Herrn
Johan Christoph Altnickoll Organisten zu
Naumburg an der Saale in Sachsen ehelichen
Tochter
ihre Pathen
Madamoiselle Jaenzen
Madamoiselle Baudius
Herr Cantor Doles
No. 24/148. d. 18 April 1782.

Der Taufzettel für Carolina Friederica Ahlefeldt vom 18. April 1782 nennt unter den Taufpaten den Thomaskantor Johann Friedrich Doles. Das Kind starb mit fünf Jahren.

Zu den Geschäftspartnern der Ahlefeldts gehörte Augusta Magdalenas Onkel Carl Philipp Emanuel Bach in Hamburg – er bezog von den Leipziger Verwandten offenbar seinen Siegellack. Über den befreundeten Leipziger Verleger Johann Gottlob Immanuel Breitkopf stand Bach bereits länger mit Augusta Magdalenas Mutter und spätestens ab Herbst 1779 mit den Ahlefeldts – auch über den Tod der Mutter hinaus – in Verbindung.[495]

Ein Schriftzeugnis Augusta Magdalenas ist in den Quittungen zum Graffschen Legat erhalten. Dieses einst ihrer Großmutter Anna Magdalena Bach zugekommene Witwenlegat hatte ihre Mutter Elisabeth Juliana Friederica

495 Suchalla, Bd. I, S. 800 u.a. (siehe Register).

übernehmen dürfen. Die letzte Auszahlung erfolgte noch zwei Monate nach deren Tod. Augusta Magdalena nahm die Zahlung am 20. Oktober 1781 in Empfang, wofür sie eigenhändig quittierte: *Augusta Magdalena verehel. Ahlefeldten, hinterlaßene Tochter der verw. geweßenen Fr. Altnickoln.*[496]

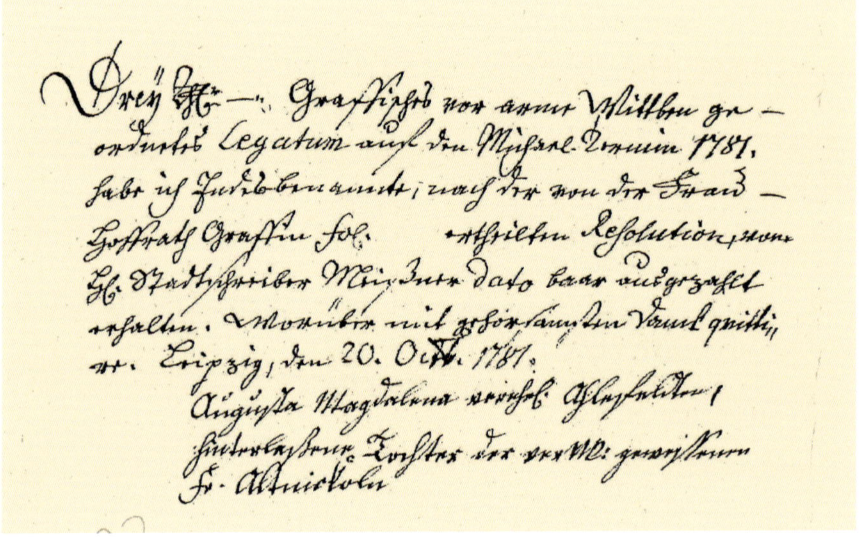

Drey Thl. — : Graffisches vor einer Wittbe geordnetes Legatum auf den Michael Termin 1781, habe ich Endesbenannte, nach der von der Frau Hofrath Gräffin sel. ertheilten Resolution, vom H. Stadtschreiber Münzner dato baar ausgezahlt erhalten. Worüber mit gehorsamsten Dank quittire. Leipzig, den 20. Octbr. 1781.
Augusta Magdalena verehel. Ahlefeldten, hinterlaßene Tochter der verw: geweßenen Fr. Altnickoln

Augusta Magdalena bestätigte im Oktober 1781 die letzte Zahlung aus dem Graffschen Legat, das an ihre kürzlich verstorbene Mutter gegangen war.

Nach dem kurz aufeinander erfolgten Tod von Augusta Magdalenas Tante Johanna Carolina und der Mutter blieben am Neukirchhof nur die noch unverheiratete Schwester Juliana Wilhelmina Altnickol und Regina Susanna Bach übrig. Fraglich ist es, ob beide – zumindest für einige Zeit – dort weiterhin wohnten oder mit im Ahlefeldtschen Haushalt lebten. Sechs Jahre noch blieben den Ahlefeldts in der komfortablen Wohnung am Markt, bis sich die Situation dramatisch wendete. Am 5. März 1787 starb die knapp fünfjährige Tochter Carolina Friederica und deren Vater am 23. Mai desselben Jahres.[497] Augusta Magdalena, die zu dieser Zeit etwa im fünften Monat schwanger war, musste wohl noch vor der Geburt ihres Kindes in eine einfachere Wohnung umziehen, die – wie aus dem Taufvermerk hervorgeht – im Einzugsbereich der Nikolaikirche lag. Auch

496 Hübner III, S. 125.
497 Müller, Sp. 292.

das jüngste Kind Jacobina Henriette starb frühzeitig im Alter von drei Jahren. So waren von den Ahlefeldts im Januar 1791 nur noch Augusta Magdalena und ihre Tochter Christiana Johanna am Leben.
Augusta Magdalena hatte sich vermutlich schon zu Lebzeiten ihres Ehemannes an den geschäftlichen Vorgängen des Siegellackhandels beteiligt, denn in ihrer Witwenzeit führte sie den Betrieb weiter. Darauf weist ein Verzeichnis der Verkaufsstände zur Leipziger Messe aus dem Jahr 1797 mit folgender Angabe: *Ahlfeldtin, Augusta Magdalena, aus Leipzig, handelt mit Siegellack, und steht auf dem Markte in der Reihe der Katharinenstraße* (wohl noch in Kochs Hof).[498]

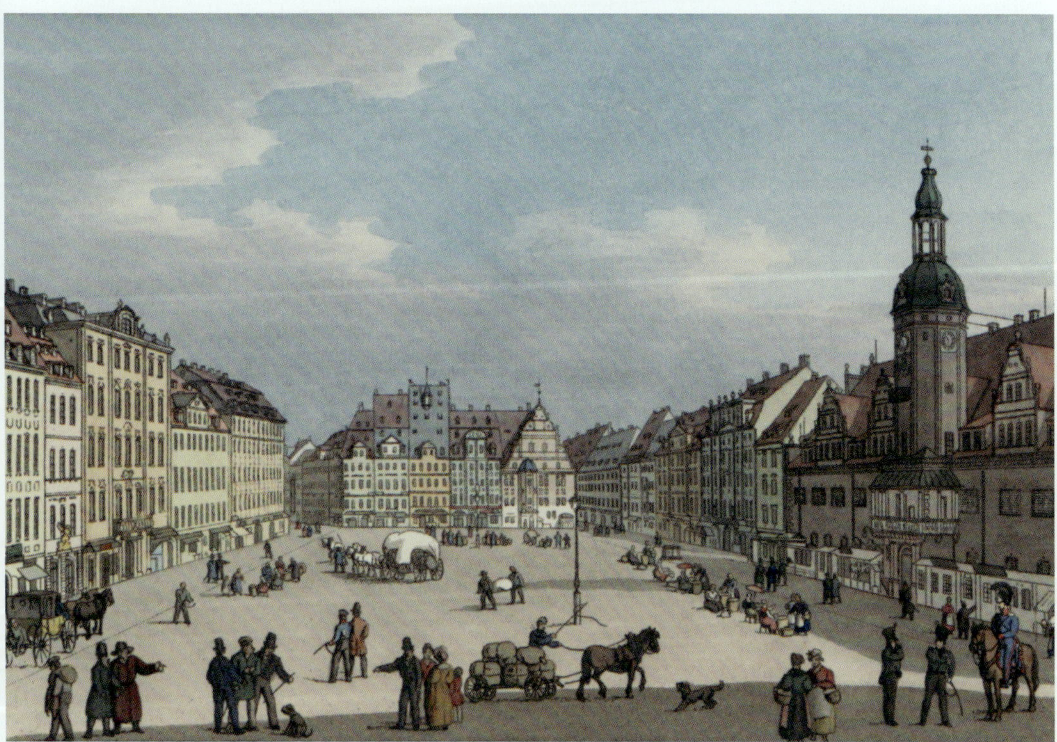

Diesen Blick hatten die Ahlefeldts von ihrer Wohnung in Apels Haus. Später betrieb Augusta Magdalena während der Handelsmessen auf der schräg gegenüberliegenden Seite des Marktplatzes ihren Verkaufsstand.

498 Halle, Universitäts- und Landesbibliothek Sachsen-Anhalt, Churfürstliches Sächsisches privilegirtes Leipziger Meß-Schema oder vollständiges alphabetisches Verzeichniß aller Kauf- und Handelsleute [...], Leipzig 1797 (unter A).

Am 21. April 1809 starb Augusta Magdalena – einen Monat vor ihrem 58. Geburtstag und nur zehn Tage vor der Hochzeit ihrer Tochter Christiana Johanna. Zur Beerdigung am 24. April auf dem Johannisfriedhof sangen wie üblich einige Thomaner. Aus dem Begräbniseintrag geht hervor, dass die Verstorbene zuletzt im Kupfergässchen gewohnt hatte.[499]

499 Hübner III, S. 132.

27. Juliana Wilhelmina Prüfer
geb. Altnickol

*1754 Naumburg, † 1818 Leipzig

J. S. Bachs und Anna Magdalenas Enkelin
Tochter von Elisabeth Juliana Friederica und J. C. Altnickol

Juliana Wilhelmina war das jüngste Kind von Elisabeth Juliana Friederica (siehe Kap. 17) und dem Naumburger Organisten Johann Christoph Altnickol (1719 – 1759). Ihrem Geburtstag am 30. Juli 1754 folgte die Taufe am 1. August in der Wenzelskirche. Im Taufregister ist als erster Taufpate der Onkel des Kindes genannt: *H. Carl Philipp Immanuel Bach. Königl. Preuß. Cammer Musicy* aus Berlin, der sich von einem Naumburger Advokaten vertreten ließ. Eine andere Patin – Dorothea Wilhelmina Sonnenkalb – stand bereits bei der Taufe der älteren Schwester Augusta Magdalena Altnickol (siehe Kap. 26) am Taufstein, damals als Vertretung für Anna Magdalena Bach, und ein drittes Patenamt übernahm die Tochter eines Baumeisters.[500]

Zwischen den Familien Sonnenkalb, Bach und Altnickol gab es mehrfach Berührungspunkte. So kannte der Kämmerer und spätere Naumburger Bürgermeister Gottlieb Adolph Sonnenkalb den Thomaskantor bereits aus seiner Leipziger Studentenzeit, und als Bach 1746 die Orgel in der Wenzelskirche prüfte, liefen die finanziellen Vorgänge natürlich über jenen Kämmerer. Dieser unterstützte auch die Bewerbung Altnickols in Naumburg und übernahm bei dessen erstem Kind Johann Sebastian 1749 eine Patenschaft.[501] Ein weiteres, nicht aus Naumburg kommendes Familienmitglied der Sonnenkalbs – Johann Friedrich Wilhelm – war Thomaner in Leipzig und berichtete später über die Hausmusik bei Bach und Kontakte zu dessen Söhnen sowie zu Altnickol.[502] Nähere Informationen über die Patin Dorothea Wilhelmina Sonnenkalb, geb. Wolff, und ihren Ehemann, den Gold- und Silberwarenfabrikanten sowie Kaufmann Friedrich Wilhelm Sonnenkalb, sind zwar nicht bekannt – ihre Funktionen bei den Taufen

500 Kirchenkreisarchiv Naumburg, Taufregister St. Wenzel Naumburg 1742–1768, Bl. 327.
501 Bach-Dokumente, Bd. I, Nr. 48 (Bewerbung Altnickols); Bd. II, Nr. 548 (Orgelprüfung), Nr. 587 (Patenschaft bei Johann Sebastian Altnickol).
502 Bach-Dokumente, Bd. III, Nr. 703.

der Altnickol-Kinder bezeugen jedoch auch für diesen Familienzweig ein freundschaftliches Verhältnis.

Nur wenige Tage vor Juliana Wilhelminas fünftem Geburtstag starb ihr Vater. Schließlich kehrte ihre verwitwete Mutter zusammen mit den beiden Töchtern Anfang der 1760er Jahre zurück nach Leipzig. Da die Großmutter der Kinder, Anna Magdalena, dort im Februar 1760 gestorben war, stand für die Naumburger Familie der nötige Wohnraum zur Verfügung. Juliana Wilhelmina war nun das jüngste Mitglied der Wohngemeinschaft am Neukirchhof, zu der neben ihrer Mutter und Schwester noch zwei, zeitweise sogar drei Tanten gehörten (siehe Kap. 16, 18, 19).

Weitere persönliche Daten Juliana Wilhelmina betreffend sind erst wieder seit ihrer späten Heirat überliefert. Mit 38 Jahren schloss sie die Ehe mit dem aus Riga stammenden *Kunsterfahrne*[n] *Heinrich Friedrich Anton Prüfer, Buchdruckergeselle alhier.*[503] Die Trauung, bei der einige Thomaner sangen, fand am 26. November 1792 in der Nikolaikirche statt. Zu dieser Zeit befand sich die Kirche mitten im Umbau, durch den sie zu dem heute erhaltenen frühklassizistischen Kirchenraum umgestaltet wurde. Vor ihrer Hochzeit lebte Juliana Wilhelmina entweder noch zusammen mit ihrer Tante Regina Susanna Bach am Neukirchhof oder bei ihrer inzwischen verwitweten Schwester Augusta Magdalena. Die Prüfers bezogen dann eine Wohnung am Brühl, sie blieben kinderlos.

Juliana Wilhelmina besaß vermutlich mehrere aus Familienbesitz geerbte Musikalien. Nachweislich gehörte dazu eine Gelegenheitskomposition von Carl Philipp Emanuel Bach. Das Geburtstagslied „Allgütiger! gewohnt Gebet zu hören“ enthielt sogar eine Widmung ihres Patenonkels. Fraglich ist jedoch, ob Juliana Wilhelmina die ursprüngliche Adressatin war, denn Bach schrieb: *Auch dieses wünscht von Herzen und in Tönen ein redlicher Vetter. C. P. E. Bach.* Obwohl der Begriff *Vetter* allgemein für entferntere Verwandte gebraucht wurde, ist Juliana Wilhelmina vielleicht über ganz andere Wege in den Besitz des Blattes gekommen.[504]

503 Hübner III, S. 127f.

504 Busch, S. 207f.; Hübner III, S. 135. Später arbeitete C. P. E. Bach das Ständchen um zu dem Lied „Belise und Thyrsis“ Wq 200/10.

Als die Nichte Christiana Johanna Müller, geb. Ahlefeldt (siehe Kap. 31) im Oktober 1809 ihre Tochter Augusta Wilhelmina Emma zur Welt brachte, zählte deren Großtante Juliana Wilhelmina – neben einem Schuhmacher und einem Kaufmann – zu den Taufpaten.[505] Die Prüfers und die Müllers waren ab 1810 die letzten in Leipzig noch lebenden Bach-Nachkommen. Sie rückten näher zusammen, nachdem Christiana Johannas Ehemann am 8. Februar 1811 gestorben war. Die Witwe wohnte mit ihrem einjährigen Kind nun ebenfalls am Brühl, entweder in der Nähe oder zusammen mit ihren Verwandten? Doch die Familie wurde immer kleiner: Am 1. April 1815 starb auch Juliana Wilhelminas Ehemann und im folgenden Jahr ihre Nichte Christiana Johanna.[506] So blieben nur noch Juliana Wilhelmina und ihre Großnichte Augusta Wilhelmina Emma übrig. Als Patin hat Juliana Wilhelmina – nun schon im Alter von 62 Jahren – vermutlich für das Kind gesorgt. Doch beiden blieben nur noch eineinhalb Jahre Lebenszeit.

Am 22. Juni 1818 ist *Juliane Wilhelmine geb. Altnickholdtin aus Naumburg* [...] *Anton Prüfers, ein Buchdruckers kunstbefl. Wittwe* in ihrer Wohnung im Brühl verstorben.[507] Ihre Beerdigung zwei Tage später wird sicher von nur wenigen Trauernden begleitet worden sein. Denn wer sollte außer dem Geistlichen und der ¼-Schule Thomaner noch daran teilgenommen haben? Von der Leipziger Familie käme allein die achtjährige Augusta Wilhelmina Emma Müller in Frage, die jedoch nur noch wenige Tage zu leben hatte.

505 Kirchliches Archiv Leipzig, Taufbuch St. Nicolai 1805–1809, S. 560.
506 Müller, Sp. 292.
507 Stadtarchiv Leipzig, Leichenbücher der Leichenschreiberei, Bd. 36, S. 530.

28. Anna Philippina Friederica Colson geb. Bach

*1755 Bückeburg, †1804 Bückeburg

J. S. Bachs und Anna Magdalenas Enkelin
Tochter von Lucia Elisabeth und J. C. F. Bach

Anna Philippina Friederica – die älteste Tochter der Sängerin Lucia Elisabeth (siehe Kap. 22) und des Bückeburger Hofmusikers Johann Christoph Friedrich Bach – wurde am 7. Oktober 1755 in der Stadtkirche von Bückeburg getauft. Als Patin ist die unverheiratete, nicht näher bezeichnete *Jfr. Soph. Elis. Ruxxenbergs* (oder Rannenberg) im Taufregister genannt.[508]
Mit ihren Eltern und mehreren Geschwistern wohnte Anna Philippina Friederica im Renthaus (siehe Abb. S. 184) am Markt. Erstmals kam sie im Alter von acht Jahren mit dem Tod eines Familienmitglieds, ihres zweijährigen Bruders Ludolph Anton, in Berührung, und noch weitere Geschwister verstarben im Kleinkindalter.

Am 29. Oktober 1776 heiratete Anna Philippina Friederica, die gerade erst volljährig geworden war. Im Traubuch der Bückeburger Kirche ist vermerkt: *H Wilhelm Ernst* [Carl] *Colson Ingenieur u Artillerie premier Lieuth*[nant] *von dem hochlöbl. Artillerie Corps als Junggeselle mit Jgfr Anna Philippina Friderica Bachen des Herrschaftl. Concert-Meisters Joh: Christian* [richtig: Christoph] *Fried: Bach hierselbst ehelich. älteste Jfr Tochter.*[509] Ihr neun Jahre älterer Ehemann kam aus einer angesehenen Bückeburger Familie, deren Angehörige in hohen gräflichen Diensten standen, einige auch mit wichtigen Funktionen beim Militär, und mehrere Familienmitglieder gehörten dem Adelsstand an.
Nach ihrer Eheschließung bezog Anna Philippina Friederica das Bückeburger Forsthaus am Harrl, zu dem auch ein 2½ Morgen (über ½ Hektar) großer Garten gehörte. Ihr Mann hatte das Gebäude und den Grundbesitz bereits im Jahr zuvor für seine Verdienste als Geschenk von Graf Wilhelm Friedrich Ernst zu Schaumburg-Lippe erhalten. In der ersten gemeinsamen Zeit war Wilhelm Ernst Carl

508 Leisinger II, S. 424f.
509 Leisinger II, S. 425.

vermutlich selten zu Hause, denn er hatte eine wichtige Funktion bei der Beaufsichtigung von Bauarbeiten im Umfeld der Festung Wilhelmstein auf einer Insel im rund 37 Kilometer entfernten Steinhuder Meer. Doch im Laufe des Jahres 1777 wurden diese Arbeiten beendet, und er übernahm nun eine Tätigkeit an der Bückeburger Militärschule.[510]

Das Ehepaar hatte fünf Kinder:[511]
Johann Christoph Friedrich (1778 – nach 1830)
Wilhelm Friedrich Carl (1781 – 1809)
Helena Lucia (1786 – vor 1852)
Carl Gottlieb (1788 – 1808)
August Wilhelm (1793 – 1795)

Die musikalische Begabung Anna Philippina Friedericas war von ihren Eltern offenbar gefördert worden, denn sie konnte sehr gut Cembalo spielen. Auch als verheiratete Frau erhielt sie sich dieses Interesse und begeisterte sich zudem für ein neu aufgekommenes Instrument – ein Hammerklavier, das ihr Vater 1778 von einer Reise aus London mitgebracht hatte.[512] Für Auftritte wird es jedoch kaum Gelegenheiten gegeben haben. Außerdem spielte die Musik im Hause Colson eine wohl weniger selbstverständliche Rolle als einst im Elternhaus.

Eine brisante Situation entstand im Jahre 1787. Noch im März – nach dem Tod des Bückeburger Grafen Philipp Ernst – war Wilhelm Ernst Carl unter der nun regierenden Gräfin Juliane zum Stabskapitän befördert worden. Kurze Zeit später besetzten hessische Truppen die Grafschaft Schaumburg-Lippe und vereinnahmten auch militärische Einheiten. Colson gelangte dadurch auf die hessische Seite, der die Besetzung jedoch nur kurzzeitig gelang. Da sich Wilhelm Ernst Carl den Hessen nicht aktiv widersetzt hatte, wurde er aus dem Schaumburg-Lippischen Militärdienst entlassen – für die Familie eine Katastrophe. Schließlich versuchte sein am Hofe geschätzter Schwiegervater die Folgen abzumildern. Johann Christoph Friedrich Bach bat Gräfin Juliane am 6. Oktober 1787 um Begnadigung und teilte ihr seine *Betrübniß über den so unglücklichen Zufall meines*

510 Colson, Teil 3.

511 Kock/Siegel, S. 126, 128, 130, Stammtafel III; Colson, Teil 3. In der Literatur erscheinen die Familienmitglieder fast durchweg geadelt. Da jedoch weder im Traueintrag Anna Philippina Friedericas noch in ihrem Begräbnisvermerk von Colson vermerkt ist, wird in der vorliegenden Veröffentlichung auf den Zusatz von verzichtet.

512 Kock/Siegel, S. 75.

Schwiegersohns, welcher so unverschuldeter Weiße außer Brodt gesetzt ist, mit.[513] Die Bitte erwirkte zumindest teilweise Erfolg, denn Colson konnte nun in gräfliche Dienste zurückkehren. Seine militärische Position erhielt er aber nicht wieder, sondern wurde mit Landvermesserarbeiten beauftragt. Damit verringerte sich das Einkommen der Familie erheblich.[514]

Nach weiteren acht Jahren häuften sich in der Familie die Todesfälle. Im Januar 1795 verstarb Anna Philippina Friedericas Vater, im Mai ihr jüngstes Kind August Wilhelm und am 30. Dezember auch noch ihr Ehemann. Mit vier minderjährigen Kindern im Alter von siebzehn, vierzehn, neun und sieben Jahren hatte sie nun den Alltag zu meistern. Ob sie nach dem Tod ihres Ehemanns eine kleine Pension erhielt, ist eher fraglich.
Vermutlich unterstützten sich die beiden Witwen – Mutter und Tochter – sowie die unverheiratete Schwester Christina Louisa (siehe Kap. 29) gegenseitig. Letztere wohnte mit ihrer Mutter in dem vom Großeltern Münchhausen geerbten Haus in der Langen Straße. Hier ereignete sich Anfang 1796 eine gefährliche Situation. Ein verheerender Brand hatte bereits die Gebäude ringsum erfasst und bedrohte das eigene Haus. Als Anna Philippina Friederica herbeieilte, schützte sie ihre Mutter und hinderte sie daran, das Haus zu betreten. Wäre es zerstört worden, hätte die älteste Tochter ihre Mutter und Schwester in ihr *geräumiges Haus* aufgenommen – doch das Feuer konnte noch gelöscht werden.[515]

Im Januar 1798 heiratete Anna Philippina Friedericas Bruder Wilhelm Friedrich Ernst (siehe S. 237) in Berlin. Es ist jedoch ungewiss, ob die Bückeburger zu dieser Jahreszeit eine so weite Reise antraten.

Nachdem die Mutter 1803 gestorben war, lebte die alleinstehende Schwester Christina Louisa möglicherweise mit im Haushalt Anna Philippina Friedericas, denn das Haus in der Langen Straße war für 2.150 Taler verkauft worden (abzüglich einer Hypothek von 1.350 Talern). Im Februar 1804 veräußerten die Geschwister dann noch die Wiesen- und Gartengrundstücke, für die bei der Versteigerung 1.612 Taler Erlös erzielt wurden.[516] Die Schwestern verfügten nun über eine gute

513 Leisinger II, S. 110f.
514 Colson, Teil 3.
515 Leisinger II, S. 284 (nach C. G. Horstig).
516 Leisinger II, S. 435.

finanzielle Basis, deren Zinseinnahmen zum Lebensunterhalt beitrugen. Doch ihnen blieb nur wenig gemeinsame Zeit, denn am 23. August 1804 starb die *Wittwe Friderica Philippine Colson geb Bach*, noch nicht einmal 49 Jahre alt, an *Auszehrung*. Wie die anderen Familienmitglieder wurde sie auf dem Jetenburger Friedhof beerdigt, ihr Grab ist jedoch nicht erhalten geblieben.[517]

Anna Philippina Friederica hinterließ zwei volljährige und zwei minderjährige Kinder, letztere kamen möglicherweise in die Obhut ihrer Schwester Christina Louisa. Der älteste Sohn Johann Christoph Friedrich war später Lehrer in Oberschlesien, unter anderem in Boroschau (heute das polnische Boroszów) und Bischdorf (Biskupice). Er heiratete Josepha Schiwig (Schiweck), die Tochter eines schlesischen Mühlenbesitzers. In Bischdorf bewirtschaftete Josepha als Pächterin von 1824 bis 1831 ein katholisches Pfarrgut. In dieser Zeit brachte sie vier ihrer insgesamt sieben Kinder zur Welt. Noch heute leben Nachkommen aus dieser Ehe.[518]

517 Leisinger II, S. 425. Beerdigt wurde sie am 27. August 1804.
518 Langosch/Sievers, S. 9, 17, 19, 21; Kock/Siegel, S. 126ff., Stammtafel III.

29. Christina Louisa Bach

*1762 Bückeburg, † 1852 Bückeburg

J. S. Bachs und Anna Magdalenas Enkelin
Tochter von Lucia Elisabeth und J. C. F. Bach

Von den neun Kindern Lucia Elisabeths (siehe Kap. 22) und Johann Christoph Friedrich Bachs war Christina Louisa das vierte und zugleich das letzte Kind, welches das Erwachsenenalter erreichte. Bei ihrer Taufe am 26. September 1762 in der Bückeburger Stadtkirche übernahmen *Hoff Musici Wedemeier und Münchhausen Ehefrauen* die Patenschaften – letztere war vermutlich eine Tante des Kindes.[519]

Bis zum Alter von 15 Jahren wohnte Christina Louisa im Renthaus am Markt, doch nach einem Regierungswechsel musste die Familie die langjährige Dienstwohnung verlassen. Nach einer zweijährigen Zwischenunterkunft bezogen die Bachs schließlich das Haus in der Langen Straße, das den Eltern Lucia Elisabeths gehört hatte. Um den Besitz des inzwischen verstorbenen Großvaters Ludolph Andreas Münchhausen übernehmen zu können, musste jedoch eine allgemein übliche Bedingung erfüllt werden. Nur ansässige Bürger durften Hausbesitzer werden, und der Erwerb der Bürgerrechte war teuer. Dennoch ließ sich Johann Christoph Friedrich Bach nicht allein in das Bürgerbuch eintragen, sondern auch seine Frau und seine Tochter erlangten diesen Status. So wurde am 10. Februar 1781 vermerkt: *H Concertmeister Johann Christoph Friedrich Bach nebst Ehefrau Lucie Elisabet Munchhausen, und Tochter Christine Luise haben sich zum Bürger* [...] *legitimiret, und bezahlten davor 61 rt* [Reichstaler].[520] Dass von den drei erwachsenen Kindern nur der 18-jährigen Christina Louisa dieses Privileg zukam, hing wohl damit zusammen, dass die ältere Schwester Anna Philippina Friederica (siehe Kap. 28) durch Heirat bereits abgesichert war und der Bruder Wilhelm Friedrich Ernst derzeit in London lebte. Mehr als zwei Jahrzehnte lang

519 Leisinger II, S. 427.
520 Leisinger II, S. 444.

wohnte Christina Louisa in diesem Hause, nach dem Tod des Vaters 1795 allein mit ihrer Mutter.

Vermutlich begann Christina Louisa bereits Mitte der 1790er Jahre, Musik- oder privaten Schulunterricht zu erteilen. Zudem kümmerte sich die unverheiratet gebliebene Tochter um ihre Mutter, die zuletzt sogar auf intensive Pflege angewiesen war. Noch in ihren letzten Lebensstunden verfasste sie ein Testament, in dem sie den Nachlass für ihre drei Kinder regelte. Christina Louisa bedachte sie darin zusätzlich mit 350 Talern als Dank und Anerkennung für ihre Pflege.[521] Nach dem Tod der Mutter im Oktober 1803 wurde den Hinterbliebenen noch ein *Gnadenquartal* gezahlt. Das Haus in der Langen Straße war bereits verkauft worden, und im Februar 1804 folgte die Versteigerung der verbliebenen Grundstücke.[522] Möglicherweise lebte Christina Louisa für kurze Zeit im Haus ihrer Schwester Anna Philippina Friederica, doch noch im Jahr 1804 verstarb auch sie. War nun Christina Louisa verantwortlich für deren minderjährige Kinder?

Im Umgang mit Kindern war Christina Louisa offenbar geübt, denn sie eröffnete eine private Schule. Bückeburgs Einwohnerzahl war zu dieser Zeit auf etwa 2.400 angewachsen, sodass auch der Bedarf an Schulstuben zunahm. Vielleicht spielte hier die Musik eine wichtigere Rolle als in anderen kleinen, sogenannten Winkel- oder Klippschulen? Zumeist unterrichtete Christina Louisa Mädchen im Alter von fünf bis elf Jahren, doch auch einige Jungen kamen hinzu. Später berichtete die Enkelin eines Schülers über eine wohl nicht ungewöhnliche Erziehungsmethode dieser Zeit (um 1816), die auch in der Schulstube Christina Louisas Anwendung fand: *Der kleine Bursche sitzt bei Demoiselle Bach, einer Enkelin des großen Thomaskantors, zwischen lauter kleinen Mädchen in der Klippschule. Um das überaus lebhafte Kerlchen übererst einmal das Stillsitzen zu lehren, wußte die Demoiselle kein anderes Mittel, als ihn an das Tischbein zu binden.*[523] Nach mehr als einem Jahrzehnt Schulunterricht war der Höhepunkt ihrer Lehrtätigkeit wohl überschritten. Im September 1817 bat die inzwischen 55-jährige Lehrerin bei der gräflichen Behörde um Mietbefreiung, da die *Einnahme vom Schulunterricht abnimmt, mein Alter stets mehr vorrückt; so sehe ich nicht ein, wie es künftig mit meiner Subsistenz*

521 Leisinger II, S. 308f. Für die zusätzlichen 350 Taler an Christina Louisa wurden dem Erbe des Sohnes 200 Taler und der älteren Tochter 150 Taler abgezogen.
522 Leisinger II, S. 435 (Verkäufe), S. 470 (Gnadenquartal).
523 Leisinger II, S. 316, nach Erinnerungen des Großvaters von Lulu von Strauß und Torney.

werden wird. Die Hofkammer prüfte den Antrag und kam zu der Einschätzung, sie habe sich *nach ihrer Eltern Tode jederzeit eines guten und nützlichen Lebenswandels beflißen, und hat einen recht guten Namen.* Zudem wurde festgestellt, dass sie zwar 1.000 Taler Vermögen besitze, von dessen Zinsen und den Unterrichtseinnahmen sie jedoch nicht leben könne.[524] So wurde ihrer Bitte vermutlich entsprochen. Ungewiss ist, wie lange sie die Schule noch betrieb.

Christina Louisa erreichte ein gesegnetes Alter und überlebte sogar ihren greisen Bruder Wilhelm Friedrich Ernst, der in Berlin gelebt hatte. Sie starb am 7. Oktober 1852 im Alter von 90 Jahren an *Altersschwäche.* Alle erbberechtigten Kinder ihrer Schwester waren zu dieser Zeit nicht mehr am Leben. So ging ihr Nachlass an die beiden Töchter ihres Bruders, Caroline Auguste Wilhelmine Ritter und Auguste Wilhelmine Bach (siehe S. 246). Dazu gehörten beispielsweise *Möbeln* [...] *12 Stück verschiedene Bilder hinter Glas und Rahmen, worunter auch zwei Bilder H. Sebastian Bach vorstellend* [...] *2 alte Claviere* [...] *Verschiedene alte Bücher.*[525] Eines der beiden Instrumente hatte Christina Louisa einst verliehen und davon wohl Miete eingenommen. Das zweite Klavier blieb ihr jedoch bis zuletzt, ein untrüglicher Hinweis darauf, dass die Musik auch für Christina Louisa ein fester Bestandteil ihres Lebens war. Am 10. Oktober wurde sie auf dem Jetenburger Friedhof in Bückeburg beerdigt, wo schon ihre Eltern und mehrere Geschwister ihre letzte Ruhestätte gefunden hatten.[526]

524 Leisinger II, S. 317.
525 Leisinger II, S. 331 (Bückeburg, 28./29. Oktober 1852).
526 Leisinger II, S. 427.

30. Karolina Beata Friedemann
geb. Schwarzschultz

* 1798/99 Züllichau?, † ?

J. S. Bachs und Maria Barbaras Urenkelin
Enkelin von Dorothea Elisabeth und W. F. Bach

Zu den ersten Lebensjahren Karolina Beatas sind kaum zuverlässige Informationen überliefert. Vermutlich wurde sie in Züllichau geboren, das zu Preußen gehörte (heute Sulechów in Polen). Ihre Mutter Friederica Sophia, geb. Bach (siehe Kap. 24) war zum Zeitpunkt der Geburt bereits 41 oder 42 Jahre alt und womöglich noch mit dem in Berlin lebenden Soldaten Johann Schmidt verheiratet. Von Karolina Beatas Vater ist nur der Nachname Schwarzschultz bekannt, er arbeitete in der Textilbranche. Obwohl das Kind den Nachnamen seines Vaters trug, ist eine Eheschließung der Eltern nicht gesichert. Karolina Beata verlor ihre Mutter wohl im Alter von etwa zwei oder drei Jahren. Unbeantwortet bleibt auch die Frage, ob sie jemals mit ihren beiden älteren Halbschwestern Schmidt zusammentraf.[527]

Doch von ihrem weiteren Lebensweg haben sich aufgrund der Familienüberlieferung einige schärfere Konturen erhalten: Zwischen 1822 und 1826 heiratete Karolina Beata den evangelischen Tuchmacher Johann Gustav Friedemann aus Lissa (damals Preußen, heute Leszno in Polen) – ihr neuer Nachname trug sicher zur Erinnerung an ihren Großvater Wilhelm Friedemann Bach bei. Das Paar ließ sich in Zgierz – einem Zentrum der Textilverarbeitung in der Nähe von Łódź – nieder, das zu „Kongresspolen“ gehörte, welches in Personalunion vom russischen Zaren regiert wurde. Dort kam 1827 ihr erster Sohn Eduard zur Welt, und es folgten weitere Kinder, so Karl (Geburtsjahr unbekannt) und Gustav Wilhelm (geboren 1834). Da es Anfang der 1830er Jahre zu Aufständen und daraus folgenden Schließungen zahlreicher Textilbetriebe kam, gingen die Friedemanns ebenso wie viele andere Bewohner der Stadt weiter in Richtung Osten. Ihr neuer Lebensort wurde wiederum ein Textilzentrum – Supraśl unweit der weißrussischen Grenze. Johann Gustav fand hier eine Anstellung als

527 Wolff II, S. 127ff.; Kock/Siegel, S. 153 (hier: Karolina Frederika Beata, geb. 1799).

Verantwortlicher für den Betrieb von Textilmaschinen. Danach zogen sie in das Gebiet der heutigen Westukraine (Regionen Wolhynien und Podolien), wo zahlreiche deutsche Lutheraner lebten. Das Todesjahr von Karolina Beata und ihrem Ehemann ist unbekannt.

Der jüngste Sohn der Friedemanns und Ururenkel Johann Sebastian Bachs – Gustav Wilhelm – heiratete 1856 die Tochter eines Webers, Augusta Buchholz. Aus dieser Verbindung gingen acht Kinder hervor. Gustav Wilhelm bewirtschaftete in späteren Jahren ein Gasthaus für Reisende in Podolien, dann ging die Familie in die Nähe von Nowograd, wo Gustav Wilhelm 1869 Land erwarb und Dorfschulze (Bürgermeister) der deutschen Kolonie „Annette" wurde, die schon seit einem halben Jahrhundert als deutsche Mutterkolonie der „Wolhyniendeutschen" galt. Viele Angehörige dieser Kolonie wanderten 1892 nach den USA aus, so auch die Familie Friedemann. Ihr neues Lebensumfeld wurde die Stadt Stillwater in Oklahoma. Im Gepäck befand sich ein über Generationen vererbter wertvoller Musikalienbestand aus dem ehemaligen Besitz Wilhelm Friedemann Bachs sowie – der Überlieferung nach – ein Tagebuch von dessen Tochter Friederica Sophia. Bis ins 20. Jahrhundert hinein hütete die Familie diese Schätze, bis sie eines Tages aus Versehen vernichtet wurden.[528]

528 Wolff II, S. 127ff. Die Mitteilungen über die Familiengeschichte stammen von Lydia Emma Augusta du Chateau, geb. Friedemann.

31. Christiana Johanna Müller
geb. Ahlefeldt

*1780 Leipzig, †1816 Leipzig

J. S. Bachs und Maria Barbaras Urenkelin
Enkelin von E. J. F. und J. C. Altnickol

In das Taufregister der Leipziger Thomaskirche wurde am 9. August 1780 eingetragen:
Christiana Johanna
V[ater]*: H. Ernst Friedrich Ahlefeld, Siegellack Fabricant*
M[utter]*: Fr. Augusta Magdalena geb. Altnickelin*
P[aten]*:*
1. Jfr. Christina, H. Peter Imanuel Ringelsdörfers, Handlungs Buchhalters hinterl. Jungfer Tochter
2. H. Christian Gottlob Hecker, Handelsmann
3. Fr. Johanna Elisabeth, H. Adam Heinrich Zürns Handelsmanns Eheliebste.[529]

Unter den vier Ahlefeldt-Geschwistern starben drei im Kindesalter, nur Christiana Johanna wurde erwachsen. In ihren ersten sechs Lebensjahren gehörte das Leipziger Zentrum zu ihrem unmittelbaren Umfeld, denn die Familie wohnte in Apels Haus (siehe Abb. S. 215). Doch mit dem Jahr 1787 endete ihre unbeschwerte Kindheit: Im März starb ihre knapp fünfjährige Schwester Carolina Friederica und zwei Monate später ihr Vater Ernst Friedrich Ahlefeldt. Die klein gewordene Familie – Christiana Johanna und ihre Mutter Augusta Magdalena (siehe Kap. 26) – musste nun ihre vertraute Umgebung verlassen und bezog eine andere Wohnung, vermutlich im Kupfergässchen. Christiana Johanna bekam noch einmal eine Schwester – Jacobina Henriette –, die vier Monate nach dem Tod des Vaters geboren wurde und im Alter von drei Jahren starb.[530]
So lebten von der Familie Ahlefeldt 1791 nur noch Christiana Johanna und ihre Mutter. Vielleicht aber war der Haushalt doch etwas größer – falls die Tante

529 Kirchliches Archiv Leipzig, Taufbuch St. Thomas 1771–1780, Bl. 340v.
530 Müller, Sp. 292.

Juliana Wilhelmina Altnickol (siehe Kap. 27) bis zu ihrer Heirat 1792 und die Großtante Regina Susanna Bach (siehe Kap. 19) bis zu ihrem Umzug in die Quergasse dazugehörten.

Im Alter von 28 Jahren heiratete Christiana Johanna den aus Riga stammenden Buchdrucker Paul Johann Müller. Die Trauung war für den 1. Mai 1809 vorgesehen, doch zu allem Unglück starb ihre Mutter Augusta Magdalena wenige Tage zuvor, am 21. April. Dass die Hochzeit dennoch zum vorgesehenen Termin in der Nikolaikirche stattfand, hing vermutlich mit Christiana Johannas Schwangerschaft zusammen. So wurde im Trauvermerk der üblicherweise verwendete Begriff „Jungfer" ausgelassen. Im Trauregister heißt es: *Paul Johann Müller, Buchdruckergeselle alhier. Johanna Christiana, Ernst-Friedrich Ahlefelds, Siegellak-Fabricantens in Gadebusch nachgelaßene eheleibliche einzige Tochter.*[531]
Der Kontakt zu Müller war möglicherweise durch Christiana Johannas Tante Juliana Wilhelmina zustande gekommen, deren Ehemann Heinrich Friedrich Anton Prüfer ebenfalls Buchdrucker war.

Das Kind Augusta Wilhelmina Emma Müller wurde am 25. Oktober 1809 geboren und am 5. November in der Nikolaikirche getauft. Patenämter übernahmen die Großtante des Täuflings, Juliana Wilhelmina Prüfer, außerdem die Tochter eines Schuhmachers und ein Kaufmann.[532]
Die Müllers wohnten in der Quergasse, in den ersten Monaten vielleicht noch in der Nähe oder zusammen mit Regina Susanna Bach, die im Dezember 1809 verstarb. Die Ehe Christiana Johannas währte nur kurz, denn am 8. Februar 1811 starb ihr Mann im Alter von 36 Jahren.[533]

Die finanzielle Not war sicher ein Grund dafür, dass die Witwe Christiana Johanna die von ihrer Mutter Augusta Magdalena und vielleicht von ihrer Großtante Regina Susanna geerbten Musikalien, darunter auch Handschriften von Johann Sebastian Bach und Johann Christoph Altnickol, verkaufte. So kamen

531 Kirchliches Archiv Leipzig, Traubuch St. Nikolai 1800 – 1815, S. 253, die Vornamen der Braut hier in anderer Reihenfolge.

532 Kirchliches Archiv Leipzig, Taufbuch St. Nikolai 1805 – 1809, S. 560.

533 Stadtarchiv Leipzig, Leichenbücher der Leichenschreiberei, Bd. 35, S. 263. Aus diesem Vermerk geht hervor, dass die Müllers bis 1811 in der Quergasse wohnten. Im Sterbevermerk ist die Reihenfolge der Vornamen Johann Paul Müller.

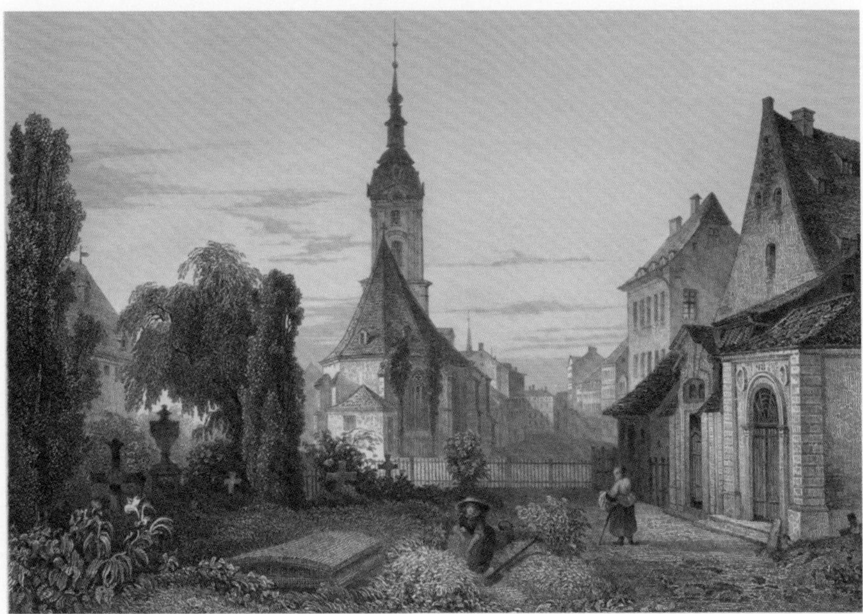

Auf dem Johannisfriedhof wurden seit den 1720er Jahren die Verstorbenen der Familie Bach bestattet, so auch die letzten Leipziger Nachkommen Christiana Johanna Müller, ihr Ehemann und ihre achtjährige Tochter. Stahlstich von J. Richter, um 1850.

bis etwa 1812 zahlreiche Notenbestände in das Angebot des Verlagshauses Breitkopf und Härtel.[534]
Nach dem Tod ihres Ehemannes verließ Christiana Johanna mit ihrer einjährigen Tochter die Wohnung in der Quergasse und lebte am Brühl – in der Nähe oder gar in der Wohnung ihrer Tante Juliana Wilhelmina? Christiana Johanna Müller erreichte wie ihr Mann ein Alter von nur 36 Jahren. Sie starb am 13. Dezember 1816 und wurde drei Tage später auf dem Johannisfriedhof beerdigt.[535]

Der siebenjährigen Augusta Wilhelmina Emma blieb nur noch ihre 62-jährige Groß- und Patentante, die sich nun vermutlich um das Kind kümmerte. Doch eineinhalb Jahre später starb Juliana Wilhelmina Prüfer, und nur 16 Tage darauf, am 8. Juli 1818, auch das Kind. Im Begräbnisvermerk heißt es: *Ein Mädch. 8 ¾ J.*

534 Wollny III, S. 91.

535 Stadtarchiv Leipzig, Leichenbücher der Leichenschreiberei, Bd. 36, S. 364; Hübner III, S. 135.

Emma, Paul Müllers der Buchdruckerkunst befl. hinterl. Tochter in der Ritterstraße.[536]
Unbekannt ist, wo und bei wem das Mädchen seine letzte Lebenszeit verbrachte – dem Begräbnisvermerk nach jedenfalls nicht im Waisenhaus. War es nach dem Tod ihrer Großtante oder schon zuvor von Pflegeeltern aufgenommen worden? Die Beerdigung der Ururenkelin von Anna Magdalena und Johann Sebastian fand am 11. Juli 1818 auf dem Johannisfriedhof statt. Es war die letzte Bestattung einer Nachkommin Bachs in Leipzig.

536 Stadtarchiv Leipzig, Leichenbücher der Totengräber 1814 – 1820; Hübner III, S. 135f.

32. Philippina Henrietta Charlotta Bach
geb. Elerdt

* 1780/81 Berlin, † 1801 Berlin

Erste Ehefrau Wilhelm Friedrich Ernst Bachs, dem Enkel von J. S. und Anna Magdalena Bach

Als Philippina Henrietta Charlotta um den Jahreswechsel 1780/81 geboren wurde, regierte in Preußen noch immer Friedrich II., und die Berliner erlebten einen weiteren Aufschwung ihrer Stadt – so waren gerade Gebäude wie die Alte Königliche Bibliothek entstanden, und der Gendarmenmarkt wurde neu gestaltet. Im Alter von etwa zehn Jahren konnte die Elerdt-Tochter den Bau des Brandenburger Tores beobachten, denn unweit davon befand sich ihr Elternhaus mit dem Namen „Schwarzer Bär" Unter den Linden. Sie war die älteste Tochter von Gustav Philipp Elerdt, der die Berliner Bürgerrechte besaß und ein Friseurgeschäft betrieb.[537]

Wie der Kontakt der Elerdts mit dem königlichen Musiker und Enkel des Leipziger Thomaskantors, Wilhelm Friedrich Ernst Bach (1759 – 1845), zustande kam ist nicht bekannt. Die Eheschließung der gerade erst 17 Jahre alt gewordenen Philippina Henrietta Charlotta fand am 21. Januar 1798 in ihrem Elternhause statt. Mit der frühen Heirat ihrer Tochter waren die Eltern offensichtlich einverstanden, deren Einwilligung im Traubuch der zuständigen Dorotheenstädtischen Kirche ausdrücklich vermerkt ist.[538] Der mehr als zwanzig Jahre ältere Ehemann war ein Sohn Lucia Elisabeths (siehe Kap. 22) und Johann Christoph Friedrich Bachs aus Bückeburg. Seiner Tätigkeit als Cembalist und Musiklehrer am Königshaus in Berlin ging eine Anstellung als Musikdirektor in Minden voraus, zudem verfügte er über internationale Konzerterfahrung. In seiner Jugend hatte Wilhelm Friedrich Ernst fast vier Jahre lang bei seinem Onkel Johann Christian und seiner Tante Cecilia Bach (siehe Kap. 23) in London gelebt, eine mit zahlreichen Eindrücken verbundene Zeit. Vermutlich fand er dort auch Verbindungen zum

537 Miesner III, S. 161.

538 Miesner III, S. 161. Im Traueintrag andere Reihenfolge der Vornamen: Charlotte Philippine Henriette Elerdt.

Freimaurertum, da sein Onkel Mitglied der Londoner Loge war. Wilhelm Friedrich Ernst gehörte dann ebenfalls – zuerst in Minden und später in Berlin – der Freimaurer-Loge an.[539]

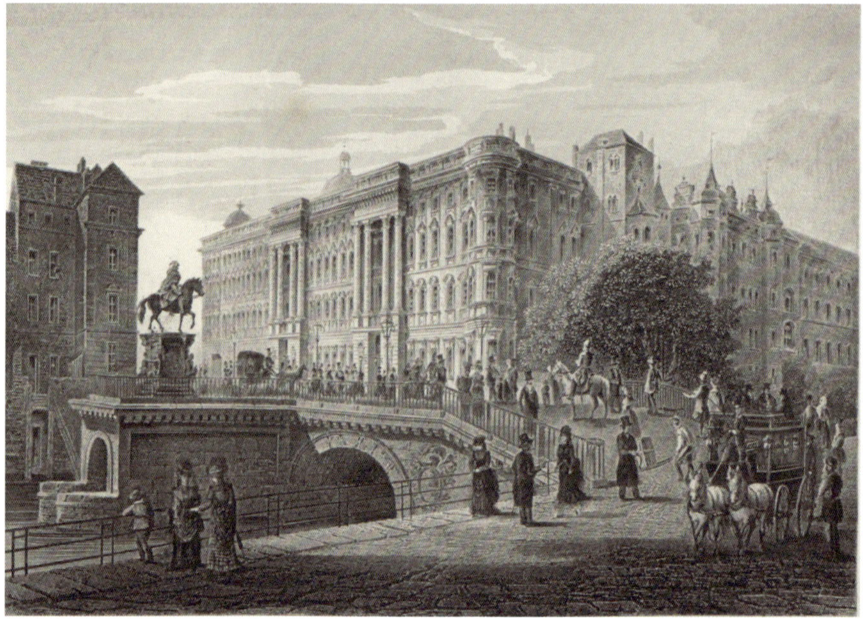

Das königliche Schloss in Berlin war das Wirkungsumfeld von Philippina Henrietta Charlottas Ehemann Wilhelm Friedrich Ernst Bach. Stahlstich von Joseph Maximilian Kolb, um 1840.

Mit seiner jungen Ehefrau bezog Wilhelm Friedrich Ernst eine Wohnung in der Friedrichstraße.[540] Hier soll es – der Überlieferung nach – eine kleine Mitbewohnerin aus der ehemaligen Nachbarschaft Bachs gegeben haben. Da die Mutter des Mädchens verstorben war und der Vater sich nicht gekümmert hatte, nahm Bach das verwahrloste Kind auf und *behielt es auch nach seiner Verheirathung neben eigenen Kindern in Pflege und Erziehung.*[541]

539 Huber, S. 212f.

540 Miesner III, S. 161. Vor seiner Heirat wohnte Bach laut Trauregister *an der Tauben- und Friedr. Straße in der W. Schmatz Hause.*

541 Leisinger II, S. 329f. (Neuer Nekrolog der Deutschen, Teil 2, Weimar 1847).

Philippina Henrietta Charlotta brachte ihr erstes Kind Caroline Auguste Wilhelmine am 14. Dezember 1800 zur Welt. Etwa einen Monat später, am 12. Januar 1801, wurde es in der Friedrichswerderschen Kirche getauft. Die Taufpaten waren ein Kammerherr von Verdy und ein Fräulein von Reck, über die keine weiteren Angaben vorliegen.

Der jungen Mutter muss bald nach der Taufe bewusst geworden sein, dass sie schon wieder schwanger war. Denn bereits am 8. September 1801 wurde ihre zweite Tochter Juliane Friederike Ernestine geboren – möglicherweise eine Frühgeburt? Zur Taufe am 4. Oktober, nun in der Dorotheenstädtischen Kirche, übernahmen Patenämter die Verwandten *Hr. Geh. Secret: Elerdt, Frau Witwe Elerdt des Kindes Groß Mutter* und eine *Frau Buchhändler Braun.*[542]

Nur wenige Wochen später traf die Familie eine Tragödie: Die Mutter der beiden Kleinkinder starb an Scharlach. Vor der Krankheit, die besonders Kinder und Jugendliche erfasste, waren auch sozial Bessergestellte nicht geschützt. Im Begräbnisbuch der Jerusalemer Kirche ist vermerkt: *Den 29ten November* [1801] *ist Frau Philippina Henrietta Charlotta Bach, gebohrne Elerdt, des Königl. Conzertmeisters Friedrich Wilhelm Bach Ehefrau, 20 Jahre 11 Monath alt, an Charlachfieber gestorben, in der Friedrichs-Str. Nr. 165 hinterl*[ässt]*: den Witwer u. 2 minorenne* [nicht volljährige] *Töchter den 2ten December N. K.* [Neuer Kirchhof] *beerdigt.*[543]

542 Miesner III, S. 161. Aus welchem Grund die beiden Kinder in verschiedenen Kirchen getauft wurden, ist unbekannt. Die Friedrichswerdersche Kirche war der Vorgängerbau des heutigen Gebäudes. Die alte Dorotheenstädtische Kirche sowie deren späterer Nachfolgebau sind nicht erhalten geblieben.

543 Miesner III, S. 161.

33. Wilhelmine Susanne Bach

geb. Albrecht

* 1773/74 Minden, † 1862 Eberswalde

Zweite Ehefrau Wilhelm Friedrich Ernst Bachs, dem Enkel von J. S. und Anna Magdalena Bach

Wilhelmine Susanne wurde in Minden (Westfalen) geboren. In der preußisch verwalteten Stadt war ihr Vater Postdirektor. Als sie etwa 16 Jahre alt war, verließ der 30-jährige Mindener Musikdirektor Wilhelm Friedrich Ernst Bach die Stadt, da er von König Friedrich Wilhelm II. an den Berliner Hof berufen wurde. Ob sie von diesem Wechsel hörte oder sich dafür interessiert hätte, ist allerdings fraglich. Noch bis mindestens 1793 lebte ihr Vater,[544] über die Mutter sind keine Informationen bekannt.

Gegen Ende der 1790er Jahre verließ Wilhelmine Susanne Minden und ging nach Berlin. Aufgrund welcher Umstände sie ihren Wohnort wechselte und wie sie ihren Unterhalt bestritt, ist nicht überliefert. Eine geplante Verbindung mit dem ehemaligen Mindener Musikdirektor kann nicht der Anlass für ihren Ortswechsel gewesen sein, denn Bach hatte 1798 geheiratet (siehe Kap. 32). Doch nachdem Wilhelm Friedrich Ernst Ende des Jahres 1801 Witwer geworden war, stellte sich für ihn die Frage nach seiner Wiederverheiratung und einer Ersatzmutter für die beiden Kleinkinder.
Ob die Mindener Kontakte noch eine Rolle spielten oder ob der Zufall seine Hand im Spiel hatte, als sich zwischen dem Witwer und Wilhelmine Susanne eine Beziehung anbahnte? Sie heirateten am 2. August 1802 in der Sakristei der Dorotheenstädtischen Kirche in Berlin. Aus dem Traueintrag ist noch zu erfahren, dass die Braut die *des zu Minden verstorbenen Kriegs-Raths und Postdirektors, Herrn N. Albrecht, hinterl. jüngst. Tochter* [...] *28 J. alt* war, der evangelisch-lutherischen Konfession angehörte und bereits mehrere Jahre in Berlin lebte.[545]

544 Staats- und Gelehrte Zeitung des Hamburgischen unpartheyischen Correspondenten, Nr. 39, 8. März 1793.

545 Miesner III, S. 161f. Ihre Mutter war inzwischen auch verstorben.

Wilhelmine Susanne brachte zwei Kinder zur Welt:
Am 6. Dezember 1805 wurde Auguste Wilhelmine (nicht zu verwechseln mit dem Namen ihrer Halbschwester Caroline Auguste Wilhelmine) geboren und in der Berliner Garnisonskirche getauft. Aus welchem Grund die Taufe in der hauptsächlich für Militärangehörige zuständigen Kirche stattfand, ist unbekannt. Als Taufpaten sind eine Frau *Post Secret:* und ein weiterer Pate ohne Berufsbezeichnung angegeben.
Zwei Jahre später, am 10. November 1807, folgte Friedrich Wilhelm Ludwig. Zur Taufe des Sohnes versammelten sich am 5. Januar 1808 in der Georgenkirche besonders viele Paten: *H. Stadtverordneter Kluge, H. Kaufmann Weidinger, auch Fabrikant; H. Kaufmann Hostmann, H. Kaufmann Tornow, Frau Geheime Sekretärin Frickeln; Madame Zuh.*
Der relativ späte Zeitpunkt der Taufe hing wohl mit einem traurigen Ereignis zusammen, denn nur zwei Wochen vor der Geburt des Kindes war Wilhelm Friedrich Ernsts jüngere Tochter aus erster Ehe, Juliane Friederike Ernestine, gestorben. Im Begräbnisregister der Sophienkirche ist vermerkt: *6 Jahre alt* [...] *† am 28. Octobr früh 10 Uhr an der Brustwassersucht. Angezeigt durch H. Secret. Ehlert* – der Taufpate des verstorbenen Kindes. Auch im folgenden Jahr wurde die Familie vom Tod nicht verschont – der neun Monate alte Friedrich Wilhelm Ludwig starb am 26. August 1808 *am Zahnen*.[546]

Nach diesen Schicksalsschlägen kehrten endlich wieder ruhigere Zeiten ein. Wilhelmine Susanne, ihr Ehemann, ihre Tochter Auguste Wilhelmine und Stieftochter Caroline Auguste Wilhelmine lebten fast vier Jahrzehnte zusammen zuerst in der Münzstraße 15, später in der Linienstraße 113.[547]

Wilhelm Friedrich Ernsts berufliche Aufgaben hatten sich bereits ab 1805 reduziert. Als der Berliner Hofstaat 1806 vor Napoleons Truppen fliehen musste, entfiel auch die Unterrichtstätigkeit am königlichen Hof. Nach dem unerwarteten Tod der beliebten Königin Luise 1810 zog sich der 51-Jährige schließlich ins Privatleben zurück. Er erhielt zeitlebens eine Pension, von der später auch seine Witwe und die Töchter profitieren konnten.[548]

546 Miesner III, S. 162.
547 Miesner III, S. 162 (Unklar ist jedoch die Angabe *Neue Schönhauser Straße 1* in den Beerdigungsvermerken von 1807 und 1808); Huber, S. 212.
548 Huber, S. 212; Leisinger II, S. 329.

Der Rückzug Wilhelm Friedrich Ernsts aus höfischen Diensten war auch das Ende der Jahrzehnte andauernden Verbindungen des preußischen und zeitweise englischen Königshauses mit der Familie Bach. Sie hatten mit den Diensten Carl Philipp Emanuels und dem Besuch Johann Sebastians bei Friedrich II. begonnen und führten über die Anstellung Johann Christians bei der englischen Königin Charlotte, kurzzeitigen Kontakten Wilhelm Friedemanns zu Prinzessin Anna Amalia von Preußen bis hin zur Anstellung Wilhelm Friedrich Ernsts.

Im Ruhestand komponierte Bach nur noch selten, doch soll er sich nun intensiv *der musikalischen Ausbildung seiner Töchter aus erster und zweiter Ehe* gewidmet haben, *da er in dem musikalischen Talent und den hervorragenden Gesangsleistungen der Töchter, einer Sopran- und einer Altstimme, deren Entwicklung und Ausbildung er selbst leitete, eine seltene Freude und hohe Befriedigung fand. Seine übergroße, ietzigen Künstlern unbekannte, Bescheidenheit und seine eigene Zurückgezogenheit sind die einzigen Gründe, daß den Töchtern die Oeffentlichkeit versagt blieb.*[549] Dem Verfasser dieser 1847 veröffentlichten Mitteilung war offenbar nicht bekannt, dass sich Bach zumindest einmal durchaus um die Anstellung einer seiner unverheirateten Töchter bemüht hatte. So setzte er sich in einem Brief vom 2. April 1832 an den Kasseler Kapellmeister Louis Spohr mit Nachdruck für ein Engagement seiner Tochter mit der *schönen hohen Sopran Stimme und musikalischen Talenten* ein, zudem sei sie *in den jetzt lebenden Sprachen bewandert* und habe *ein vorteilhaftes Äußeres.*[550] Doch führten die berechtigten Hoffnungen augenscheinlich nicht zum Erfolg, ein öffentliches Auftreten der begabten Töchter ist jedenfalls nicht bekannt.

Wilhelmine Susanne war schon um die 70 Jahre alt, als ein unerwartetes Ereignis eintrat. Vermutlich aus der Zeitung erfuhren die Bachs, dass in Leipzig ein Denkmal für Johann Sebastian Bach enthüllt werden sollte. Sogleich diktierte ihr fast 84-jähriger Ehemann einen Brief an den Initiator des Denkmalprojekts, den Leipziger Gewandhauskapellmeister Felix Mendelssohn Bartholdy. Wilhelm Friedrich Ernst bat am 10. März 1843 *um geneigteste Mittheilung* näherer Angaben und wohin er sich *wegen Theilnahme an der Festlichkeit, für mich und möglichen Falls meine Familie, zu melden habe.*[551] Mendelssohn, ein glühender Bach-Verehrer, war völlig überrascht und begeistert von der Tatsache, einen Enkel des

549 Leisinger II, S. 328 (Neuer Nekrolog der Deutschen, Teil 2, Weimar 1847).
550 Huber, S. 220; Leisinger I, S. 80.
551 Söhnel, S. 39.

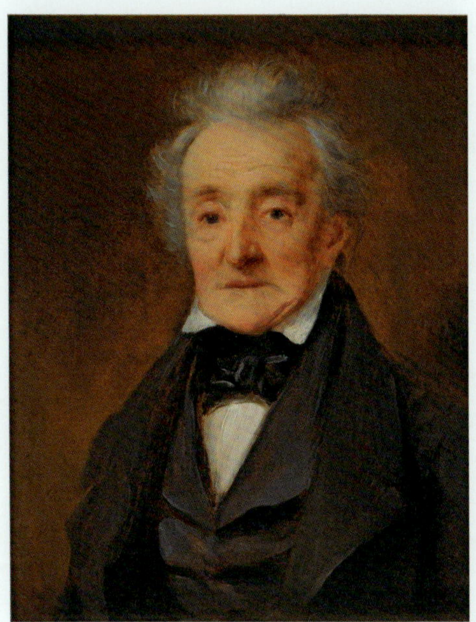

Wilhelm Friedrich Ernst Bach (1759 – 1845). Das vermutlich von Eduard Magnus gemalte Porträt zeigt den etwa 84-jährigen Ehemann Wilhelmine Susannes. Es entstand wohl im Zusammenhang mit dem Besuch zur Einweihung des ersten Bach-Denkmals in Leipzig.

Thomaskantors noch persönlich antreffen zu können und lud ihn samt Familie nach Leipzig ein. Waren die bevorstehenden Feierlichkeiten mit Präsenz in der Öffentlichkeit für Wilhelmine Susanne und die Töchter gewiss schon mit Aufregung verbunden, so kam noch das Erlebnis einer Eisenbahnfahrt hinzu. In Vorbereitung der Reise teilte Wilhelm Friedrich Ernst am 20. April Mendelssohn mit: *daß ich, soweit es irgend meine Gesundheit zuläßt, am Sonnabend Abends um 7 Uhr auf der Eisenbahn einzutreffen denke in Begleitung meiner Frau, meiner beiden Töchter und meines künftigen Schwiegersohns.*[552] Inzwischen war demnach ein Schwiegersohn in Aussicht, doch um wen es sich handelte und welche der beiden Töchter heiraten wollte, ist unbekannt. Erst sechs Jahre später heiratete die älteste Tochter Caroline Auguste Wilhelmine, allerdings ist ungewiss, ob ihr Ehemann mit dem *künftigen Schwiegersohn* identisch ist.

Einen Tag vor der Denkmalseinweihung trafen die Berliner Gäste in Leipzig ein und bezogen ihre Unterkunft im Hôtel de Bavière. Am 23. April 1843 begannen die Feierlichkeiten mit einem Konzert im Gewandhaus (dem ersten Konzertsaal am Neumarkt), in dem mehrere Werke Johann Sebastians aufgeführt wurden,

552 Pape, S. 40; zur Eisenbahnverbindung siehe Huber, S. 221.

beispielsweise das Konzert d-Moll BWV 1052, dessen Klavier-Solopart Mendelssohn selbst spielte, die Ratswahlkantate „Preise, Jerusalem, den Herrn“ BWV 119 und zum Schluss das Sanctus aus der Messe h-Moll BWV 232. Anschließend wurde das Denkmal vor der Alten Thomasschule enthüllt – heute steht es in einem Parkstreifen zwischen Thomaskirchhof und Dittrichring. Nach all den offiziellen Programmpunkten kam eine Runde von 24 Personen im Hôtel de Bavière zusammen, wo ein von Mendelssohn arrangiertes Festmahl zu Ehren des Bach-Enkels mit seiner Familie gegeben wurde.[553]

Eine Woche nach den Leipziger Eindrücken verfasste Wilhelm Friedrich Ernst einen Brief an Mendelssohn, in dem er seinen *tief gefühltesten Dank für alles Wohlwollen und alle Freundlichkeit und Theilnahme, welche Sie die Gewogenheit hatten, mir und meiner Familie zu erweisen, geneigtest entgegennehmen zu wollen. Empfangen Sie die Versicherung, daß die Erinnerung an jenen festlichen Tag mich für meine Lebenszeit beglückt und meiner Familie ein wahres und glorreiches Andenken stets gewähren wird.*[554]

Der Berliner Bach-Familie blieben nicht allein die Eindrücke von dem Besuch in Leipzig, sondern auch ein Gemälde mit dem Porträt Wilhelm Friedrich Ernsts (siehe Abb. S. 243). Wahrscheinlich war es im Zusammenhang mit der Denkmalsenthüllung entstanden.[555]

Zweieinhalb Jahre nach diesen Ereignissen, am 1. Weihnachtstag 1845, starb Wilhelm Friedrich Ernst *am Lungenschlagfluß*.[556] Beerdigt wurde er am 29. Dezember auf dem Sophienkirchhof in Berlin, wo heute ein viele Jahre später errichtetes gusseisernes Grabkreuz mit seinem Namen zu finden ist. Vielleicht dachte Wilhelmine Susanne auch an ein baldiges Ende, denn sie ließ sich im folgenden Jahr einen Grabplatz neben dem ihres Ehemannes reservieren – aber das Leben brachte für die drei Frauen noch einmal eine Wendung.

Die älteste, inzwischen 48-jährige Stieftochter Caroline Auguste Wilhelmine heiratete am 30. Juni 1849 den Juristen Ludwig Albrecht Hermann Ritter in der gerade neu erbauten Berliner Petrikirche. Zur Zeit der Trauung war er Königlicher Kammergerichts-Assessor in Neuruppin, dann wurde er Kreisgerichtsrat in

553 Söhnel, S. 37f. Zur Programmfolge des Konzerts und zu Besonderheiten der Aufführung siehe Hartinger, S. 81ff.

554 Brief vom 1. Mai 1843, siehe Söhnel, S. 41f.

555 Der vermutliche Maler Eduard Magnus war ein weitläufiger Verwandter und Freund Mendelssohns, der zahlreiche Berliner Persönlichkeiten porträtierte, siehe Huber, S. 221ff.

556 Miesner III, S. 162.

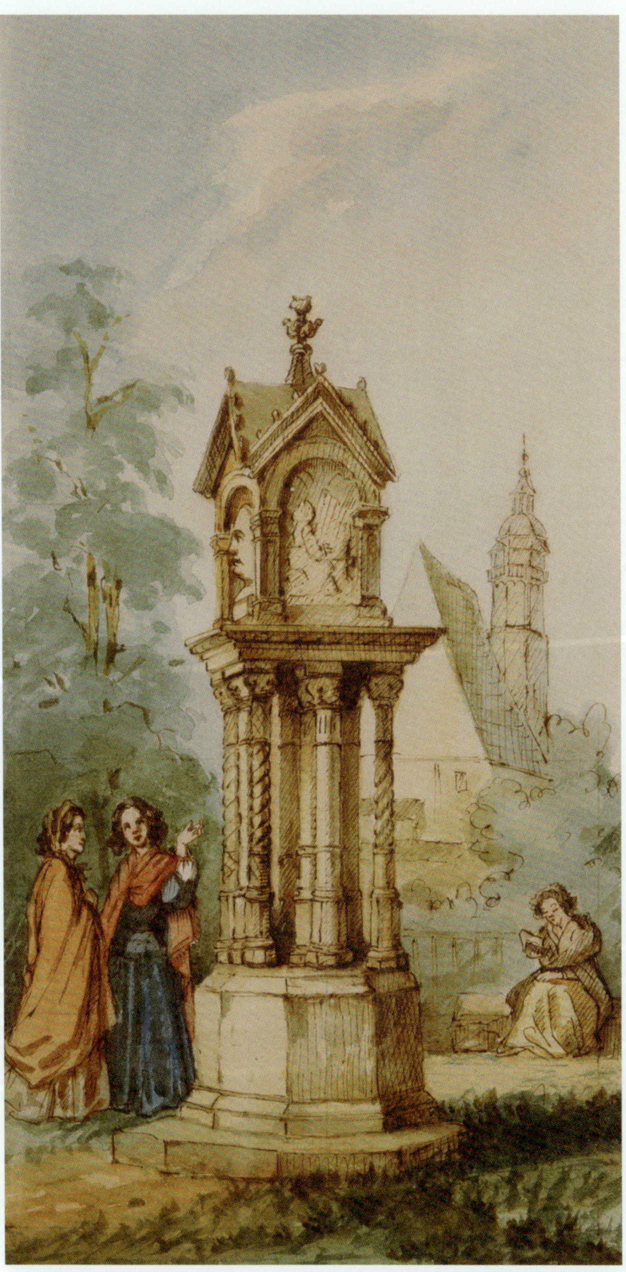

Das 1843 in Leipzig enthüllte Bach-Denkmal wurde von Felix Mendelssohn Bartholdy initiiert. Zu den Ehrengästen der Einweihung gehörten der Bach-Enkel Wilhelm Friedrich Ernst, dessen Ehefrau Wilhelmine Susanne und die beiden Töchter. Aquarell von Eduard Julius Bendemann, um 1850.

Eberswalde. Zum Haushalt des kinderlosen Paares gehörten später auch die Mutter Wilhelmine Susanne und die unverheiratete Halbschwester Auguste Wilhelmine. Letztere starb am 12. Februar 1858 *am Lungenschlag in Neustadt-Ewerswalde.* Vier Tage danach wurde sie in Berlin neben ihrem Vater, an der *Stelle, welche* [...] *1846 von der Wittwe Bach, geb. Albrecht reservirt war,* beerdigt.[557]

Die hochbetagte Witwe Wilhelmine Susanne verstarb am 21. August 1862 im Alter von *89 Jahren an Altersschwäche* und fand am 23. August ihre letzte Ruhestätte auf dem Friedhof Oberkirchhof in Eberswalde.
Ihre Stieftochter Caroline Auguste Wilhelmine lebte noch weitere neun Jahre und starb am 13. Mai 1871 *an Gelbsucht,* nur zwei Monate nach ihrem Ehemann. Beide wurden ebenfalls in Eberswalde bestattet.[558]
Aus dem Besitz der Verstorbenen gelangte das Porträt ihres Vaters in den Bestand der Sing-Akademie zu Berlin.[559] Der Verbleib von zwei Bildern *H. Sebastian Bach vorstellend,* die 1852 aus dem Erbe der Bückeburger Verwandten Christina Louisa Bach (siehe Kap. 29) an die Töchter Wilhelm Friedrich Ernsts gegangen waren, ist dagegen ungeklärt.[560] Gewiss hatten die Darstellungen dazu beigetragen, dass die Erinnerung an Johann Sebastian Bach auch im Hause seiner Urenkelin Caroline Auguste Wilhelmine lebendig blieb.

557 Miesner III, S. 162f. (Totenbuch Georgenkirche Berlin). Der Begräbnisvermerk der Maria-Magdalenen-Kirche in Eberswalde enthält auch die Mitteilung, dass die Mutter der Verstorbenen zurzeit noch in Berlin gelebt habe. Im „Berliner Allgemeinen Wohnungsanzeiger" (S. 13) wurde Wilhelmine Susanne jedoch letztmals 1853 aufgeführt: *Bach, geb. Albrecht, verw. Kapellmeister, Linienstr. 113.*

558 Miesner III, S. 163. Todesursache des Ehemannes: *nervöses Fieber.*

559 Huber, S. 221ff. Derzeit befindet sich das Porträt als Dauerleihgabe im Bach-Archiv Leipzig.

560 Leisinger II, S. 331. Um welche Bilder es sich handelte, ist unbekannt.

Anhang

Bibliographie

Bach-Dokumente
Bd. I, Schriftstücke von der Hand Johann Sebastian Bachs, vorgelegt und erläutert von Werner Neumann u. Hans-Joachim Schulze, Leipzig 1963.
Bd. II, Fremdschriftliche und gedruckte Dokumente zur Lebensgeschichte Johann Sebastian Bachs 1685 – 1750, vorgelegt und erläutert von Werner Neumann u. Hans-Joachim Schulze, Leipzig 1969.
Bd. III, Dokumente zum Nachwirken Johann Sebastian Bachs 1750 – 1800, vorgelegt und erläutert von Hans-Joachim Schulze, Leipzig 1972.
Bd. V, Dokumente zu Leben, Werk und Nachwirken Johann Sebastian Bachs 1685 – 1800: neue Dokumente, Nachträge und Berichtigungen zu Bd. I–III, vorgelegt und erläutert von Hans-Joachim Schulze u. Andreas Glöckner, Kassel u. a. 2007.
Bd. IX, Bach. Eine Lebensgeschichte in Bildern, hrsg. von Christoph Wolff, Kassel u. a. 2017.

Bach Compendium III und IV
Analytisch-bibliographisches Repertorium der Werke Johann Sebastian Bachs, hrsg. von Hans-Joachim Schulze u. Christoph Wolff, Vokalwerke, Teil III und IV, Leipzig 1988/1989.

NBA I/41
Johann Sebastian Bach. Neue Ausgabe sämtlicher Werke, Serie I, Bd. 41; Varia: Kantaten, Quodlibet, Einzelsätze, Bearbeitungen, Kritischer Bericht von Andreas Glöckner, Kassel u. a. 2000.

NBA V/4
Johann Sebastian Bach. Neue Ausgabe sämtlicher Werke, Serie V, Bd. 4, Die Klavierbüchlein für Anna Magdalena Bach von 1722 und 1725, Kritischer Bericht von Georg von Dadelsen, Leipzig 1957.

NBA V/7
Johann Sebastian Bach. Neue Ausgabe sämtlicher Werke, Serie V, Bd. 7, Die sechs Englischen Suiten BWV 806 – 811, Kritischer Bericht von Alfred Dürr, Leipzig 1981.

Weitere Literatur

Bauer

Bauer, Martin, Erfurter Personalschriften 1540 – 1800. Beiträge zur Familien- und Landesgeschichte Mitteldeutschlands, Schriftenreihe der Stiftung Stoye, Bd. 30, Neustadt/Aisch 1998.

Berg

Berg, Darrell M., Carl Philipp Emanuel Bach und Anna Louisa Karsch, in: Carl Philipp Emanuel Bach, Konzepte, Sonderband 3, Bericht über das Internationale Symposium vom 12. – 16. März 1998 in Frankfurt/Oder, Zagan und Zielona Góra, Teil 1, Frankfurt/Oder 2001, S. 41 – 68.

Bernhardt

Bernhardt, Reinhold, Das Schicksal der Familie Joh. Seb. Bachs, in: Der Bär, Jahrbuch Breitkopf & Härtel, Leipzig 1929/30, S. 167 – 176.

Bitter I

Bitter, Carl Hermann, Johann Sebastian Bach, Bd. 2, Berlin 1865.

Bitter II

Bitter, Carl Hermann, Emanuel und Friedemann Bach und deren Brüder, Bd. 2, Berlin 1868.

Blanken

Blanken, Christine, Neue Dokumente zur Erbteilung nach dem Tod Johann Sebastian Bachs, in: Bach-Jahrbuch 2018, S. 133 – 153.

Brück I

Brück, Helga, Die Erfurter Bach-Familien von 1635 – 1805, in: Bach-Jahrbuch 1996, S. 101 – 131.

Brück II

Brück, Helga, Von Apfelstädt und der Gera zum Missouri. 500 Jahre Thüringer Musikerfamilie Bach, Schriften des Vereins für Geschichte und Altertumskunde von Erfurt 7, Jena 2008.

Busch
Busch, Gudrun, C. Ph. E. Bach und seine Lieder, Kölner Beiträge zur Musikforschung 12, Regensburg 1957.

Colson
Colson, Johann von, Chronik der Familie von Colson, Teil 2, Schwerte 1985; Teil 3, Schwerte 1991 (unveröffentlicht, ohne Seitenzahlen, Exemplar im Bach-Archiv Leipzig).

Dadelsen
Klavierbüchlein für Anna Magdalena Bach 1725, Faksimile der Originalhandschrift, hrsg. von Georg von Dadelsen, Mitgliedsgabe der Neuen Bachgesellschaft, Kassel 1988.

Dörffel
Dörffel, Alfred, Die Gewandhaus-Konzerte zu Leipzig 1781 – 1881, Reprint der Ausgabe Leipzig 1884, Leipzig 1980.

Enßlin
Enßlin, Wolfram (Bearb.), Die Bach-Quellen der Sing-Akademie zu Berlin, Katalog, 2 Bde., Leipziger Beiträge zur Bach-Forschung 8, Hildesheim u. a. 2006.

Falck
Falck, Martin, Wilhelm Friedemann Bach. Sein Leben und seine Werke mit thematischem Verzeichnis seiner Kompositionen und zwei Bildern, Leipzig 1913.

Forkel
Forkel, Johann Nikolaus, Ueber Johann Sebastian Bachs Leben, Kunst und Kunstwerke, Reprint der Erstausgabe Leipzig 1802, Kassel u. a. 1999.

Freyse I
Freyse, Conrad, Die Schulhefte Wilhelm Friedemann Bachs, in: Bach-Jahrbuch 1951/52, S. 103 – 119.

Freyse II
Freyse, Conrad, Wieviel Geschwister hatte Johann Sebastian Bach?, in: Bach-Jahrbuch 1955, S. 103 – 107.

Freyse III

Freyse, Conrad, Die Ohrdrufer Bache in der Silhouette, Eisenach u. Kassel 1957.

Fröde

Fröde, Christine, Die Wohnung Johann Sebastian Bachs in der Thomasschule in Leipzig, in: Johann Sebastian Bach. Lebendiges Erbe, Leipzig 1983, S. 5 – 22.

Fröhlich

Fröhlich, Anke, Zwischen Empfindsamkeit und Klassizismus. Der Zeichner und Landschaftsmaler Johann Sebastian Bach der Jüngere (1748 – 1778), Leipzig 2007.

Gärtner

Gärtner, Heinz, Johann Christian Bach. Mozarts Freund und Lehrmeister, München 1989.

Gathy

Gathy, August, Musicalisches Conversations-Lexicon, Encyklopädie der gesammten Musik-Wissenschaft für Künstler, Kunstfreunde und Gebildete, Leipzig u. a. 1835.

Geiringer

Geiringer, Karl, Die Musikerfamilie Bach, 2. Aufl., München 1977.

Gerhard

Gerhard, Anselm, Carl Philipp Emanuel Bach und die „Programmusik". Ein unbekannter Reisebericht [...], in: Carl Philipp Emanuel Bach, Konzepte, Sonderband 3, Bericht über das Internationale Symposium vom 12. – 16. März 1998 in Frankfurt/Oder, Zagan und Zielona Góra, Teil 2, Frankfurt/Oder 2002, S. 411 – 435.

Glöckner I

Glöckner, Andreas, Die Teilung des Bachschen Musikaliennachlasses und die Thomana-Stimmen, in: Bach-Jahrbuch 1994, S. 41 – 58.

Glöckner II

Glöckner, Andreas, Kalendarium zur Lebensgeschichte Johann Sebastian Bachs, erweiterte Neuausgabe, Leipzig 2008.

Gojowy

Gojowy, Detlef, Wie entstand Hans Georg Nägelis Bach-Sammlung? Dokumente zur Bach-Renaissance im 19. Jahrhundert, in: Bach-Jahrbuch 1970, S. 66–104.

Hartinger

Hartinger, Anselm, Felix Mendelssohn Bartholdy und die Leipziger Bach-Pflege im Spiegel des Denkmalskonzerts vom 23. April 1843, in: Ein Denkstein für den alten Prachtkerl. Felix Mendelssohn Bartholdy und das alte Bach-Denkmal in Leipzig, Leipzig 2004, S. 81–116.

Henzel

Henzel, Christoph, Zu Wilhelm Friedemann Bachs Berliner Jahren, in: Bach-Jahrbuch 1992, S. 107–112.

Hilgenfeldt

Hilgenfeldt, Carl Ludwig, Johann Sebastian Bach's Leben, Wirken und Werke, Leipzig 1850.

His

His, Wilhelm, Johann Sebastian Bach. Forschungen über dessen Grabstätte, Gebeine und Antlitz. Bericht an den Rath der Stadt Leipzig, Leipzig 1895.

Huber

Huber, Brigitte, „Ehre dem würdigen Haupt, das einen so geweihten Namen trägt!". Zur Wiederentdeckung des Porträts von Wilhelm Friedrich Ernst Bach (1759–1845), in: Bach-Jahrbuch 2015, S. 207–232.

Hübner I

Hübner, Maria, „Eine große Liebhaberin von der Gärtnerey". Anna Magdalena Bach zum 300. Geburtstag, in: Bach-Jahrbuch 2001, S. 173–177.

Hübner II

Hübner, Maria, Zur finanziellen Situation der Witwe Anna Magdalena Bach und ihrer Töchter, Bach-Jahrbuch 2002, S. 245–255.

Hübner III

Hübner, Maria, Anna Magdalena Bach, Ein Leben in Dokumenten und Bildern, Leipzig 2004.

Hübner IV
Hübner, Maria, Bach unterwegs. Die Reisen J. S. Bachs, Katalog zur Kabinettausstellung im Bach-Museum Leipzig, Leipzig 2005.

Hübner V
Hübner, Maria, Neues zu Johann Sebastian Bachs Reisen nach Karlsbad, in: Bach-Jahrbuch 2006, S. 93 – 107.

Hübner VI
Hübner, Maria, Johann Sebastian Bach d.J. Ein biographischer Essay, in: Anke Fröhlich, Zwischen Empfindsamkeit und Klassizismus. Der Zeichner und Landschaftsmaler Johann Sebastian Bach der Jüngere (1748 – 1778), Leipzig 2007, S. 13 – 32.

Hübner VII
Hübner, Maria, Wilhelm Friedemann Bachs Wohnungen in Halle. Einige Ergänzungen, in: Bach-Jahrbuch 2011, S. 103 – 116.

Hübner VIII
Hübner, Maria, Bürgerstolz und Musenort. 300 Jahre Bosehaus, Katalog zur Kabinettausstellung im Bach-Museum Leipzig, Leipzig 2011.

Hübner IX
Hübner, Maria, Rahel Carolina Friederica Kees und ihr Vermächtnis, in: Leipziger Stadtgeschichte, Jahrbuch 2012, S. 237 – 250.

Hübner X
Hübner, Maria, Johann Sebastian der Jüngere in Rom – einige Ergänzungen, in: Bach-Jahrbuch 2016, S. 207 – 211.

Hübner XI
Hübner, Maria, Die Kaffeehäuser von Gottfried Zimmermann und Enoch Richter in Leipzig, in: Bach-Jahrbuch 2018, S. 43 – 67.

Hübner/Krabath
Hübner, Maria u. Krabath, Stefan, Archäologische Funde aus den mutmaßlichen Gräbern von Johann Sebastian und Anna Magdalena Bach, in: Bach-Jahrbuch 2009, S. 200 – 211.

Jubelt

Jubelt, Arthur, Anna Magdalena Bach, die zweite Frau Johann Sebastian Bachs, eine geborene Zeitzerin, in: Unsre Heimat im Bild, Beilage zu den Zeitzer Neuesten Nachrichten, Nr. 91, Zeitz 1935, S. 17–20.

Kassler

Kassler, Michael (Hrsg.), Memoirs of the Court of George III, Vol. 1: The Memoirs of Charlotte Papendiek (1765–1840), London 2015.

Kertscher/Wollny

Kertscher, Hans-Joachim, Ein Brief-Fund in einem Halleschen Verlagsnachlaß: Wilhelm Friedemann Bach an Johann Jakob Gebauer, mit einer Nachbemerkung von Peter Wollny, in: Bach-Jahrbuch 2000, S. 351–358.

Kirchschlager

Kirchschlager, Andrea, Bürgerbuch der Stadt Arnstadt 1566–1699, Schriftenreihe der Stiftung Stoye, Bd. 53, Marburg/Lahn 2011.

Kock/Siegel

Kock, Hermann u. Siegel, Ragnhild (Hrsg.), Genealogisches Lexikon der Familie Bach, Gotha 1995.

Künzel/Steinecke

Künzel, Silke u. Steinecke, Jochen, Bürger und Neubürger von Weißenfels, Schriftenreihe der Stiftung Stoye, Bd. 54, Marburg/Lahn 2012.

Kulukundis

Kulukundis, Elias N., Die Versteigerung von C. P. E. Bachs musikalischem Nachlaß im Jahre 1805, in: Bach-Jahrbuch 1995, S. 145–158.

Langosch/Sievers

Langosch, Peter u. Sievers, Gisela, Lisette von Colson. Die „vergessene“ Familie der Urenkelin des „Bückeburger Bach“ und der Ururenkelin von Johann Sebastian Bach, Göppingen 2016 (unveröffentlicht, Exemplar im Bach-Archiv Leipzig).

Leisinger I

Leisinger, Ulrich, Ew. Durchl. treu unterthänigster Knecht. J. C. F. Bachs Beziehungen zum Adel, in: Johann Christoph Friedrich Bach (1732–1795). Ein Komponist zwischen Barock und Klassik, Eine Ausstellung des Niedersächsischen Staatsarchivs in Bückeburg 1995, S. 17–26.

Leisinger II

Leisinger, Ulrich (Hrsg.), Johann Christoph Friedrich Bach. Briefe und Dokumente, Leipziger Beiträge zur Bach-Forschung 9, Hildesheim u. a. 2011.

Ludewig

Ludewig, Reinhard, Johann Sebastian Bach im Spiegel der Medizin. Persönlichkeit, Krankheiten, Operationen, Ärzte, Tod, Reliquien, Denkmäler und Ruhestätten des Thomaskantors, Grimma 2000.

Martini

Martini, Wilhelm, Die Gehrener Bache, in: Johann Sebastian Bach in Thüringen, Weimar 1950, S. 214–216.

Maul I

Maul, Michael, Johann Sebastian Bachs Besuche in der Residenzstadt Gera, in: Bach-Jahrbuch 2004, S. 101–119.

Maul II

Maul, Michael, Ein neues Dokument zu Bachs Instrumentenverleih, in: Bach-Jahrbuch 2009, S. 226–231.

Maul III

Maul, Michael, „von Cristofori“ – Zum Maler des verschollenen Porträts Anna Magdalena Bachs, in: Bach-Jahrbuch 2011, S. 251–254.

Meixner

Meixner, Christoph, Die Thurn und Taxis'sche Hofmusik in Regensburg. Höfische Musikkultur unter reichspolitischen Vorzeichen, in: Süddeutsche Hofkapellen im 18. Jahrhundert, Heidelberg 2018.

Miesner I
Miesner, Heinrich, Philipp Emanuel Bach in Hamburg, Leipzig 1929.

Miesner II
Miesner, Heinrich, Mitteilung. Einige neu entdeckte Notizen über die Familie Friedemann Bachs, in: Bach-Jahrbuch 1931, S. 147f.

Miesner III
Miesner, Heinrich, Mitteilungen. Urkundliche Nachrichten über die Familie Bach in Berlin, in: Bach-Jahrbuch 1932, S. 157 – 163.

Miesner IV
Miesner, Heinrich, Mitteilungen. Die Grabstätte Emanuel Bachs, in: Bach-Jahrbuch 1932, S. 164f.

Miesner V
Miesner, Heinrich, Philipp Emanuel Bachs musikalischer Nachlaß. Vollständiger, dem Original entsprechender Neudruck des Nachlaßverzeichnisses von 1790, in: Bach-Jahrbuch 1938, S. 103 – 136.

Miesner VI
Miesner, Heinrich, Philipp Emanuel Bachs musikalischer Nachlaß. Vollständiger, dem Original entsprechender Neudruck des Nachlaßverzeichnisses von 1790 (Fortsetzung), in: Bach-Jahrbuch 1939, S. 81 – 112.

Miesner VII
Miesner, Heinrich, Philipp Emanuel Bachs musikalischer Nachlaß. Vollständiger, dem Original entsprechender Neudruck des Nachlaßverzeichnisses von 1790 (Fortsetzung und Schluß), in: Bach-Jahrbuch 1940 – 48, S. 161 – 181.

Möller
Möller, Bernhard u. a., Thüringer Pfarrerbuch, Bd. 2, Fürstentum Schwarzburg-Sondershausen, Schriftenreihe der Stiftung Stoye, Bd. 29, Neustadt/Aisch 1997.

Müller
Müller, Ernst, Leipziger Nachkommen Johann Sebastian Bachs, in: Familiengeschichtliche Blätter, 26. Jg., Heft 10, Leipzig 1928, S. 292.

Müller/Wiegand
Müller, Karl u. Wiegand, Fritz (Hrsg.), Arnstädter Bachbuch. Johann Sebastian Bach und seine Verwandten in Arnstadt, 2. Aufl., Arnstadt 1957.

Neumann
Neumann, Werner, Eine Leipziger Bach-Gedenkstätte. Über die Beziehungen der Familien Bach und Bose, in: Bach-Jahrbuch 1970, S. 19 – 31.

Neumann/Fröde
Neumann, Werner u. Fröde, Christine, Die Bach-Handschriften der Thomasschule Leipzig, Beiträge zur Bachforschung 5, Leipzig 1986.

Odrich/Wollny
Odrich, Evelin u. Wollny, Peter, Die Briefentwürfe des Johann Elias Bach (1705 – 1755), Leipziger Beiträge zur Bach-Forschung 3, erweiterte Neuausgabe, Hildesheim u. a. 2005.

Pape
Pape, Matthias, Mendelssohns Leipziger Orgelkonzert 1840, Wiesbaden 1988.

Ranft
Ranft, Eva-Maria, Neues über die Weißenfelser Verwandtschaft Anna Magdalena Bachs, in: Bach-Jahrbuch 1987, S. 169 – 172.

Rausch
Rausch, Heinz Julius, Der Stockholmer Bach, in: Eisenacher Bachtage, Eisenach 1939, S. 28 – 32.

Roe
Roe, Stephen, Johann Christian Bach and Cecilia Grassi: Portrait of a Marriage; The Publication of Amadis de Gaule, in: The Sons of Bach. Essays for Elias N. Kulukundis, Ann Arber 2016, S. 134 – 173.

Rollberg
Rollberg, Fritz, Johann Ambrosius Bach, Stadtpfeifer zu Eisenach von 1671 – 1695, in: Bach-Jahrbuch 1927, S. 133 – 152.

Rothe

Rothe, Christine, Anna Magdalena Bach und das Graffsche Legat, in: Familie und Geschichte, Hefte für Familiengeschichtsforschung 2, Neustadt/Aisch 1994, S. 385 – 395.

Säckl/Rucker

Säckl, Joachim u. Rucker, Henrike, Höfische Festmusiken. Bachs „Jagdkantate“ und „Schäferkantate“ im Lichte der Weißenfelser Fürstengeburtstage von 1713 und 1725, in: Bach-Jahrbuch 2020, S. 103 –136.

Saupe

Saupe, Gerhard, Johann Sebastian Bach und die Familie Meißner in Weißenfels, in: Bach-Jahrbuch 1940 – 48, S. 134f.

Schmid

Schmid, Manfred Hermann, Das Geschäft mit dem Nachlaß von C. P. E. Bach, in: Carl Philipp Emanuel Bach und die europäische Musikkultur des mittleren 18. Jahrhunderts, Bericht über das Internationale Symposium der Joachim-Jungius-Gesellschaft der Wissenschaften Hamburg 29. September – 2. Oktober 1988, Göttingen 1990, S. 473 – 528.

Schmiedecke I

Schmiedecke, Adolf, Joh. Seb. Bachs Verwandtschaft in Weißenfels, in: Die Musikforschung, 14. Jg., Kassel u. a. 1961, S. 195 – 200.

Schmiedecke II

Schmiedecke, Adolf, Zur Geschichte der Weißenfelser Hofkapelle, in: Die Musikforschung, 14. Jg., Kassel u. a. 1961, S. 416 – 423.

Schmiedecke III

Schmiedecke, Adolf, Leibniz´ Beziehungen zu Zeitz, in: Studia Leibnitiana, Bd. 1, Wiesbaden 1969, S. 137 – 144.

Schubart

Schubart, Christoph, Anna Magdalena Bach, Neue Beiträge zu ihrer Herkunft und ihren Jugendjahren, in: Bach-Jahrbuch 1953, S. 29 – 50.

Schulze I
Schulze, Hans-Joachim, „aus einem Capellmeister ein Cantor zu werden ...“ – Fragen an Bachs Köthener Schaffensjahre, in: Cöthener Bach-Hefte 1, Köthen 1981, S. 4–16.

Schulze II
Schulze, Hans-Joachim, Johann Christoph Bach (1671–1721), „Organist und Schul Collega in Ohrdruf“, Johann Sebastian Bachs erster Lehrer, in: Bach-Jahrbuch 1985, S. 55–81.

Schulze III
Schulze, Hans-Joachim, Anna Magdalena Bachs „HerzensFreündin“. Neues über die Beziehungen zwischen den Familien Bach und Bose, in: Bach-Jahrbuch 1997, S. 151–153.

Schulze IV
Schulze, Hans-Joachim, Johann Sebastian Bach und Zerbst 1722: Randnotizen zu einer verlorenen Gastmusik, in: Bach-Jahrbuch 2004, S. 209–213.

Schulze V
Schulze, Hans-Joachim, Anna Magdalena Wilcke – Gesangsschülerin der Paulina?, in: Bach-Jahrbuch 2013, S. 279–295.

Schulze VI
Schulze, Hans-Joachim, Das Große Concert, die Freimaurer und Johann Sebastian Bach, in: Bach-Jahrbuch 2018, S. 11–42.

Schulze VII
Schulze, Hans-Joachim, Capitulation – Arrest – Capellae Magister S.P.R. Anhaltini-Cotheniensis. Johann Sebastian Bachs beschwerlicher Weg von Weimar nach Köthen, in: Cöthener Bach-Hefte 15, Köthen 2020, S. 13–34.

Seibel
Seibel, Gustav Adolph, Das Leben des Königl. Polnischen und Kurfürstl. Sächs. Hofkapellmeisters Johann David Heinichen nebst chronologischem Verzeichnis seiner Opern und thematischem Katalog seiner Werke, Leipzig 1913.

Seiffert
Seiffert, Max, Joh. Seb. Bach 1716 in Halle, in: Sammelbände der Internationalen Musikgesellschaft, Leipzig 1904/06, S. 595f.

Serauky

Serauky, Walter, Musikgeschichte der Stadt Halle, Bd. 2/2, Halle 1942.

Söhnel

Söhnel, Marion, „Das Denkmal für den alten Sebastian Bach ist wunderhübsch geworden" – Felix Mendelssohn Bartholdys Wirken für ein Bach-Denkmal in Leipzig, in: Ein Denkstein für den alten Prachtkerl. Felix Mendelssohn Bartholdy und das alte Bach-Denkmal in Leipzig, Leipzig 2004, S. 9 – 44.

Spitta

Spitta, Philipp, Johann Sebastian Bach, Bd.1 und 2, Leipzig 1873 und 1880.

Spree

Spree, Eberhard, Die verwitwete Frau Capellmeisterin Bach. Studie über die Verteilung des Nachlasses von Johann Sebastian Bach, Altenburg 2019.

Suchalla

Suchalla, Ernst (Hrsg.), Carl Philipp Emanuel Bach, Briefe und Dokumente. Kritische Gesamtausgabe, 2 Bde., Göttingen 1994.

Szeskus

Szeskus, Reinhard, „und mich daher in den betrübtesten WittbenStand zu setzen" – Zum Schicksal Anna Magdalena Bachs und ihrer Töchter, in: Leipziger Kalender 2000, S. 109 – 160.

Talle

Talle, Andrew, Wer war Anna Magdalena Bach? (Besprechung), in: Bach-Jahrbuch 2020, S. 293 – 322.

Thoene

Thoene, Helga, Johann Sebastian Bach. Ciaccona – Tanz oder Tombeau; verborgene Sprache eines berühmten Werkes, in: Cöthener Bach-Hefte 6, Köthen 1994, S. 15 – 81.

Wäschke

Wäschke, Hermann, Die Hofkapelle in Cöthen unter Joh. Seb. Bach, in: Zerbster Jahrbuch 1907, S. 31 – 40.

Werner I

Werner, Arno, Mitteilungen, in: Bach-Jahrbuch 1907, S. 178 – 181.

Werner II

Werner, Arno, Städtische und fürstliche Musikpflege in Zeitz bis zum Anfang des 19. Jahrhunderts, Bückeburg u. Leipzig 1922.

Wiegand

Wiegand, Fritz, Die mütterlichen Verwandten Johann Sebastian Bachs in Erfurt, in: Bach-Jahrbuch 1967, S. 5 – 20.

Wolf

Wolf, Uwe, Johann Sebastian Bachs „Chromatische Fantasie" BWV 903/1 – ein Tombeau auf Maria Barbara?, in: Cöthener Bach-Hefte 11, Köthen 2003, S. 97 – 115.

Wolff I

Wolff, Christoph, Johann Sebastian Bach, 2. Aufl., Frankfurt/Main 2000.

Wolff II

Wolff, Christoph, Descendants of Wilhelm Friedemann Bach in the United States, in: Bach Perspectives 5, Bach in America, Urbana and Chicago 2003, S. 123 – 130.

Wollny I

Wollny, Peter, Bachs Bewerbung um die Organistenstelle an der Marienkirche zu Halle, in: Bach-Jahrbuch 1994, S. 25 – 39.

Wollny II

Wollny, Peter, „Ein förmlicher Sebastian und Philipp Emanuel Bach-Kultus". Sara Levy, geb. Itzig und ihr literarisch-musikalischer Salon, in: Musik und Ästhetik im Berlin Moses Mendelssohns, Tübingen 1999, S. 217 – 255.

Wollny III

Wollny, Peter, Überlegungen zur Bach-Überlieferung in Naumburg, in: Bach-Jahrbuch 2000, S. 87 – 100.

Wollny IV
Wollny, Peter, Johann Christoph Bachs Hochzeitsdialog „Meine Freundin, du bist schön", in: Musikästhetik und Analyse, Festschrift Wilhelm Seidel, Laaber 2002, S. 83–98.

Wollny V
Wollny, Peter, Neuerkenntnisse zur Bach-Überlieferung in Mitteldeutschland, in: Bach-Jahrbuch 2002, S. 29–60.

Wollny VI
Wollny, Peter, Wilhelm Friedemann Bach, „Der hochbegabte, wunderliche Liebling des Vaters", Katalog zur Kabinettausstellung im Bach-Museum Leipzig, Leipzig 2010.

Wollny VII
Wollny, Peter, Neuerkenntnisse zu einigen Kopisten der 1730er Jahre, in: Bach-Jahrbuch 2016, S. 63–113.

Wollny VIII
Wollny, Peter, Überlegungen zu einigen Köthener Vokalwerken J. S. Bachs, in: Bach-Jahrbuch 2020, S. 63–102.

Zahn
Zahn, Robert von, Johanna Maria Bach und das Hamburger Stadtkantorat, in: Die Musikforschung, 43. Jg., Kassel u. a. 1990, S. 146–150.

Zedler
Zedler, Johann Heinrich, Grosses vollständiges Universal-Lexicon Aller Wissenschafften und Künste, Bd. 9, Halle u. Leipzig 1735, photomechanischer Nachdruck, Graz 1994.

Abbildungsnachweis

Archive/Bibliotheken/Museen:

Staatsbibliothek zu Berlin – Preußischer Kulturbesitz, Musikabteilung	S. 15, 63 (Mus. ms. Bach P 224), 74 (Mus. Ms. Bach P 225), 75 (Mus. ms. Bach P 268), 88 oben, 173
Sing-Akademie zu Berlin e.V.	S. 243
Museum Bückeburg	S. 183, 184
Universitäts- und Landesbibliothek Darmstadt	S. 162 (II, 11)
Landesarchiv Sachsen-Anhalt, Dessau	S. 66 (Z 70 Abteilung Köthen, A 6 Nr. 26 Bd. I)
Evang. Kirchengemeinde St. Bartholomäus Dornheim	S. 38 oben
Bachhaus Eisenach/Neue Bachgesellschaft e.V.	S. 114, 120, 196
Stadtarchiv Halle (Saale)	S. 46, 167, 170
Marienbibliothek Halle (Saale), Pfarrarchiv Unser Lieben Frauen (PfA ULF)	S. 47 (Kirchenrechnungsbelege 1716, Z 52, Z 62)
Stiftung Historische Museen Hamburg, Museum für Hamburgische Geschichte	S. 175, 209
Evang. Kirchengemeinde St. Agnus Köthen	S. 50, 52
Evang. Kirchengemeinde St. Jakob Köthen	S. 60
Bach-Archiv Leipzig	S. 12, 25, 29, 41, 42, 49, 58, 62, 65, 67, 76, 77 (Leihgabe des Thomanerchors Leipzig), 81, 83, 87, 88 unten, 99, 103, 107, 109, 128, 132, 148, 150, 166, 178, 179, 212, 215, 219, 235, 238, 245
Elias N. Kulukundis Collection, Depositum im Bach-Archiv Leipzig	S. 201
Stadtarchiv Leipzig	S. 71, 91, 95, 97, 102, 152, 156, 218
Stadtgeschichtliches Museum Leipzig	S. 69 rechts, 72, 146

Leipziger Städtische Bibliotheken – Musikbibliothek Peters	S. 98
Evang. Kirchengemeinde St. Thomas, Leipzig	S. 144, 158, 217
Universitätsarchiv Leipzig	S. 100
Stadtarchiv Mühlhausen	S. 38 unten (Stadtchronik 61/38, Bl. 503), 39 (Stadtchronik 61/38, Bl. 498)
Landesarchiv Baden-Württemberg – Hohenlohe-Zentralarchiv Neuenstein	S. 113 (GA 100 Nr. 959)
Klassik Stiftung Weimar; Bestand Museen	S. 43 (Inv.-Nr. G1230)
Landesarchiv Thüringen – Hauptstaatsarchiv Weimar	S. 44 (Stadtpfarrei Weimar G 14, Bl. 9r.), 48 (Kunst und Wissenschaft – Hofwesen A 8995, Bl. 78v)
Archiv der Evangelischen Kirchengemeinde Zeitz	S. 55 oben, 125, 137

Fotos:

Benedikt Hübner	S. 30, 164 (im Stadtgeschichtlichen Museum Leipzig)
Carus-Verlag Stuttgart	S. 16
Jubelt (siehe Bibliographie)	S. 54 oben, 104
Gert Mothes	S. 69 links
E. S.–Photographie 2020	S. 133
RoH, Zeitz	S. 54 unten
Uwe Wolf	S. 37
Kath. Pfarrei St. Peter und Paul, Zeitz	S. 55 unten
Markus Zepf	S. 35

Personenregister

Um/Zu/Mit/Über B . A . C . H

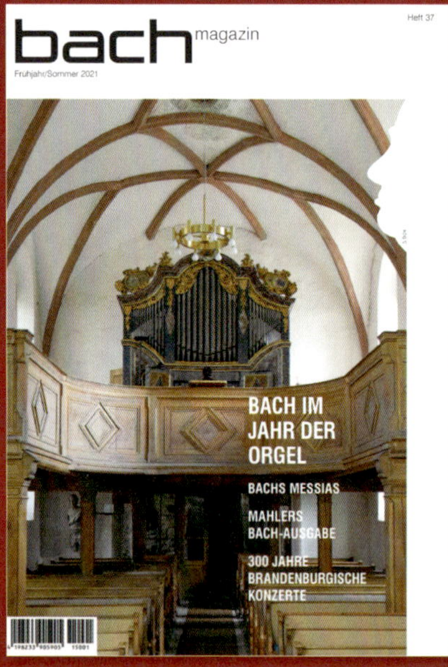

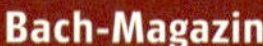

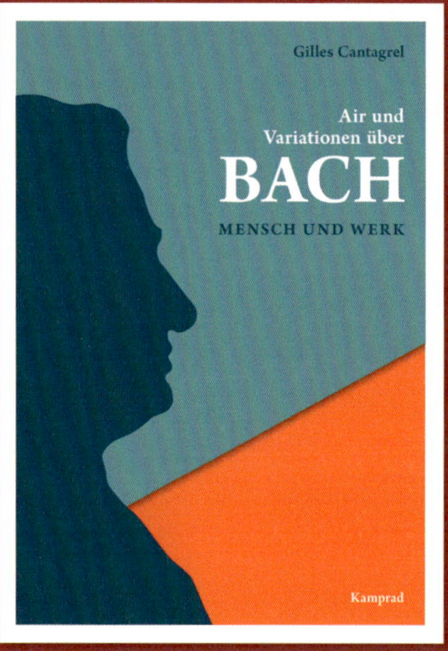

Bach-Magazin

Das Bach-Magazin stellt halbjährlich Interpreten, Projekte der Bach-Forschung und aktuelle Themen der vielfältigen Bach-Pflege vor. Leben und Werk Johann Sebastian Bachs bilden einen Schwerpunkt, doch es ist erklärtes Anliegen des Magazins, die weniger bekannten Mitglieder der großen musikalischen Bachfamilie, deren Zeitgenossen sowie das historische Instrumentarium ebenfalls in gebührendem Maße zu beleuchten. Kulturinteressierte Leser, Wissenschaftler und Musiker gleichermaßen erhalten durch das Bach-Magazin in leicht verständlichen und aussagekräftig illustrierten Beiträgen Einblicke in die „Welt rund um Bach".

Seit der Ausgabe 37 (Frühjahr/Sommer 2021) erscheint das Bach-Magazin im Verlag Klaus-Jürgen Kamprad.

www.bach-leipzig.de

Broschur
Format: 21 x 29,7 cm
60 Seiten, vierfarbig
erscheint 2 x jährlich (1.6., 1.12.)
5,90 Euro (Einzelheft)
Auch im Abonnement erhältlich!

Gilles Cantagrel: **Air und Variationen über BACH**

Die Musik von Johann Sebastian Bach ist universell. Sie entstand freilich in einem besonderen Kontext, eng verbunden mit den beruflichen Funktionen und dem Umfeld ihres Schöpfers. Einer langen musikalischen Tradition entstammend, die tief im Herzen Deutschlands verankert war, ist Johann Sebastian Bach deren herausragendster Erbe.
Um zu vertiefen, was er seinem geistigen und spirituellen Werdegang zu verdanken hat, brauchte es daher einen Essay. Es galt, Bachs Denken neu zu interpretieren: anhand der Analyse der Werke und Texte, des Gesamtkontextes und der historischen Dokumente, anhand alter Musiklehrbücher sowie Abhandlungen zu Theologie und Rhetorik.
Der Autor des vorliegenden Buches, Gilles Cantagrel (geb. 1937), ist nicht nur Musikwissenschaftler, Schriftsteller und Pädagoge, sondern war auch Organist und Chorleiter. Er hat an der Sorbonne sowie am Conservatoire de Paris gelehrt und mehr als zehn Werke über Bach verfasst. Gilles Cantagrel ist Ehrenmitglied der Neuen Bachgesellschaft.

Herausgegeben von der Neuen Bachgesellschaft e.V.
und dem Verlag Klaus-Jürgen Kamprad
1. deutsche Ausgabe von » Le moulin et la rivière –Air et Variations sur Bach «, © 1998 Librairie Arthème Fayard, Paris
Übersetzt aus dem Französischen von Christa Trautner-Suder
Festeinband; Format: 19 x 26 cm
688 Seiten; zahlreiche Abbildungen und Notenbeispiele
Preis: 49,80 Euro
ISBN 978-3-95755-655-4

Mit freundlicher Unterstützung des Bach-Archivs Leipzig.
Mein Dank gilt ehemaligen Kolleginnen und Kollegen, insbesondere Christine Blanken und Peter Wollny, für einen anregenden Gedankenaustausch.

Impressum

Gesetzt in der Arno Pro
Druck auf 90 g/qm Bavaria Bulk 1,2 faches Volumen (Fischer Papier) FSC®-zertifiziert
Umschlag auf Surbalin gerippt (Peyer), FSC®-zertifiziert

Gestaltung, Satz, Bildbearbeitung: Susanne Rödel
Lektorat, Korrektorat: Vitus Froesch
Technische Herstellung: Beltz Grafische Betriebe GmbH, Am Fliegerhorst 8, 99947 Bad Langensalza

ISBN 978-3-95755-662-2